本书系2020年度教育部人文社会科学研究青年基金项目

"20世纪上半叶中国大学教育系科发展研究"（20YJC880049）

研究成果

20世纪上半叶中国大学教育系科发展研究

李艳莉 著

海峡出版发行集团 | 福建教育出版社

图书在版编目（CIP）数据

20世纪上半叶中国大学教育系科发展研究/李艳莉著. —福州：福建教育出版社，2023.9
ISBN 978-7-5334-9772-9

Ⅰ.①2… Ⅱ.①李… Ⅲ.①高等教育—研究—中国 Ⅳ.①G649.2

中国国家版本馆CIP数据核字（2023）第202654号

20 Shiji Shangbanye Zhongguo Daxue Jiaoyu Xike Fazhan Yanjiu
20世纪上半叶中国大学教育系科发展研究
李艳莉　著

出版发行	福建教育出版社
	（福州市梦山路27号　邮编：350025　网址：www.fep.com.cn
	编辑部电话：0591-83726971　83726908
	发行部电话：0591-83721876　87115073　010-62024258）
出 版 人	江金辉
印　　刷	福建新华联合印务集团有限公司
	（福州市晋安区福兴大道42号　邮编：350014）
开　　本	710毫米×1000毫米　1/16
印　　张	15.5
字　　数	237千字
插　　页	2
版　　次	2023年9月第1版　2023年9月第1次印刷
书　　号	ISBN 978-7-5334-9772-9
定　　价	45.00元

如发现本书印装质量问题，请向本社出版科（电话：0591-83726019）调换。

目　录

第一章　引　论

一、问题的提出 ·· 1

二、已有研究成果述评 ·· 2

　（一）中国大学教育系科发展的历史研究 ································· 3

　（二）中国大学教育系科的发展现状及发展路径的研究 ········ 7

　（三）国外大学教育系科的研究 ·· 8

　（四）大学教育系科的相关史料 ·· 10

三、相关概念的阐释 ·· 11

　（一）大学 ·· 11

　（二）教育系科 ·· 12

　（三）大学教育系科 ·· 14

四、研究方法及主要内容 ·· 15

　（一）研究方法 ·· 15

　（二）主要内容 ·· 15

第二章　20世纪上半叶中国大学教育系科的发展历程

一、20世纪上半叶中国大学教育系科的萌芽（1901—1914） ………… 18
二、20世纪上半叶中国大学教育系科的产生（1915—1920） ………… 19
　（一）产生的原因 …………………………………………………… 19
　（二）产生的时间 …………………………………………………… 22
　（三）产生的特征 …………………………………………………… 23
三、20世纪上半叶中国大学教育系科的形成（1921—1937） ………… 26
　（一）形成的原因 …………………………………………………… 26
　（二）形成的标志 …………………………………………………… 29
　（三）形成的特征 …………………………………………………… 30
四、20世纪上半叶中国大学教育系科的发展（1938—1949） ………… 38
　（一）发展的原因 …………………………………………………… 39
　（二）发展的标志 …………………………………………………… 41
　（三）发展的特征 …………………………………………………… 41

第三章　20世纪上半叶中国大学教育系科的分布及特征

一、20世纪上半叶中国大学教育系科的分布特征 ……………………… 46
　（一）大学教育系科的地域分布：逐渐全面但不均衡 ……………… 46
　（二）大学教育系科的时间分布：1937年前后分布有差异 ……… 47
　（三）大学教育系科的院校分布：集中分布于综合性大学 ……… 48
　（四）大学教育系科的系所分布：单独存在或下设于文学院 …… 50
二、20世纪上半叶中国大学教育系科分布特征之成因 ………………… 51
　（一）政府政策的要求 ……………………………………………… 51
　（二）地域优势的保障 ……………………………………………… 53
　（三）社会需求的促使 ……………………………………………… 53
三、20世纪上半叶中国大学教育系科分布的反思 ……………………… 54

（一）大学教育系科分布的经验要合理继承和创新 ·············· 54
　　（二）大学教育系科分布要重视政府的合理调控 ················ 55
　　（三）大学教育系科分布要根据需求灵活调整 ·················· 55
　　（四）大学教育系科分布要制定设置标准 ······················ 56
　　（五）大学教育系科分布要做好合理评估 ······················ 56

第四章　20世纪上半叶中国大学教育系科的课程设置

一、20世纪上半叶中国大学教育系科课程设置的沿革 ············· 58
　　（一）萌芽期（1901—1914） ······························· 58
　　（二）初创探索期（1915—1920） ··························· 59
　　（三）自由确定期（1921—1938） ··························· 62
　　（四）制度化时期（1939—1949） ··························· 65
二、20世纪上半叶中国大学教育系科课程设置的影响因素 ········· 68
　　（一）国家政策的要求 ···································· 68
　　（二）西方教育学的影响 ·································· 68
　　（三）中国传统文化的影响 ································ 69
　　（四）社会需求的推动 ···································· 69
　　（五）培养目标的指引 ···································· 70
　　（六）学生和学科的特点 ·································· 70
　　（七）留学生的设计 ······································ 71
三、20世纪上半叶中国大学教育系科课程设置的特征 ············· 71
　　（一）课程设置国外烙印较强但日趋本土化 ·················· 71
　　（二）课程设置围绕培养目标变化但有所偏离 ················ 72
　　（三）课程设置与教育学科相连但设置不平衡 ················ 73
　　（四）课程设置较为全面但课程内容有所重复 ················ 73
　　（五）课程设置较为偏重理论灌输而轻视实践 ················ 74
　　（六）课程设置必选修相结合但弹性不够 ···················· 75
　　（七）课程设置院校间差异较大且分量不同 ·················· 75

四、20世纪上半叶中国大学教育系科课程设置的启示 ················ 76
　　（一）合理继承20世纪上半叶大学教育系科的课程设置经验 ········ 76
　　（二）大学教育系科课程设置要重视国家课程标准的指导 ·········· 77
　　（三）大学教育系科的课程设置应满足社会需求 ················ 77
　　（四）大学教育系科课程设置应重视体现院校特色 ··············· 78
　　（五）大学教育系科课程设置应重视结构的合理化 ··············· 79
　　（六）大学教育系科的课程设置应定期组织专家进行评估 ········· 79

第五章　20世纪上半叶中国大学教育系科教授及学术研究

一、20世纪上半叶中国大学教育系科教授群体分析 ················ 82
　　（一）籍贯：以江浙地区为主 ································ 93
　　（二）年龄：以四五十岁群体为主 ···························· 94
　　（三）性别：男性占据较大比例 ······························ 95
　　（四）学历：海外留学及硕士以上为主 ······················· 95
二、20世纪上半叶中国大学教育系科教授与西方教育学的传播 ······· 97
三、20世纪上半叶中国大学教育系科教授与中国教育学的发展 ······ 102
　　（一）大学教育系科教授与教育学中国化 ···················· 103
　　（二）大学教育系科教授与教育学科学化 ···················· 106
　　（三）大学教育系科教授与教育学学科独立性 ················ 109
　　（四）大学教育系科教授与教育学体系构建 ·················· 111

第六章　20世纪上半叶中国大学教育系科的教育学会

一、20世纪上半叶中国大学教育系科教育学会发起之缘由 ·········· 115
　　（一）利用学生课余时间，营造校园学术研究氛围 ············ 116
　　（二）构建学生学术社团，共同提高教育学术水平 ············ 116
　　（三）推崇实验调查理念，注重课堂学理和课外调查互动 ······ 117
　　（四）联络教育系科师生，实现学术、情感双向沟通 ·········· 118

（五）借鉴西方大学学术社团，发挥社团的育人功能…………… 119
二、20世纪上半叶中国大学教育系科教育学会的构成及职责………… 120
三、20世纪上半叶中国大学教育系科教育学会活动的开展………… 122
　　（一）定期开会，以研讨教育学术和处理会务…………………… 123
　　（二）举办讲演，以近距离接触教育名家………………………… 124
　　（三）赴外调查，以求教育理论联系教育实践…………………… 126
　　（四）出版教育期刊，以求保存和传播教育学术………………… 127
　　（五）创办民众夜校，以提升民众素质和服务社会……………… 129
四、20世纪上半叶中国大学教育系科教育学会的作用………………… 131
　　（一）教育学会是影响教育学术人才的窗口……………………… 132
　　（二）教育学会是推动学生自主、自治的平台…………………… 132
　　（三）教育学会是实现学生学术自由的平台……………………… 132
　　（四）教育学会是师生情感和学术交融的纽带…………………… 133
五、余论…………………………………………………………………… 133

第七章　20世纪上半叶中国大学教育系科的教育期刊

一、20世纪上半叶中国大学教育系科创办教育学术期刊的缘起……… 138
　　（一）教育学的引进与中国教育学发展和教育实践改革的需要…… 138
　　（二）大学思想自由的确立与大学教育系科师生的努力………… 139
　　（三）共同切磋教育研究和形成教育学术研究互助合作的平台… 140
　　（四）近代办刊业的发展和新文化运动后学生办刊的兴起……… 141
二、20世纪上半叶中国大学教育系科所办教育学术期刊的基本样态… 142
　　（一）办刊时间：集中于20世纪二三十年代…………………… 148
　　（二）办刊地域：集中于北京、上海、南京……………………… 148
　　（三）期刊内容：教育理论和教育实践并举……………………… 149
三、20世纪上半叶中国大学教育系科所办教育学术期刊的历史价值… 151
　　（一）开启大学教育系科办教育刊物先声，是洞悉其教育学术研究成果的
　　　　 窗口……………………………………………………………… 152

（二）形成以教育学术期刊为载体的人才培养模式，助力于教育学术人才培养 ··· 153

　　（三）西方教育学"东渐"的学术平台，助力于中国教育学发展······ 154

　　（四）构建教育理论和实践的桥梁，有助于为中国教育实践改革提供学理支持 ··· 155

第八章　20世纪上半叶中国大学教育系科发展的个案

一、北京师范大学教育系科的设置和发展 ··· 159
　　（一）北京师范大学教育系科的发展阶段 ··· 159
　　（二）北京师范大学教育系科的发展特征 ··· 159

二、中央大学教育系科的设置和发展 ··· 163
　　（一）中央大学教育系科的发展阶段 ··· 164
　　（二）中央大学教育系科的发展特征 ··· 164

三、大夏大学教育系科的设置和发展 ··· 166
　　（一）大夏大学教育系科的发展阶段 ··· 166
　　（二）大夏大学教育系科的发展特征 ··· 167

四、华中大学教育系科的设置和发展 ··· 170
　　（一）华中大学教育系科的发展阶段 ··· 171
　　（二）华中大学教育系科的发展特征 ··· 172

第九章　20世纪上半叶中国大学教育系科的反思及启示

一、20世纪上半叶中国大学教育系科的作用和地位 ···························· 180
　　（一）实现了教育学术人才培养的"从无到有" ······························ 180
　　（二）明确了教育学术人才培养目标的多元化 ································ 181
　　（三）推动了教育学术人才培养体制的逐步完善 ···························· 182
　　（四）初步形成了教育学术人才的学术共同体 ································ 182
　　（五）推动了中国教育学的发展和国外教育学的传播 ···················· 183

（六）奠定了当前大学教育系科发展的基础和分布格局……………… 183
二、20世纪上半叶中国大学教育系科发展中存在的问题……………… 184
　　（一）过分模仿美国模式………………………………………………… 184
　　（二）名称和隶属关系多样……………………………………………… 185
　　（三）分布地区、院校不均……………………………………………… 185
　　（四）职能定位有所偏颇………………………………………………… 186
　　（五）课程设置全面但杂乱……………………………………………… 187
三、20世纪上半叶中国大学教育系科发展的启示……………………… 188
　　（一）大学教育系科要重视发展模式的构建…………………………… 188
　　（二）大学教育系科要重视合理分布和布局…………………………… 189
　　（三）大学教育系科要重视在大学中地位的确立……………………… 190
　　（四）大学教育系科要重视确定名称和隶属关系……………………… 191
　　（五）大学教育系科要准确定位职能…………………………………… 192
　　（六）大学教育系科要科学合理设置专业……………………………… 193
　　（七）大学教育系科要合理设置课程…………………………………… 194
　　（八）大学教育系科要重视教师队伍的建设…………………………… 196

结　语………………………………………………………………………… 197

参考文献……………………………………………………………………… 199
附录1　20世纪上半叶中国大学教育系科大事记………………………… 208
附录2　20世纪上半叶中国大学教育系科简介…………………………… 215
附录3　20世纪上半叶中国大学教育系科教授出版教育学著作一览表… 228

第一章 引 论

一、问题的提出

伴随着清末"西学东渐"的热潮和师范教育的兴起，中国开始引进西方教育学。可以说，教育学这一新型学科在中国属于"舶来品"。20世纪初，师范学校的兴办，使得教育学类课程独立开设和编写配套教材成为必然，进一步促进了教育学在中国的生根发芽。师范学校中教育学类课程的开设和教材的编写，可以看作是大学教育系科设置的前奏。北京高等师范学校和南京高等师范学校教育系科的设置，是中国大学设置教育系科的开端。中国大学教育系科与教育学在中国的发展路径一致，是模仿和借鉴西方大学分科体制的产物。20世纪上半叶中国大学教育系科先是仿照日本高等师范学校的模式将教育系科设置在高等师范学校之中，之后又模仿美国大学的模式将教育系科设置在综合性大学之中。1938年伴随着师范学院的兴起，教育系科在独立师范学院中也得到了较大发展。20世纪上半叶大学教育系科通过借鉴和仿照国外大学教育系科的设置模式，加之国人的不断探索，形成了在师范大学、综合性大学等不同类型院校中分布的格局，也在培养目标、课程设置、师资力量、人才培养以及教学管理方面形成了一定特色，并在教育学术人才培养、推动教育学科发展等方面取得了一定成绩。

近年来，有研究者对20世纪上半叶中国高等教育史、中国大学史以及中国教育学史等进行了回顾与反思，但是对20世纪上半叶中国大学教育系科这一承载教育学科发展、培养教育学术人才、研究教育学术的重地的研究则寥寥无几。回顾历史、审视当前，不难发现，当今中国大学教育系科是对20世纪上半叶大学教育系科的继承和创新。因而，我们需要很好地总结、概括和梳理20世纪上半叶中国大学教育系科发展中的经验、传统等，以便当前大学教育系科挖掘、传承和创新其学术传统，形成不同大学教育系科的发展特色。① 基于此，本研究聚焦于20世纪上半叶中国大学教育系科的发展这一主题，力图对20世纪上半叶中国大学教育系科的发展历程、分布、课程设置、教师队伍、所办教育期刊等进行相关研究，清晰把握当时中国大学教育系科发展脉络和发展特征，以期能对当今中国大学教育系科的发展和改革提供一些启示。

20世纪上半叶中国大学教育系科的发展研究既有深刻的理论意义，又有强烈的实践意义。就其理论意义而言，可以为中国大学教育系科的研究提供理论层面的支持，丰富这一层面的研究，进而丰富中国教育学史以及高等教育史的研究；就实践意义而言，则是可以在总结20世纪上半叶中国大学教育系科发展经验的基础上，为当今中国大学教育系科的改革、发展提供相应的指导和决策依据，为提高中国大学教育系科的质量和效益提出较为可行的建议。

二、已有研究成果述评

据已经掌握的资料，我国学术界对20世纪上半叶大学教育系科的研究在20世纪90年代开始有所涉及。此后，研究者围绕教育系科这一主题相继发表了一些研究成果。以往的研究成果主要如下。

---

① 侯怀银，李艳莉. 综合性大学教育学科在中国：历程、现状和未来 [J]. 国家教育行政学院学报，2019 (6).

(一) 中国大学教育系科发展的历史研究

第一,中国大学教育系科发展历史的宏观研究。郑金洲将20世纪上半叶中国大学教育系科的发展分成萌芽期和形成期,指出萌芽期中国大学没有马上设置教育系科,师范学校开设的教育学课程和编撰的教材,可以看作是中国大学教育系科的萌芽。形成期表现为一些大学开始设立教育系科,且设置有所不同,课程设置上存在一定问题并在批评声中有所调整。在回顾历史的同时,他指出政府部门的重视对中国大学教育系科的发展影响颇大;中国大学教育系科经历了"欧美式—苏式—本土化"的发展历程;教育系科培养目标逐渐向社会需求靠拢,课程设置不断增多。①《民国时期教育系科的分布及其特征》一文对民国时期教育系科的分布进行了研究,该文指出教育系科地域分布全面但不均衡,教育系科集中分布于综合性大学,独立学院教育系科迅速增加,教育系科抗战前后分布差异较大。②项建英就近代中国大学教育学科的发展模式进行了研究,指出近代中国大学教育学科首先在清末优级师范学堂和民国初期的教会大学崛起,后借鉴日本、美国的教育体制形成了以高等师范和综合性大学为主体的"双轨制",并最终形成以教会大学、私立大学、独立学院和独立师范专科学校为辅助的"多元化"格局。③

第二,近代大学教育系科形成原因的研究。霍益萍指出,1922年的"高师改大"运动最终促进了我国综合性大学教育系和教育学院的出现,教育系和教育学院承担了教育科学的引进、传播、创新以及培训师资的作用。④项建英结合近代中国颁布的三个学制指出,"壬寅癸卯学制"的颁定和实施确立了教育学科在大学的合法地位,民国初期"壬子癸丑学制"提高了大学教育

---

① 郑金洲. 我国教育系科发展史略 [J]. 华东师范大学学报(教育科学版),1999 (4): 39—55.
② 侯怀银,李艳莉. 民国时期教育系科的分布及其特征 [J]. 高等教育研究,2011 (10): 100—103.
③ 项建英. 论近代中国大学教育学科设置模式嬗变 [J]. 江苏高教,2009 (3): 139.
④ 霍益萍. 中国近代高等师范教育发展史略 (1902—1949) [J]. 高等师范教育研究,1989 (1): 67—74.

学科的层次，1922年"壬戌学制"则促使大学教育学科趋向多样化和开放化。① 此外，项建英还结合教育"科学化"运动对教育学科的发展进行了研究。她指出，教育"科学化"运动使得大学教育学科应用教育实验和教育测验等科学研究方法、设置大量科学课程、成立教育学术研究机构、出版了科学译著和编著，这些措施最终促使大学教育学科的学术性不断增强，学科建设日趋完善。②

第三，近代各类大学教育学科发展特征的研究。研究者主要对中国近代的教会大学、国立大学以及私立大学的教育学科进行了研究。肖朗、项建英对中国近代教会大学教育学科的建立和发展进行了研究，指出大部分教会大学在成立之时就开设了教育课程或设置了教育系科。教会大学教育学科教师由牧师兼职发展为专业教师；课程设置逐渐实用化、本土化；教学方法强调科学化和进行教学实习。③ 项建英对民国时期综合性大学教育学科进行了研究。她指出，民国初期综合性大学设置教育学科的很少，伴随着"高师改大"运动，综合性大学开始设置教育系科，最突出的特点是学术性。综合性大学教育学科的学术研究促进了教育学科的发展，为教育学科近代化贡献了自己的力量。④ 此外，项建英又对近代私立大学教育学科的建立和发展进行了研究。她指出，私立大学设置教育学科不多，与综合性大学教育学科的"学术性"、高等师范教育学科的"师范性"不同，私立大学教育学科注重"社会应用性"。私立大学教育学科能够建立和发展主要与学校创办人、教育系科的特色、地理位置、资金的保证以及政府政策等因素有关。⑤

第四，中国近代大学教育系科的个案研究。郭戈对抗战前河南大学教育

---

① 项建英. 论近代学制与大学教育学科的发展 [J]. 江苏高教，2007 (3)：30—33.
② 项建英. 教育"科学化"运动与近代中国大学教育学科的发展 [J]. 现代大学教育，2009 (5)：39—43.
③ 肖朗，项建英. 近代教会大学教育学科的建立与发展 [J]. 高等教育研究，2005 (4)：84—89.
④ 项建英. 民国时期综合性大学教育学科论略——以中央大学、北京大学为个案 [J]. 高教探索，2006 (5)：79.
⑤ 项建英. 近代中国私立大学教育学科的建立与发展 [J]. 高教探索，2007 (2)：89—96.

学系的教育教学情况进行了研究。他指出，河南大学教育学系创办于1923年，前身是河南中州大学文科教育学系，1924年开始招生。这一时期教育系科的教师队伍阵容整齐、一专多能、积极参与实践，课程设置逐渐增多且设置比较灵活，制定和实施毕业生参观制度，建立了心理学实验室并加强教育实践，成立了教育研究会和出版《教育季刊》等。[1]

张亚群对私立时期厦门大学教育学科的创立以及机构演变、学术地位和历史影响进行了研究。他指出，私立厦门大学教育学科的教师来源广，学术水平高，学术研究成果突出，学术影响获得了外界认可，教育考察活动有声有色。私立厦门大学教育学科的历史影响为三方面，即培养了大批人才，为福建及其他省份基础教育做出了贡献；奠定了本校教育学科发展的坚实基础，促进了综合性大学的学科建设和发展；形成了研究型大学的优良学术传统，推动了教育科学的发展。[2]

侯怀银、刘英对西南联大教育系科的发展进行了研究，指出西南联大教育系科发展特征主要为：功能定位是满足社会需求，师范学院教育学系设置的最主要目的是培养师资，西南联大教育学系的课程由共同必修课、专业必修课和选修课组成，教师队伍中教授比例较大，生源也较好，教学管理严格且灵活，学生活动较多。在借鉴历史的基础上，该文指出我们今天大学教育系科的发展要注重与社会紧密联系、重视社会服务，建设一支高水平的教师队伍，营造宽松自由的治学环境。[3]

张小丽对北京高师教育专攻科进行了研究，指出北京高师教育专攻科的设置，是基于为各级师范学校输送教育学师资的需要以及只是开设教育学课程已经不能满足研究各种"主义"的背景。在校长陈宝泉的争取下，1915年北京高师教育专攻科应运而生，其主要目的在于输入德国教育学说来振起国

---

[1] 郭戈. 抗战前河南大学教育学系教育教学情况研究[J]. 河南大学学报（社会科学版），2005（6）：141—147.

[2] 贺国庆. 教育史研究：观念、视野与方法——中国教育学会教育史分会第十一届学术年会论文集[C]. 保定：河北大学出版社，2009：285—291.

[3] 侯怀银，刘英. 西南联大教育系科的发展及启示[J]. 大学（研究与评价），2009（6）：58—63.

人教育思想。北京高师教育专攻科起到了输入德国教育学说的作用，但却并未起到振起国人教育思想的作用。1920年教育专攻科被教育研究科取代。①同时，张小丽还对北京大学教育学系进行了研究，指出蒋梦麟通过重视教育学系主任选聘、稳定师资队伍、修订教育学系课程、注重学生自动研究等，推动了北京大学教育学系的发展。②

侯怀银、李艳莉对大夏大学、华中大学教育系科的发展进行了研究，分别剖析了大夏大学、华中大学教育系科的发展阶段，以及二者培养目标、课程设置、教师队伍等方面的发展特征。两篇文章在借鉴历史的基础上指出，教育系科要注重发挥社会应用性，课程要注重理论与实践整合，教师专业素养提升要注重"三结合"，学生培养注重理论和实践知识结合等。③

张礼永在《教育学在国立暨南大学——从师范科到教育系到教育学院再到教育系的演变（1918—1932）》一文中，对暨南大学教育系科的变迁及影响因素、课程设置、发展经验等进行了研究，指出暨南大学教育系科存废之争的矛盾也透露出外来之教育学始终面临着水土难服的问题。④

张欢欢的《湖南大学教育系科的发展与反思（1912—1953）》将湖南大学教育系科的发展分为萌芽（1912—1926）、教育系（1926—1937）、哲学教育系和哲学心理系（1938—1941）、教育系科在人民湖大（1949—1953）四个阶段。根据对每一阶段历史状况的分析，研究指出湖南大学教育系科培养目标注重社会需求；课程设置文理渗透、理论与实践相结合，选修制与学分制并行；教师队伍以国外留学生为主；教员履历丰富；生源较少，学生就业以教育行业为主；教学管理严格，但注重学生全面发展。基于此，未来我国教育系科在发展中应着力做好以下工作：一是认识教育本质，定位教育系科发展，重视政府政策影响；二是增强学科意识，奠基大学建设理论，增强学科

---

① 张小丽. 北高师教育专攻科的历史境遇［J］. 教育学报，2010（4）：103—110.
② 张小丽. 蒋梦麟与国立北京大学教育学系［J］. 当代教育与文化，2021（3）.
③ 侯怀银，李艳莉. 大夏大学教育系科的发展及启示［J］. 华东师范大学学报（教育科学版），2011（3）：82—90.
④ 张礼永. 教育学在国立暨南大学——从师范科到教育系到教育学院再到教育系的演变（1918—1932）［J］. 山东高等教育，2016（3）.

自我发展能力;三是整合系科功能,重塑教育师资"母机",注重课程设置的革新;四是改革课程体系,调整人才培养目标,树立教育系科发展学术与服务社会两大功能整合观。①

刘来兵、冯露对中华大学教育系科的发展特征和经验进行了研究,指出中华大学教育系科在30年的办学过程中呈现出的特点为:教师队伍建设以引进德才兼备的海内外人才为主;课程设置以新教育思想为中心;教学管理以提高学生质量为理念;课外活动以增进学识、锻炼能力为目的。在回顾历史的基础上,该文指出大学教育系科应从提高教师队伍国际化水平、增强理论与实践的结合、营造自由宽松的学术氛围等方面努力。②

吕春辉对民国时期复旦大学教育学系的发展历程、发展经验等进行了研究,指出复旦大学教育学系是综合性大学文学院下设教育学科的代表,经历了酝酿萌芽、蓬勃发展、动荡存续三个阶段。复旦大学教育学系师生规模适中,教师质量较高,课程务实精要,管理严格规范,注重理论与实践结合,学生校园活动丰富,彰显了复旦大学的理念和传统,是复旦大学学科结构的重要组成部分。③

(二) 中国大学教育系科的发展现状及发展路径的研究

中国大学教育系科的发展是历史和当前、未来发展的统一体。因此,研究者还对当前大学教育系科的现状、未来如何改革进行了研究。其中,关于大学教育系科发展现状的研究成果,最具代表性的是"面向21世纪教育系科改革研究与实践"课题的相关研究成果,课题组对西南大学、安徽师范大学等校教育系科的发展现状等进行了研究。《全国高校教育系科现状调查研究》一文指出,被调查院校教育系科存在专业设置格局依旧、办学条件有所改善

---

① 张欢欢. 湖南大学教育系科的发展与反思(1912—1953)[D]. 长沙:湖南大学,2017.
② 刘来兵,冯露. 中华大学教育系科建设的历史考察[J]. 山东高等教育,2021(4).
③ 吕春辉. 复旦大学教育学系的历史变迁与图景[J]. 复旦教育论坛,2021(6).

等情形。① 此外,《当前我国高校教育系科分布研究》则对我国高等院校教育系科的空间分布等进行了研究,指出当前我国高校教育系科的分布呈现出全面但不均衡的特点,主要分布在综合院校、师范院校、公办本科院校、省属院校。②

基于对当前大学教育系科发展现状的研究,研究者对大学教育系科的培养目标、课程结构改革、办学模式、专业改革等进行了思考。《新世纪高师院校教育系科改革的若干问题》《关于教育系在综合大学发展的若干问题思考》等文,对不同类型大学教育系科的办学定位、发展路径等进行了研究。同时,受"双一流"学科建设等因素影响,一些综合性大学教育学科被裁撤,也使得部分综合性大学中的教育系科不复存在,研究者对综合性大学教育系科的未来发展进行了思考,如《教育学:危机、重建与回归——关于教育学在综合性大学发展中地位的思考》《论我国综合性大学教育学科的发展》《综合性大学教育学科在中国:历程、现状和未来》等文,对综合性大学教育学科今后如何更好地发展进行了思考,指出综合性大学教育系科要继承传统,根据社会需求和院校差异等确定职能。

(三) 国外大学教育系科的研究

研究者除对我国大学教育系科进行研究外,还对美国、日本、英国等大学教育系科进行了介绍或者个案研究。

其中,《苏州大学学报(教育科学版)》对哈佛大学、斯坦福大学、哥伦比亚大学、柏林洪堡大学、牛津大学、多伦多大学、东京大学、莱顿大学、莫斯科大学、斯德哥尔摩大学等校的教育学科及其学术特色进行了个案研究。③ 此外,相关研究如《贾德与美国大学教育学科的发展》《杜威与美国大

---

① 王枬. 全国高校教育系科现状调查研究 [J]. 华东师范大学学报(教育科学版),1999 (3):40—49.

② 侯怀银,田英. 当前我国高校教育系科分布研究 [J]. 高等教育研究,2016 (6):45—49.

③ 世界一流大学的教育学科及其学术特色(笔会) [J]. 苏州大学学报(教育科学版),2017 (1).

学教育学科的建设和发展——从芝加哥大学到哥伦比亚大学》《20世纪美国综合性大学教育学科的发展——以哥伦比亚大学和芝加哥大学为考察中心》《东京教育大学教育系科变迁研究》《世界一流大学教育学院的价值追求与特点分析》《美国综合性大学教育学科的历史考察——以哥伦比亚大学等4所大学为中心》《美国高校一流教育学学科建设与镜鉴——以哈佛大学为例》《一流教育学院是如何建成的？——基于哈佛大学教育研究生院的百年省思》等文，则对美国、日本、英国等国外大学教育系科的发展历史、大学教育系科和教育学科的发展经验进行了系统总结和研究，并在此基础上进行反思，形成了对我国大学教育系科发展的借鉴和启示。

其中，《一流教育学院是如何建成的？——基于哈佛大学教育研究生院的百年省思》一文在回顾哈佛大学教育研究生院百年发展历程的基础上指出，一流大学教育学院的标准简而言之为三个，即聚集一流人才、产出重大成果、形成卓越文化。因此，我国大学的教育学院要有百年发展的目标和定力，通过学习借鉴哈佛大学教育研究生院的百年经验，加强对一流教育学院建设规律的研究，立足中国大地办出中国特色、世界一流的教育学院。①《世界一流教育学科建设模式的比较研究》则依托学科核心竞争力理论，从资源、能力和知识三个维度，对25个世界一流教育学科的办学定位、师资队伍、研究领域、研究合作和学术发展力五个方面的基本特征进行比较研究，指出可以将世界一流教育学科建设划分为聚势共赢、专注深耕、借力突破和内生突围四种模式，这四种模式也可以为我国教育学科构建适切的学科建设模式，提升学科竞争力提供经验启示。②《世界一流教育学科建设的特征及启示》则指出，我国一流教育学科建设应从以下几方面努力：一是深入研判，办出特色，不奢求"大而全"；二是内涵建设，提高声誉，不迷信"排行榜"；三是交叉融合，服务实践，不囿于"象牙塔"；四是自觉建设，打造卓越师资，不盲从

---

① 李云鹏. 一流教育学院是如何建成的？——基于哈佛大学教育研究生院的百年省思 [J]. 外国教育研究，2021 (4).
② 韩双淼，谢静. 世界一流教育学科建设模式的比较研究 [J]. 高等教育研究，2021 (12).

"指挥棒"。①

（四）大学教育系科的相关史料

作为一项历史研究，相关史料汇编、大学校史、年鉴、报刊等，也为本研究的开展提供了大量资料支撑。首先，20世纪上半叶出版的《全国高等教育统计》《第一次中国教育年鉴》《第二次中国教育年鉴》以及各个大学出版的大学一览等，为本研究的开展提供了支撑；其次，陈学恂主编《中国近代教育史教学参考资料》、舒新城编《中国近代教育史资料》、陈元晖主编《中国近代教育史资料汇编》、李友芝等主编《中国近现代师范教育史资料》等史料汇编，以及《陈宝泉教育论著选》《廖世承教育论著选》《李建勋教育论著选》等，为本研究的开展提供了资料线索；再次，《北京师范大学校史（1902—1982）》、王学珍和郭建荣主编《北京大学史料（1898—1949年）》、萧超然等编《北京大学校史（1898—1949）》、朱斐主编《东南大学史》、王德滋主编《南京大学百年史》等校史资料，也涉及了当时大学教育系科的发展状况；最后，《教育杂志》《新教育》以及当时各个大学所办的期刊，如《大夏周报》《光华半月刊》《北京大学日刊》等，留存了当时大学教育系科的发展轨迹、培养目标、课程设置、教师队伍等，具有很高的史料价值。

综上，相关研究成果为本研究的开展提供了一定的研究基础。一方面，研究者们对20世纪上半叶大学教育系科的发展脉络、原因和个案所作的历史研究，使我们在认识大学教育系科发展时有了一定的资料、线索和个案材料；另一方面，对我国目前教育系科改革的研究、国外大学教育系科的研究，为我们在回顾历史的基础上进行反思、比较时提供了一些基本材料和认识基础。

通过已有研究成果不难发现，关于20世纪上半叶大学教育系科发展的历史研究中，对其发展脉络的细致研究和个案研究应该成为当前大学教育系科历史研究的趋势和热点之一。

第一，20世纪上半叶大学教育系科究竟出现于何时何校，如何和为何发

---

① 顾建民，韩双淼. 世界一流教育学科建设的特征及启示[J]. 教育发展研究，2021（19）.

展演变，哪些大学设置了教育系科，大学教育系科的课程设置和使用的教科书、师资队伍，大学教育系科的分布等史实，还需要进行清晰的把握，占据翔实的史料，这才有助于人们在全面地认识20世纪上半叶大学教育系科发展的基础上更好地反思当前大学教育系科的发展。

第二，20世纪上半叶大学教育系科的个案研究还有待挖掘。深入到当时设置教育系科的大学所办的期刊、留存的档案以及回忆录、校史等，有助于揭示不同大学教育系科的演变和发展及其发展特征，有助于当前各个大学教育系科更好地正视和传承传统，形成发展特色。

研究者对20世纪上半叶大学教育系科发展的历史研究很少，因此，本研究聚焦于这一主题，力图通过文献史料、档案史料、图像史料等对20世纪上半叶中国大学教育系科的整体发展脉络和个案进行相关研究，以期能对当今我国大学教育系科的发展提供一些合理建议。

三、相关概念的阐释

"概念可能类似于分布于地球上使我们得以明确地标示地球表面的任何位置的经纬线。"[①] 概念有助于探析和明确事物的本质属性，是人们在实践基础上经感性认识上升到理性认识而形成的。[②] 可以说，概念是研究的基础，是认识、理解实践的必要环节。基于此，开展本研究之前，有必要将本研究的主要概念"大学""教育系科"进行适当的辨析。

（一）大学

关于大学，国内学者做过多种界定。这里主要选择几种有代表性的界定予以分析。

唐钺、朱经农、高觉敷主编的《教育大辞书》对大学的界定为："大学乃一国最高之学府也，中分文、理、法、商、医、农、工等科。其修业期间，各国不同，有定为三年者，四年者，或五年者，而吾国国立大学之本科，则

[①] [德]石里克. 普通认识论[M]. 李步楼, 译. 北京：商务印书馆，2010：45.
[②] 字词语辞书编研组. 新编现代汉语词典[M]. 长沙：湖南教育出版社，2016：376.

只为四年，毕业后，得称学士。"①

顾明远主编的《教育大辞典》对大学的界定为，高等学校的一种。在中国，1912年《大学令》规定："大学分文、理、法、商、医、农、工七科，以文、理二科为主；必须文理二科并设，或文科兼法商二科者，或理科兼医、农、工三科或二科、一科者方能称大学。"1917年改为："设二科以上者得称为大学，其但设一科者称为某科大学。"1929年按照《大学组织法》规定，大学改科为学院，并规定必须具备三个以上学院，其中至少包括理、工、农、医之一，方能称大学。1948年《大学法》规定，大学设文、理、法、医、农、工、商等学院，凡具备三学院以上者称大学，否则称学院。②

朱九思、姚启和主编的《高等教育辞典》对大学的界定为："一类高等教育机构。通常包括文理学院（或系科）、其他专业学院（或系科）及研究生院等。有权授予各学科领域的学位。……中国近代大学始于19世纪末期。"③

根据上述综合分析，本研究中的"大学"是高等学校的一种，以文理两科为主。结合20世纪上半叶颁布的相关政策、法令、规定等，本研究的"大学"范围进一步细化，仅局限于民国时期教育部立案名称为"××大学"的高等学校，而"××学院"这类高等学校则不属于本研究界定的范畴，仅在为了更好地说明问题时才涉及。

（二）教育系科

对教育系科进行概念界定，无疑需要首先对系科这一概念进行界定。1798年，康德出版《系科之争》④一书，"系科"一词开始进入人们的视野。分析《系科之争》的"系科"，不得不了解此书的构成与来源，《系科之争》是康德将其所著的《哲学系与神学系的争执》《哲学系与法学系的争执》《哲

---

① 唐钺，朱经农，高觉敷. 教育大辞书（上）[M]. 上海：商务印书馆，1930：38.
② 顾明远. 教育大辞典（第3卷）[M]. 上海：上海教育出版社，1991：61.
③ 朱九思，姚启和. 高等教育辞典[M]. 武汉：湖北教育出版社，1993：35.
④ [德]康德. 系科之争[M]. 赵鹏，何兆武，译. 上海：上海人民出版社，2005.

学系与医学系的争执》三篇文章合集出版，并命名为《系科之争》。① 该书书名中的"系科"，从字面意义上可理解为系和学院的统称，但深入思考可发现这里的系科不仅仅是系和学院的统称，它是以学科为载体或依托的，如哲学系与神学系、法学系、医学系的争执，可理解为哲学学科与神学学科、法学学科、医学学科的争执。这一分析仅仅是从一本著作的命名得来的，虽合理性与科学性有待商讨，但也可作为分析系科概念的一种途径，下面将按照"属加种差"的方法对系科进行探析和概念界定。

就系的概念，根据《辞海》中对系的解释，在本研究中，系作为名词来研究。名词系，一解释为系统，二解释为高等学校中按学科所分的教学行政单位，如哲学系、教育系等。② 根据顾明远主编的《教育大辞典》对系（department）的解释，系是指高等学校内按学科、专业或相近学科、专业设置的基层教学行政组织，或基层教学、科学研究和行政组织。③ 朱九思、姚启和主编的《高等教育辞典》对系的解释为："系全称学系。高等学校按学科或专业性质设置的教学行政单位。隶属于校（院）。"④ 结合三者的解释，系可界定为高等学校内按学科、专业设置的教学、科研、行政组织。

就科的概念，顾明远主编的《教育大辞典》对科的界定为：①高等教育的水平层次或学科、专业的类别；②课程的别称；③近代中国高等学校按学科分设的教学行政组织。1904年的《奏定大学堂章程》中提出，将高等教育分为高等学堂（或大学预备科）、大学堂和通儒院三级，规定"大学堂分为八科"，即经学、政法、文学、医、格致、农、工、商，称分科大学堂。1912年10月，《大学令》规定："大学分为文科、理科、法科、商科、医科、农科、工科七科。设文理二科或文法商三科或理科兼医农工一科以上的学校方可名为大学。"后改为设二科以上者才可称大学，但设一科者称为某科大学。科又分为若干门，并设若干讲座。各科设学长一人，主持本科事务；设教授

---

① 应星. 学术自由的内外限度及其历史演变——从《系科之争》到《韦伯论大学》[J]. 北京大学教育评论，2009（3）：18—20.
② 刘振铎. 现代汉语辞海[M]. 延吉：延边教育出版社，2001：1124.
③ 顾明远. 教育大辞典（第3卷）[M]. 上海：上海教育出版社，1991：98.
④ 朱九思，姚启和. 高等教育辞典[M]. 武汉：湖北教育出版社，1993：262.

会，以教授为会员，学长为议长，审议有关事项。1919年，北京大学废除科、门制，改设学系，后陆续设立学院。各大学随亦改科为院、系。① 朱九思、姚启和主编的《高等教育辞典》对科有两种解释："①中华民国初期高等学校的一级教学行政组织。相当于现在大学中的院。……②中国高等专科学校基层教学科研组织，相当于大学中的系。"② 按照《现代汉语词典》，科作为名词有三种解释，第一是学术或业务的类别，第二是行政机关或某些机构的行政部门按工作性质分设的办事单位，第三是动植物的分类。③ 结合三者的解释，本研究中的科指的是学术的类别，也是近代中国高等学校按学科分设的教学行政组织。

结合系、科的概念，本研究中所提的"系科"可理解为高等学校中按学科、专业设置的教学、科研、行政组织。结合系科的概念，教育系科的概念也自然清晰。从词语构成来看，教育系科由教育和系科两个词语构成，因此教育系科可理解为高等学校中按教育学科和教育学专业设置的教学、科研、行政组织，它包括本科、研究生阶段招生的教育系科。在本研究中，教育系科涵盖当时的教育系、教育学系、教育××系、××教育系、教育学院。

（三）大学教育系科

结合本研究对大学、教育系科的界定，大学教育系科主要指大学中按教育学科、教育学专业设置的教学、科研、行政组织，它包括本科、研究生阶段招生的教育系科。在这里，大学教育系科涵盖当时大学设置的教育系、教育××系、××教育系、教育学院等。需要说明的是，20世纪上半叶中国大学教育系科主要设置在高等师范、国立大学、教会大学、私立大学、独立学院④和独立

---

① 顾明远. 教育大辞典（第3卷）[M]. 上海：上海教育出版社，1991：97.
② 朱九思，姚启和. 高等教育辞典[M]. 武汉：湖北教育出版社，1993：159.
③ 字词语辞书编研组. 新编现代汉语词典[M]. 长沙：湖南教育出版社，2016：690.
④ 依据1929年7月26日国民政府公布的《大学组织法》规定，大学应于文、理、法、农、工、商、医原有七学院而外加一教育学院，至少须具备三学院，且须包含理学院或农、工、医各学院之一，方得称为大学，否则为独立学院。此处独立学院指的是具备学院少于三种，不符合大学设置条件的高等院校。因此，此处独立学院与当前所指的独立学院不同。

师范专科学校中，其教育系科呈现出不同的特征，以不同的形式共同推动着中国教育学术的发展。本研究的"大学教育系科"同样只研究20世纪上半叶立案名称为"××大学"的教育系科，仅在说明问题时才会涉及高等师范学校、独立学院等的教育系科。

四、研究方法及主要内容

（一）研究方法

作为一项历史研究，本研究主要采用了下述两种研究方法。

一是文献法。本研究涉及高等教育学、学科学、历史学等领域的内容，通过对相关文献的收集和查阅、整理和分析，不仅为本研究提供了有价值的文献资料，而且也提供了坚实的理论基础。

二是历史法。我国大学教育系科自设置之初至今经历了不断的演进和发展，尤其是对20世纪上半叶中国大学教育系科进行研究则更需要使用历史法。通过历史法的运用，有助于搞清我国大学教育系科的来龙去脉，对其形成清晰的认识。

（二）主要内容

本研究围绕20世纪上半叶中国大学教育系科的形成和发展这一主题展开，具体写作中将循着纵横交叉的思路进行，主要涉及以下几方面内容的研究。

1. 20世纪上半叶中国大学教育系科的发展历程。具体包括20世纪上半叶中国大学教育系科的产生，具体内容为大学教育系科产生的原因、产生的标志、产生阶段具备的特征；20世纪上半叶中国大学教育系科的形成，具体内容为形成的原因、形成的标志、形成阶段的特征；20世纪上半叶中国大学教育系科的发展，具体内容为发展的原因、发展的特征、不同类型大学教育系科的发展。

2. 20世纪上半叶中国大学教育系科的分布及其特征。具体包括20世纪上半叶中国大学教育系科的时间分布、空间分布和院校分布，试图阐释20世纪上半叶中国大学教育系科的分布特征、分布原因以及对当前大学教育系科分布的启示。

3. 20世纪上半叶中国大学教育系科的课程设置。具体包括20世纪上半叶中国大学教育系科的课程设置的发展历程、影响因素和特征以及对当前大学教育系科课程设置的启示。

4. 20世纪上半叶中国大学教育系科的教师及学术研究。具体包括20世纪上半叶中国大学教育系科的教师队伍的群体特征、学术研究成果及其为教育学中国化、教育学科学化以及教育学学科体系的构建等所做出的贡献。

5. 20世纪上半叶中国大学教育系科的教育学会。鉴于20世纪上半叶中国大学教育系科中的学生社团的重要作用，此处主要选择20世纪上半叶中国大学教育系科所成立的教育学会进行分析、论述，对其成立的缘起、组织构成以及历史价值进行了研究，指出其对学术自由、教育学术人才培养等发挥了一定作用。

6. 20世纪上半叶中国大学教育系科的教育期刊。具体内容为对作为大学教育系科师生教育学术研究成果的重要载体之一———教育期刊的出版缘起、基本样态和历史价值进行了陈述，指出大学教育系科的教育期刊与大学教育系科的发展轨迹、教育学科的发展紧密联系在一起，有助于推动中国教育学发展、指导教育实践以及助力中西教育学的交流。

7. 20世纪上半叶中国大学教育系科发展的个案。具体内容为对师范大学、国立大学、私立大学、教会大学等不同类型的大学教育系科的发展进行个案研究，对北京师范大学、中央大学、大夏大学、华中大学四个大学教育系科的发展演变、发展特征进行了研究。

8. 20世纪上半叶中国大学教育系科的反思和启示。具体包括20世纪上半叶中国大学教育系科的地位、发展中存在的问题以及当前中国大学教育系科的发展应从大学教育系科的院校隶属关系、教育系科的地位、教育系科的分布、教育系科的职能定位、教育系科的专业设置、教育系科的课程设置、教育系科的教师队伍、教育系科的发展模式等方面着力。

第二章　20世纪上半叶中国大学教育系科的发展历程

晚清时期，中国出于挽救民族危亡的需要开始学习西方先进理念，引进西方的先进学科。有研究者指出，洋务运动和戊戌变法时期近代学术新潮还处于萌芽状态，[①] 随着辛亥革命时期巨大的政治变动和西方文化的大量输入，各种新型学科开始引进。中国古代的经、史、子、集伴随着新学科的引进而被哲学、伦理学、心理学、教育学、社会学、政治学等按逻辑进行分类的学科所取代。[②] 1901年，以我国第一份教育专业杂志《教育世界》连续刊载王国维翻译的《教育学》为起点，标志着中国教育学引进的开始。20世纪上半叶中国大学教育系科同教育学一样，也是借鉴西方模式而产生的。当然，中国大学教育系科并没有在教育学引进之后立即产生，而是伴随清末高等师范教育的兴办，为培养师资、进行师资训练开设教育学类课程而促使其萌芽、产生。

---

① 黄兴涛，胡文生. 论戊戌维新时期中国学术现代转型的整体萌发——兼谈清末民初学术转型的内涵和动力问题 [J]. 清史研究，2005（4）：36.

② 李喜所. 辛亥革命时期学术文化的变迁 [J]. 史学集刊，2003（1）：38.

一、 20世纪上半叶中国大学教育系科的萌芽（1901—1914）

1898年，京师大学堂的开设是我国开设综合性大学的肇端。京师大学堂开设"溥通学和专门学，其中溥通学设有经学、理学、中外掌故学、诸子学、初级算学、初级格致、初级政治学、初级地理学、文学、体操等十种；专门学设有高等算学、高等格致、高等政治学、高等地理学、农学、矿学、工程学、商学、兵学、卫生学等十种"①。可见，我国大学在诞生之初并没有开设教育学课程，也因为初办并没有系科的设置，更没有教育系科的设置。

1902年，清政府颁布《钦定学堂章程》（亦称壬寅学制）。其中，《京师大学堂师范馆章程》规定，京师大学堂附设师范馆，以培养中学堂教员为宗旨，共开设十四门课程，分别为"伦理、经学、教育学、习字、作文、算学、中外史学、中外舆论、博物、物理、化学、外国文、图画、体操"②。同年，京师大学堂师范馆最早开设教育学类课程。1904年，清政府又颁行了《奏定学堂章程》（亦称癸卯学制），规定优级师范学堂开设"教育"通习科目，具体设教育理论、教育史、各科教授法、学校卫生、教育法令、教授实事练习。

清末"壬寅癸卯学制"将优级师范学堂分为"三个学习阶段：公共科、分类科、加习科。其中，分类科的四类均必须修人伦道德、经学大义、教育学、心理学和体操等几门课程。加习科要求加习以下十种课程中的五种以上，这十种课程分别为，人伦道德、教育学、教育制度、教育政令、美学、实验心理学、学校卫生、专科教育、儿童研究、教育演习"③。可见，教育学是作为优级师范学堂的一门课程出现的。因此，我国师范教育初兴时，并没有马上设置教育系科，仅仅是在师范院校中开设了教育学类课程。④ 优级师范学堂教育学类课程的开设，可以视为我国大学教育系科设置的萌芽和先声。正

---

① 北京大学校史研究室. 北京大学史料（1898—1911）[M]. 北京：北京大学出版社，1993：82.

② 刘捷，谢维和. 栅栏内外——中国高等师范教育百年省思[M]. 北京：北京师范大学出版社，2002：57.

③ 董宝良. 中国近现代高等教育史[M]. 武汉：华中科技大学出版社，2007：70.

④ 侯怀银. 中国教育学发展问题研究——以20世纪上半叶为中心[M]. 太原：山西教育出版社，2008：185.

是由于师范教育的兴起，需要设置进行师资训练、培养教员的师范学校，使得教育系科开始拥有栖息之所。

需要指出的是，作为20世纪上半叶中国大学重要组成部分的教会大学也设立了教育系科。1910年，华西协和大学设置教育科；1914年，金陵大学师范科改为教育系。由于教会大学教育系科的办学主体为外籍人士，不是国人自己出于培养师资的意愿创办，此时也没有被当时的教育部核准立案，我们仍认为此阶段我国大学教育系科处于萌芽期。

二、20世纪上半叶中国大学教育系科的产生（1915—1920）

随着师范教育的不断发展，教育学的不断引进和发展，仅在高等师范学校中开设教育学类课程难以满足日益增加的师资等要求，加之留学生的归国，进一步促进了师范学校中教育学类课程向教育专攻科、教育专修科的转变，这也催生了高等师范中教育系科设置的出现，使得我国师范学校中不仅开设了教育学类课程，还出现了教育系科，形成了促进教育学发展和培养教育学人才的专门的、基础的组织。

(一)产生的原因

1. 师范教育的发展

1912年颁布的《师范教育令》和1913年颁布的《高等师范学校规程》，使得优级师范学堂开始改称高等师范学校。此后，范源濂接任蔡元培担任教育总长后，开始仿照日本由国家直接管理高等师范教育的模式，积极推行高等师范区制。此后，北洋政府教育部在全国划定了六大师范区，并在每一区设一所高等学校，即设立了北京高师、南京高师、武昌高师、广东高师、成都高师、沈阳高师六所高等师范学校，内设预科（1年）、本科（3年）、研究科（1或2年）。由此，民国初期的高等师范院校由清末优级师范学堂发展而来。[①] 高等师范学校的兴起和发展，使得"教育学作为师资训练的工具，在

---

① 崔运武. 中国师范教育史［M］. 太原：山西教育出版社，2006：72.

师范院校逐渐确立了其地位"[1]。同时，《师范教育令》等的颁行，也使得中等师范学校不断发展和增加，这也使得高等师范学校需要为其输送教育学师资。在此背景下，北京高师率先于1915年设置教育专攻科，"以养成师范学校教育教员为主旨"，并开设了心理及教育课程。南京高师从1916年开始不断设置系科，突破了《师范教育令》中规定大学本科设部的规定，于1918年添设教育专修科，第一届招收学生40人，专门培养具有专业精神，研究教育的专门人才。

2. 民初学制的推动

布鲁贝克指出："在20世纪，大学确立它的地位的重要途径有两种，即存在两种主要的高等教育哲学，一种以认识论为基础，另一种则以政治论为基础。这两种哲学在美国大学里并存，并分别起着作用，或是在不同学校里，或在同一学校不同系里。"[2] 20世纪上半叶中国大学教育系科的产生也得益于国家政策的助力。民国初年，中华民国政府颁行了"壬子癸丑学制"。这一学制虽对清末的"壬寅癸卯学制"进行了调整，但仍然参照日本学制。其中《高等师范学校规程》规定："高等师范学校分预科（1年）、本科（3年）、研究科（1或2年），得设专修科。本科各部通习之科目为伦理学、心理学、教育学、英语、体操。"[3] 同时，《高等师范学校规程》第八条规定："高等师范学校得设专修科。前项专修科于师范学校及中学校某科教员缺乏时设之。"第十三条规定："本科第三年级学生，应令在附属中学校小学校实地习练；专修科选科生最后学年亦如之。"[4] 这一规定从政府层面促使了高等师范学校中设立教育专修科或研究科的合法性，也催生了高等师范学校中开设教育研究科或教育专攻科。

3. 设置经费的投入

经费的保障和投入是促使一所大学和其系科形成与发展的不竭动力。20

---

[1] 侯怀银. 中国教育学发展问题研究——以20世纪上半叶为中心 [M]. 太原：山西教育出版社，2008：27.

[2] [美] 约翰·布鲁贝克. 高等教育哲学 [M]. 王承绪，等译. 杭州：浙江教育出版社，1987：13.

[3] 高等师范学校规程 [J]. 中华教育界，1913（6）：77.

[4] 高等师范学校规程 [J]. 中华教育界，1913（6）：78.

世纪上半叶,中国大学通过多种途径解决经费不足的问题,如争取国家的经费、设立董事会来多方筹措资金、广泛联系校友接受其捐赠。多种筹资方式使得大学及其系科得以形成和发展。教育专攻科的设立也离不开经费的保障。这一时期,中国高等师范的发展和教育专修科等的设置的经费大多来自政府。《师范教育令》第三条规定:"高等师范学校经费以国库金支给之。"① 如北京高师,"1915年2月,教育部秉承袁大总统意旨,增加本校经费,扩充本校班次类科,并由袁大总统捐一万元,批饬财政部筹发六万元为开办费"②。李蒸就曾指出,北京高师的"经费,民元每月为八千一百元,民八年增至月三万三千元"③。经费的支持促使北京高师教育专攻科的设置成为可能,也推动了大学教育系科的产生。

4. 教育学科发展的需要

随着1901—1915年师范学校的兴办,设置教育学类课程成为必然,师范学校也就成为教育学在中国引进的重要载体。1915年以后,国人逐渐开始以美国为主引进教育学,并开始了以模仿为主要特征的初建阶段。④ 伴随着教育学的引进和模仿,以承担教学、科研和社会服务为主要职能并且积聚着社会精英的高等学校就必须承担起传播和研究教育学的责任。北京高等师范学校校长陈宝泉就指出,北京高师教育专攻科设置的目的在于"输入德国教育学说,以振奋国人教育思想,故科目以德语及教育为主,聘德人梅约翰为教员"⑤。传播和研究教育学、促进教育学发展,就必须有专门的、基础的组织。"以学系为基础的学科是人力资源和经费流通的场所,拥有权力充当很难被打破的知识生产地盘。"⑥ 因此,此时教育专攻科、教育专修科伴随着教育

---

① 师范教育令[J]. 中华教育界,1913(2):27.
② 王桐龄. 北京高等师范学校过去十二年间之回顾[J]. 北京师大周刊,1923(203):8.
③ 李蒸. 国立北平师范大学整理计划书[J]. 师大月刊,1932(1):2.
④ 侯怀银. 中国教育学之路[M]. 合肥:安徽教育出版社,2009:1—6.
⑤ 璩鑫圭,等. 中国近代教育史资料汇编(实业教育·师范教育)[M]. 上海:上海教育出版社,1994:991.
⑥ [美]华勒斯坦,等. 学科·知识·权力[M]. 刘健芝,等译. 北京:生活·读书·新知三联书店,1999:33.

学科发展的需要而相继设置。

5. 留学生的推动

清末新政的鼓励加之甲午中日战争的刺激，留日学生激增并于1906年前后形成高潮。留日学生中有一部分进入了高等师范学校学习，如陈宝泉、林砺儒等。这些留日学生对于学堂、高等师范学校的创办和发展发挥了较大作用。庚子之乱后，美国为实现其对华政策，特别是文化扩张政策，将退还的赔款用于中国学生留学美国。此前，虽然也有学生在清末新政的鼓励下留学美国，但"留美人数急剧增加是在1908年"[①]。留美学生中大部分学生选择到哥伦比亚大学师范学院学习教育学。"据统计，从1909—1950年，在哥伦比亚大学的中国留学生达304人。他们主要是学教育的。如郭秉文、蒋梦麟、陶行知、陈鹤琴、郑晓沧、邓萃英等人。"[②] 这些留学生之后或进入大学担任校长、教授，或从政担任教育部长等。这些担当重要职务的留学生，有着进行学术研究的意识，为大学教育系科的设置添加了动力。如陈宝泉、郭秉文等担任北京高等师范、南京高等师范校长时就促成了教育专攻科、教育专修科的设置。

陈宝泉

(二) 产生的时间

就所查阅的资料，1915年2月22日，北洋政府教育部呈准《扩充北京高等师范教育办法》，北京高师学校借此于1915年9月增设教育专攻科，[③] 这是中国大学中设置教育系科的肇端。此后，一些高等师范学校陆续设置了

---

① 孙培青. 中国教育史［M］. 上海：华东师范大学出版社，2006：349.
② 张雪蓉. 美国影响与中国大学变革（1915—1927）——以国立东南大学为研究中心［M］. 北京：华龄出版社，2006：28.
③ 王桐龄. 北京高等师范学校过去十二年间之回顾［J］. 北京师大周刊，1923（203）：8.

教育系科。1917年，武昌高等师范学校设置教育专修科；[①] 1918年7月，南京高等师范学校增设教育专修科，1918年、1919年、1920年共招生三次；[②] 1920年，北京高等师范学校设置教育研究科，"程度与高级大学等，授学士学位"。[③]

这一阶段，除我国高等师范学校开始设置教育专修科外，教会大学教育系科也日益增多，如"1915年，上海浸会大学改为沪江大学，实行分科制，设教育、宗教、社会科学和自然科学四科"[④]；福建协和大学也于1915年开设了教育学科目；1917年，华南女子大学设立教育系；1918年8月，金陵大学本科科目分为选科和必修两种，必修科目中设置教育学门；1918年，华西协和大学教育系、燕京大学教育系成立。

(三) 产生的特征

李建勋指出："吾国高等师范制，仿自日本。"[⑤] 我国从师范学校开设教育学课程发展至教育专攻科的产生，均是仿照日本模式植根于高等师范中。由此，大学教育系科产生期的特征主要如下。

1. 集中于高等师范

陶行知指出："按照1917年《修正大学令》的规定，大学分文科、理科、法科、商科、医科、农科、工科，在这七科中分别规定了下设的学门，这些大学学门中并没有设置教育学学门。"[⑥] 这一阶段，大学中并没开设教育系科。但是，一些综合性大学开设了教育学课程，如北京大学于1917年开设了教育学课程。由于高等师范的先天优势等因素，使得此阶段我国教育系科主要集中设置在北京高师、南京高师等高等师范学校中。

[①] 高鸿缙. 忆武昌高等师范 [J]. 教育通讯，1938 (14)：13.
[②] 陈训慈. 南高小史——国立南京高等师范学校二十周年纪念 [J]. 国风月刊，1935 (2)：57.
[③] 北京师范大学招生广告 [J]. 北京高师周刊，1922 (202)：1.
[④] 陈学恂. 中国近代教育大事记 [M]. 上海：上海教育出版社，1981：275.
[⑤] 李建勋. 请改全国国立高等师范为师范大学案 [J]. 教育丛刊，1922 (5)：1.
[⑥] 陶行知. 中国新教育概况 [M]. 上海：中华书局，1928：108.

2. 目标为培养师资

这一阶段，高等师范教育系科主要目标为培养师资。"我国自清末创设学校之始，即设有初级师范学校与优级师范学校，以训练中小学师资。民元后，优级师范易名为高等师范学校，仍为训练中等学校师资之所。"① 这一阶段，高等师范学校招收中学校、师范学校毕业生，主要达到造就中学校、师范学校教员的目的。南京高师教育专修科"志在养成教育学教员及学校行政、教育行政人才"②。北京高师明确提出"专培养中小学师资，不含有研究专门学术之意"③。

3. 课程设置仿日

清末优级师范学堂课程仿照日本高师教育课程开设，主要有教育理论、教育史、各科教授法、学校卫生、教育法令等。教材为适应课程的开设也多是从日本引进。"教育学、教授法、教育史、学校管理法引进数最多，而这些学科也正是当时师范学校中的课程。"④ 1913年，《高等师范学校规程》规定："教育首宜授以心理学、论理学之要略，进授教育理论、哲学发凡、教授法、近世教育史、教育制度、学校管理法、学校卫生及教育实习。"⑤ 这些课程依旧是学习日本的产物。"五四以前，中国教育界以学德国教育学说为主，北高师的科目以德语及教育为主。"⑥ 1915年以后，随着留美学生日渐归国、杜威等美国学者来华，教育科中课程、教材逐渐取材美国。1918年，南京高等师范学校教育专修科开设了教育心理学、教育学、中国教育史、西洋教育史、东洋教育史、教授法、教育社会学、教育行政、各国教育比较、学校组织及管理法、学校卫生与设备、职业教育、中等教育、初等教育、学务调查报告法、学务统计法、教育研究报告等18门课程，其中仅有教育社会学、教育心

---

① 边理庭. 抗战以来高等教育行政的新设施 [J]. 高等教育季刊，1941 (1)：255.

② 南京高等师范学校概况 [J]. 新教育，1919 (1)：109.

③ 邓萃英. 北京师范大学开校感言 [J]. 教育丛刊，1923 (203)：7.

④ 侯怀银. 20世纪上半叶教育学在中国引进的回顾与反思 [J]. 教育研究，2001 (12)：65—66.

⑤ 璩鑫圭，等. 中国近代教育史资料汇编（实业教育·师范教育）[M]. 上海：上海教育出版社，1994：713.

⑥ 北京师范大学校史编写组. 北京师范大学校史（1902—1982年）[M]. 北京：北京师范大学出版社，1982：23.

理学等是直接从美国学习而来。

4. 教师以留学生为主

清末优级师范学堂讲授教育学课程"都是聘请日本人担任教师，经过了较长时间，这种状况才逐步有所转变"①。清末留学日本的其中一些学生归国后即在高等师范学校担任教师，如北京高等师范学校的校长陈宝泉，武昌高等师范学校的教师吴景鸿、艾华等。此后，一批留美学生归国，伴随着美国民主、科学理念的影响等，高等师范学校教育系科的教师逐渐转向以留美学生为主，如南京高等师范学校的陶行知、陈鹤琴、廖世承。②之前一些留日归国的教师，如北京高等师范学校的李建勋、邓萃英，分别于1917年、1918年留学美国哥伦比亚大学师范学院。总体而言，这一阶段教育系科的教师以归国留学生为主，并且教师队伍中美国留学生的数量逐渐超过日本留学生。

邓萃英

5. 渐重学术研究

高等师范学校教育学课程是全校的共同课程，此时教育学课程主要是为了对将要成为教师的学生进行教育学方面知识的传授而开设的。此后，教育学术研究逐渐被学者重视，蒋梦麟就指出："今不先将学术而望有大教育家出，是终不可能也。"③南京高等师范学校教育专修科改变以往只重师资培训的不足而开始进行教育学术研究。"因为教育已成为一种专门科学，非造就此种专门人才，不足以促进教育之进步，增设教育专修科之微意也。"④武昌高等师范学校1917年设置的教育补修科的目的在于："为已充中小学校之教员，

---

① 璩鑫圭，等. 中国近代教育史资料汇编（实业教育·师范教育）[M]. 上海：上海教育出版社，1994：733.
② 南京高等师范学校近闻 [N]. 时事新报，1919-09-10-01.
③ 蒋梦麟. 高等学术为教育之基础 [J]. 教育杂志，1918（1）：1.
④ 南京高等师范学校概况 [J]. 新教育，1919（1）：109.

缺乏教育学术者而设。"① 较之前的教育学课程以师资训练为主要目的来说，高等师范学校教育系科学术性初步显露。

三、20世纪上半叶中国大学教育系科的形成（1921—1937）

随着大批留美学生的归国，加之杜威、孟禄等美国教育学家相继来华讲学，美国对中国的影响越来越大。中国开始将教育改革的模仿重心由日本转向美国。但是一项改革总是循序渐进的，我国并没有马上学习美国在综合性大学中设置教育系科。1922年"壬戌学制"公布之前，从1915年第一次全国教育会联合会议开始到1917年第七次全国教育会联合会议期间，学者们对教育系科是在综合性大学设置还是高等师范学校设置进行了讨论，其中"许多人主张师范教育是没有独立存在的必要；他们主张高等师范可并入大学，……虽然勉强说高等师范仍旧独立，但又说大学得设师范科"②。这一观点是合并派的观点，独立派则观点相反。相对来说，合并派暂时略占上风。③ 这就是"高师改大"运动。1923年以后，"改大风气流行，……原有之师资训练任务，初改为教育学院或教育学系，后尽改为教育学系或教育哲学系"④。"高师改大"运动直接促成了综合性大学设置教育系科，"高师改大"运动之后，仅北京高等师范学校升格为北京师范大学，南京、成都、武昌等高等师范学校相继并入或改组为综合性大学并设置教育系科。

（一）形成的原因

1. 国家政策的规定

"高师改大"运动的前期奠基之后，北洋政府教育部于1922年11月1日公布《学校系统改革案》，即"壬戌学制"。学制第二十六条规定："为补充初级中学教员之不足，得设二年之师范专修科，附设于大学校教育科，或师范

---

① 全国高等师范学校校长会议录纪要［J］.教育公报，1919（2）：69.
② 常乃悳.师范教育改造问题［J］.教育杂志，1922（学制课程研究号）：1.
③ 刘捷，谢维和.栅栏内外——中国高等师范教育百年省思［M］.北京：北京师范大学出版社，2002：96.
④ 张文昌.论师范大学与师范学院［J］.教育杂志，1947（5）：13.

大学校。"① 这个学制虽然没有对大学教育科的设置进行具体规定，但是明确提出了"大学校教育科"这个概念，并指出大学校教育科可以承担师资训练。

1929年7月26日，国民政府教育部又公布《大学组织法》，其中规定："（一）大学分为国立、省立、市立和私立四种，均隶属于（国民政府）教育部；（二）大学分科改称学院，并于文、理、法、农、工、商、医原有七学院而外加一教育学院；（三）至少须具备三学院，且须包含理学院或农、工、医各学院之一，方得称为大学，否则为独立学院。"② 1929年8月14日，国民政府教育部又公布了《大学规程》，其要点为："大学教育学院或独立学院教育科分为教育原理、教育心理、教育行政、教育方法及其他各学系。此外，大学各学院或独立学院得分别附设师范、体育、市政、家政、美术、新闻、图书馆学、药学及公共卫生等专修科。"③《大学规程》进一步规定了大学教育学院下设的学系。同时，该规程也规定了"大学或独立学院之有文学院或文科而不设教育学院或教育科者，得设教育学系于文学院或文科"④，这也使得民国时期大学教育系科不再单一归属于教育学院，呈现院系归属为教育学院、文学院等不同院系的局面。

可以说，"壬戌学制"是政府对大学教育科设置的初步正式认可，《大学组织法》和《大学规程》则在法令上明确对大学设置教育学院、教育学系以及其院系归属等进行了规定，进一步加速了大学设置教育系科。

2. 经费的多元支持

这一阶段，政府继续对大学的经费予以保障，对大学，尤其是对国立大学的经费进行了有力支持，如"河南大学教育经费共有两种来源：校产、省款"⑤。此外，大学教育系科的经费还有来自商业人士和校友等的捐赠、庚款

---

① 璩鑫圭，等. 中国近代教育史资料汇编（学制演变）[M]. 上海：上海教育出版社，1991：998.
② 周邦道，等. 第一次中国教育年鉴（丙编）[M]. 上海：开明书店，1934：11.
③ 周予同. 中国现代教育史[M]. 上海：上海良友图书印刷公司，1934：204.
④ 刘捷，谢维和. 栅栏内外——中国高等师范教育百年省思[M]. 北京：北京师范大学出版社，2002：101.
⑤ 王昭旭. 十八年的河南大学教育概况[J]. 河南教育，1929（10）：4.

补助等,华中大学于1931年"呈准立案。先后蒙教育部中华文化教育基金董事会、中英庚款董事会、哈佛燕京学会之资助,添设讲座,增购图书一起,于有今日之规模焉"①。厦门大学教育学院"(1)十六年秋,黄奕先生捐赠本校图书费三万元,本学院派得三千元;(2)十八年春,福建教育厅补助本校经费六万元,内一万元指定专充教育学院图书设备费;(3)同年秋季,新加坡群进橡皮公司捐助本校叻银一万五千元,林校长割出叻银五千元,充添置图书之用,本学院派得国币一千元;(4)二十年秋,中华教育文化基金董事会补助本学院经费每年六千元,以三年为期"②。浙江大学教育系的心理仪器和旧期刊"获得庚款补助五千元,才得以购买"③。大学教育系科还注重通过校友的力量来进行经费的筹集。大夏大学校长欧元怀曾言:"我们向来重视外界人士及毕业同学对学校经济的援助。"④经费上的多元支持,使得大学教育系科获得了生存和发展的必要物质保障。

欧元怀

韦悫

3. 留美学生的建设

这一阶段,以民主和科学为旗帜的新文化运动带来了许多西方进步主义教育思想,促使教育领域掀起了广泛改革。之前的日本模式强调对传统道德

---

① 华中大学. 抗战以来的华中大学 [J]. 教育杂志,1946 (1):35.
② 教育学院概况 [J]. 厦大周刊,1932 (17):47.
③ 黄翼. 抗战前之浙大教育系 [J]. 浙大校刊,1941 (101):18.
④ 欧元怀. 王故校长与思群堂 [J]. 大夏周报,1947 (4):1.

的遵守、管理较为严格苛刻等,与五四运动倡导的民主科学思想相逆,而美国模式则主张教育应适应学生个性发展、尊重人的本质特征等,因此得到了人们的认可。在日益推崇美国模式的背景下,"我国之所谓大学,均系取法欧美"①。此外,大批从美国留学归国的学生进入高等教育系统,担任大学校长、教授或者在教育部任职,如陶行知、郭秉文、欧元怀等。庄泽宣就曾指出:"近年来,渐渐受了欧美的影响,尤其是高等教育机关受欧美影响最大,因为办高等教育的人,大都是欧美留学生。"② 陈东原也指出:"何以那时有学校系统的改革?新学制之颁行?说起他的原因,实是受了民国五年至十年这几年中从美国归来的一般留学生的影响。"③ 留美学生归国后致力于推行美国模式,主张在大学内设置教育学院进行师资培训、进行学术研究以及适应社会需求。在留美学生的努力和建设下,教育系科终于仿照美国设置在综合性大学中。

孙贵定

(二) 形成的标志

经过多方面因素的酝酿后,中国教育系科最终得以在大学中形成。民国时期,中国大学依据设立法团的性质可以分为公立大学、私立大学。公立大学可分为国立大学和省立大学,私立大学可分为私立大学和教会大学。国立大学由中央政府管理,省立大学由该省省政府出资建立;私立大学是由国人自己筹资开办和外国宗教团体开设。④ 依据所查资料,本研究对中国政府管理的和国人自己筹资开设的最早设置教育系科的公、私立大学进行了考证。

1921年,"南京高等师范扩充为东南大学,设文、理、教育、农、工商

---

① 吴家镇. 大学教育之历史观 [J]. 晨光, 1922 (2): 1.
② 庄泽宣. 中国的大学教育 [J]. 清华周刊, 1926 年 (纪念号增刊): 118—119.
③ 陈东原. 师范学院之历史的使命 [J]. 教育通讯, 1938 (30): 4.
④ 徐则敏. 中国大学教育的现状 [J]. 中华教育界, 1931 (1): 3.

等科，分二十二学系"①。东南大学教育科的成立，标志着中国公立大学教育系科的形成。此后，北京大学、浙江大学等公立大学教育系科相继成立，招收大学预科或高级中学毕业生。必须指出的是，北京高师于1923年改为北京师范大学，本科分设教育系等八个系。这一阶段仅有北京师范大学一所师范大学设置教育系科。

1921年春，陈嘉庚在集美创办厦门大学后即成立师范部，1921年秋改师范部为教育学部，内分教育学说、教育史、教育行政、中等教育、小学教育、乡村教育及心理学七组。这是我国国人开设的私立大学设置教育系科的开始。此后，大同大学、大夏大学、光华大学等由国人开设的私立大学相继设置了教育系科。

（三）形成的特征

这一阶段，伴随着"高师改大"运动、学习美国模式、私立大学得到立案等，中国综合性大学开始设置教育系科。这一阶段，设置教育系科的师范大学只有北京师范大学1所，独立学院有9所，其他多为综合性大学。大学教育系科在学习美国模式的基础上呈现以下特征。

1. 集中于综合性大学②

据1932年《全国高等教育概况统计》，大学里设置教育系科的国立大学有北京师范大学、山东大学、暨南大学、武汉大学、中央大学、中山大学、浙江大学、四川大学；省立大学有湖南大学、东北大学、东陆大学、河南大学、安徽大学、吉林大学；私立大学有东吴大学、光华大学、沪江大学、复旦大学、金陵大学、大同大学、武昌中华大学、岭南大学、齐鲁大学、辅仁大学、燕京大学、厦门大学、大夏大学、武昌华中大学、广东国民大学、广州大学；独立学院中的省立学院有甘肃学院、山西教育学院、河北女子师范学院、湖北教育学院、江苏教育学院等；私立学院有之江文理学院、中国学

---

① 郭秉文.十年度之高等教育[J].新教育，1922（2）：228.
② 民国时期不谈"综合性大学"一词，本文为了和当时师范大学区别，突出教育系科设置由高等师范学校转移到大学而使用。

院、金陵女子文理学院、福建协和学院、民国学院等。①

据1934年《第一次中国教育年鉴》，大学里设置教育系科的国立大学有山东大学、中山大学、中央大学、四川大学、北京师范大学、北京大学、武汉大学、浙江大学、暨南大学；省立大学有安徽大学、东北大学、河南大学、湖南大学、云南东陆大学；私立大学有大同大学、大夏大学、光华大学、武昌中华大学、武昌华中大学、金陵大学、南开大学、厦门大学、辅仁大学、复旦大学、东吴大学、沪江大学、广州大学、广东国民大学、岭南大学、齐鲁大学、燕京大学；独立学院中的省立学院有山西教育学院、河北女子师范学院、湖北教育学院、江苏教育学院；私立学院有之江文理学院、中国公学、中国学院、正风文学院、金陵女子文理学院、福建协和学院、民国学院。②

从1932年、1934年的两份统计资料来看，设置教育系科的综合性大学分别为29所、30所，其中私立综合性大学设置教育系科的较多，且设置较为稳定。此外，此时设置教育系科的师范大学仅北京师范大学1所。

2. 教育系科分布不均

第一，教育系科地区分布不均。北京师大教育系三年级学生徐国荣在《我国大学教育的检讨》一文中指出："一望而知全国一共十三个国立大学，北平就有四个，上海也有三个，而私立大学亦多分布在这两处，总共四十一个大学，北平就占去了十七个，剩下的二十四个也多分散在南京、武昌、广州等几大都市。反之，像江西、贵州、陕西、甘肃等十几个省区，不说大学，就连学院也很少。"③ 当时大学分布不均衡，而教育系科设置在大学中，同样存在这一问题。从上述教育年鉴可以看出，大学教育系科主要集中在北京、上海等发达地区，甘肃、贵州等地则无分布。

第二，教育系科院校分布不均。这一阶段教育系科主要集中分布于综合性大学，其中1932年、1934年分别为29所、30所，师范大学仅有北京师范大学1所，独立学院1932年、1934年分别仅有10所、11所。就此观之，大

---

① 国民政府教育部. 1932年全国高等教育概况统计[Z]. 南京：国民政府教育部，1932：51—58.
② 周邦道，等. 第一次中国教育年鉴（丙编）[M]. 上海：开明书店，1934：25—140.
③ 徐国荣. 我国大学教育的检讨[J]. 师大月刊，1937（32）：23.

学教育系科还存在院校分布不均的问题。

3. 教育系科归属及下设学系不同

据1934年《第一次中国教育年鉴》，大学教育系科的院系归属也有一定的差异，山东大学、北京师范大学、四川大学、大夏大学、东北大学等校的教育系科归属于教育学院，北京大学、武汉大学、安徽大学、湖南大学等校的教育系科归属于文学院。同时，各大学教育学院下设的学系有所不同，如山东大学教育学院下设教育行政系、乡村教育系，中央大学教育学院下设教育学系、教育心理学系、教育行政系、教育社会学系，四川大学教育学院下设教育学系，大夏大学教育学院下设教育行政系、中等教育系、教育心理系、社会教育系，厦门大学教育学院下设教育原理系、教育心理学系、教育行政学系、教育方法学系，暨南大学教育学院设教育学系和教育心理系。各大学文学院下设的学系也有一定差异，北京大学文学院下设教育学系，浙江大学文理学院下设教育学系、心理学系，武汉大学文学院下设哲学教育系，安徽大学文学院下设哲学教育系。因此，各大学教育学院、文学院开设的教育学系数量上有一定差异，学系培养目标侧重点有所不同。可见，虽然各个大学设置有教育系科，但因学校、地区以及任课教师等因素的影响，各个大学教育系科还存在院系归属和学系不同的差异。

4. 承担任务的全面性

这一阶段，大学教育系科的任务不同于上一阶段高等师范学校教育科的任务。高等师范学校的教育科主要"侧重教材知识方面"；大学教育系科较之前一阶段而言，任务更加全面，兼顾师资训练和教育研究。主要原因在于："十一年之新学制公布之后，在美国教育影响笼罩下，颇偏重教育学科之势。"[①] 如北京大学教育学系的培养目标为："本系设立之目的有三：1. 造就中等学校教师；2. 养成教育财政人材；3. 培育钻研教育学术之学者。"[②] 中央大学教育学院的培养目标是："甲、培植教育研究人材；乙、养成师范学校

---

① 常道直. 师范教育之趋势 [J]. 中央大学教育丛刊，1935 (1)：25.
② 北京大学. 北京大学文学院课程一览 [M]. 北京：北京大学，1932：30.

及中学师资；丙、养成教育行政人员。"[①] 湖南大学教育系则根据 1929 年《大学组织法》"研究高深学问，养成专门人材"的规定并参酌现实社会之需要，设定培养目标为："（1）实际担任学校行政及教育行政之人材。（2）在中等学校（包括师范学校）或其他教育机关实施教学之人材。（3）对于教育实际问题有独立研究之能力之人材。"[②] 综上述，大学教育系科的培养目标主要为下述三项。

第一，大学教育系科承担了培训师资的任务。大学教育系科通过各种形式培养中学师资，具有了过去大学没有的师资培训功能，师范教育功能凸显。

第二，大学教育系科承担教育科学研究的任务。这一阶段由于学习美国大学教育学院的模式、西方新教育学说的宣传和引入、教育"科学化"运动以及大批留美学生的推动等，大学教育系科通过传播和批判西方新教育学说、进行教育实验、编著适合本国国情的教育学著作、教材以及讲义目录等，承担了教育科学研究的责任。大学教育系科聚集了大量留美、留欧的学生，他们在教育科学研究方面有较高造诣。归国后，这些留学生不仅通过授课、杂志等宣传外国先进的教育学说，还承担起批判教育学说的责任。如陶行知对杜威的教育学说进行了宣传，且根据自己的认识对杜威的教育学说进行了改进，形成了自己的新学说。

结合教育教学实践、教育学的不断发展等，大学教育系科的教授还编著了一些教材、学术著作以及讲义目录，如舒新城的《实用教育学》、张子和的《实用教育学》、余家菊的《国家主义教育学》、陈科美的《新教育学纲要》、张怀的《教育学概论》、庄泽宣的《教育概论》和《新中华教育概论》、范寿康的《教育概论》、罗廷光的《教育概论》、孟宪承的《教育概论》、吴俊升和王西征的《教育概论》、赵廷为的《教育概论》、钟鲁斋的《小学各科新教学法之研究》、俞子夷的《小学算术科教学法》、陈鹤琴的《家庭教育》、古楳的《乡村教育》、李石岑的《教育哲学》等，[③] 体现了对教育学基本理论、推动教育学分支学科发展的追求。

---

① 国立中央大学教育学院各系科课程标准[J]. 中央大学教育丛刊，1933（1）：289.
② 隐松. 本校教育系课程标准草案[J]. 湖南大学季刊，1936（3）：45.
③ 侯怀银. 中国教育学问题发展研究——以 20 世纪上半叶为中心[M]. 太原：山西教育出版社，2008：345—460.

当然，大学教育系科的老师和学生不仅局限于学校中满足于教学、宣传教育学说，还走出大学开展教育实验，如："1923年冬，廖世承、陈鹤琴等人组织东南大学、北京高师的教育科师生，对22个城市和11个城镇的9.2万名小学三年级至初中一年级学生进行历时3个多月的测验。"① 这一阶段，大学教育系科教师进行的教育实验可谓是蔚然壮观，邰爽秋、俞子夷、艾伟、李廉方等大学教育系科的教授均进行了教育实验。

廖世承

第三，大学教育系科还承担了培养教育行政管理人员的任务。据《第一次中国教育年鉴》，这一阶段大学中教育学院设置教育行政系的国立大学有山东大学、中央大学，私立大学有大夏大学、武昌中华大学、厦门大学。这些大学教育行政系注重培养教育行政管理人员，通过理论讲授和实践活动来培养教育行政方面的人才，如大夏大学教育系科邰爽秋院长带领教育行政系的学生赴昆山参观和考察地方教育行政，② 力图让学生深入实践，将书本上的理论知识学习和教育实践紧密联系。

5. 公、私大学培养目标有侧重

这一阶段，公、私立大学教育系科的培养目标主要为培训师资、培养教育行政人员及教育学术研究人才，但是落实到具体教育教学活动上的差异则可以看出其侧重不同，主要差异表现在公立大学教育系科侧重于学生学术能力的培养，私立大学教育系科则关注学生社会实践能力的养成。因为公、私立大学数量较多，在此例举具有代表性的大学教育系科进行阐述。

公立大学如北京大学，1932年6月校长蒋梦麟根据《大学组织法》公布的《国立北京大学组织大纲》规定："北大以（一）研究高深学术，（二）养成专门人材……"③ 教育学系作为北京大学的一个机构，其工作也围绕高深

---

① 熊明安，周洪宇. 中国近现代教育实验史 [M]. 济南：山东教育出版社，2001：267.
② 地方教育行政班赴昆山参观地方教育行政 [J]. 大夏周报，1936（18）：454.
③ 萧超然，等. 北京大学校史（1898—1949）[M]. 北京：北京大学出版社，1988：279.

学术研究进行。北京大学的教育系科聚集了一批教育学者，如蒋梦麟、胡适、朱经农等，他们大都留学美国。此外，北京大学为了促进学术提升和学生研究视界的扩展，邀请杜威、孟禄等来北京大学讲学。同时，北京大学成立教育学会，它是由全体学生参加并主要进行研究的组织，一切事务均由学生处理。学生通过视界扩展、教师引导以及教育学会的躬耕力行，很大程度促进了学生研究能力的提升。

私立大学如被誉为"东方的哥伦比亚大学"的大夏大学，就其培养目标，曾担任教育学院院长的邰爽秋指出："教育学院今后需要确定目标，就目前中国社会需要，注重培养切合实用之人才。"[①] 罗亮畴指出："本校教育学院，不特是重学理的灌输，更重在实际知识的传讯，与技能的训练，使能躬行实践，学以致用，这是本校教院的卓异的精神。"[②] 陶愚川同样指出："教育学系今后的发展，至诚无息的完成下列各项重要任务：培育专业精神、加强学科训练、重视研究工作、推行社会服务。"[③] 此外，查阅大夏大学教育学院毕业生论文题目也可窥探到这一点，以1934年大夏大学教育学院34位学生的毕业论文题目为例，与社会密切联系的题目有：陆庄《上海市小学教师课余生活之研究》、孙太和《上海中等学校女生休闲生活的研究》、杨增辉《上海市小学男女生各科成绩之差异》、黄汉耀《中国教育改革意见综合的研究》、俞尚壎《中小学教师待遇问题之研究》、杜廉《中学教师训练及进修问题》、郭子珊《大中学学潮研究》、陆麟勋《中等学校校训合一之研究》、许明德《儿童读物研究》、许荣瑜《小学算术教学的研究》、黄懿《怎样做县督学》、陶愚川《怎样做中学校长》、王致远《小学成绩考察法之研究》等。[④]

6. 教育系科注重学术研究

这一阶段，大学教育系科特别注重学术研究。具体表现为两方面，一是出版了一些教育专著、教材，创办了教育学术期刊，如北京师范大学的《师

---

① 邰爽秋. 今后之教育学院 [J]. 大夏周报，1934 (8—9)：248.

② 罗亮畴. 大夏教育学院与中国教育——为纪念立校十七周年作 [J]. 大夏周报，1940 (10)：23.

③ 陶愚川. 教育学系之现在与将来 [J]. 大夏周报，1947 (1)：16.

④ 教育学院毕业论文题 [J]. 大夏周报，1934 (19)：32—33.

大月刊》《教育丛刊》《平民教育》，东南大学的《新教育》《学衡》，大夏大学的《大夏周报》《教育建设》《教育研究通讯》《教育学会会刊》《心理季刊》《社会教育季刊》，中山大学的《教育研究》，河南大学的《教育季刊》等；同时，大学教育系科还成立了许多教育学术研究社团，如北京大学于1922年成立教育研究会、中山大学于1928年成立教育研究所、河南大学于1928年成立教育研究会等。二是大学教育系科成立研究院开始培养研究生。1926年，东南大学教育系科的教师廖世承、陈鹤琴等建议成立大学研究院，并通过了《大学研究院组织》和《研究院简章》。此后，研究生院虽因故没有开办，却是大学教育系科办研究生教育的先声。1931年，北京师范大学设立教育研究所，李蒸为所长，李建勋为主任导师，对人才培养、论文、学生入学标准、导师资格等均进行了规定。①

7. 课程、教材全面仿美

据许椿生对国内29所大学教育系科开设的课程进行的调查，这些大学教育系科的课程分为必修和选修，共设有"教育概论、教育原理、幼稚教育、初等（小学）教育、中等（中学）教育、高等（大学）教育、师范教育、教育哲学、文化教育、艺术教育、道德教育、教育社会学、工作学校要艺、中国新教育研究、普通教学法、特殊教学法、各科教学法、中学教学法、教材及各科教法、参观及实习、教育史、中国教育史、西洋教育史、教育心理学、普通心理与教育心理、学习心理、学科心理、高等教育心理学、情绪心理与教育、社会教育、民众教育、职业教育、乡村教育、教育行政、学校（管理）行政、学务（教学、学校）调查、教学视察（视学指导）、课程论、学校卫生、小学教育实际问题、教育行政问题研究、中国教育问题研究、教育法令、比较教育、教育测验、教育及心理测验、教育统计、实验教育通论、教育指导、教育英文、教育名著选读、论文"②等课程。许椿生指出，各大学教育系科的课程很大程度在学习美国，且存在"分化太甚、必选不同、名称不一致"等问题，这与当时没有全国性的统一课程标准有很大关系。

---

① 许椿生，等. 李建勋教育论著选［M］. 北京：人民教育出版社，1993：151—156.
② 许椿生. 大学教育学系之课程［J］. 师大月刊，1935（20）：52—55.

此外，大学教育系科的教材也大多取材于美国。商务印书馆出版的教育学类大学丛书分别为"教育哲学大纲、教育哲学大意、民主主义与教育、明日之学校、教育社会学、教育社会学原论、社会与教育、教育原理、教育之基本原理、教育之科学研究法、教育研究法、桑代克教育学、现代教育学说、教育心理学概论、现代心理学与教育、小学各科心理学、儿童心理学新论、儿童心理学、儿童心理学之研究、学习之基本原理、西洋教育通史、现代西洋教育史、普通教学法、新教学法之研究、中学教学法原理、中学教学法之研究、科学教授法原理、教育与学校行政原理、小学行政概要、比较教育、教育测验、心理与教育测量、心理与教育之统计法、教育统计学、教育实验法、训育论、中学训育心理学、课外活动"[1]。这些教育用书中有将近50%翻译自美国学者的著述。就此，庄泽宣就指出："其中各学程的内容也多抄自美国。……各校用外国教本的比用本国文教本的要多得多。"[2]

在看到大学系科课程和教材存在问题的同时，也必须注意到这一阶段大学教育系科的课程设置、教材同样体现了教育学中国化、教育学科学化的追求，且与20世纪上半叶我国先后形成的教育学、教授法（后改为教学法）、教育通论、学校管理、教育行政、社会教育、家庭教育学、学校卫生、特别教育、初等教育、教育心理学、教育测量、成人教育、教育统计学、农村教育、教育哲学、教育社会学、中等教育、教育原理、课程论、中国教育史、教育测验、西洋教育史、职业教育概论、师范教育、乡村教育、幼稚教育、民众教育、比较教育、教育测验与统计、教育伦理学、教育研究、大学教育、教育卫生学、教育研究法、教育科学、德育原理、教育生物学和电化教育等学科[3]作比较，可以看出这一阶段大学教育系科课程设置很全面，适应了教育学学科体系分化的趋势。

8. 教师队伍留美学生居多

这一阶段，大学教育系科的一个显著特征，即教师队伍以留美学生为主。

---

[1] 侯怀银，李艳莉. 昌明教育：商务印书馆与中国教育学发展 [M]. 北京：商务印书馆，2017：123—127.

[2] 庄泽宣. 大学教育学系课程问题 [J]. 教育杂志，1935（1）：216.

[3] 侯怀银. 中国教育学之路 [M]. 合肥：安徽教育出版社，2009：12.

东南大学、北京师范大学这两所在我国一南一北占据重要地位的学校，教育系科的教师绝大多数曾留学美国。上一阶段，北京高等师范教育系科的教师以留日学生为主，这一阶段，从教育系科主任李建勋、邓萃英到教育系科的教师，绝大多数曾留学美国。东南大学教育系科的教师如郭秉文、陶行知、陈鹤琴、廖世承等也均曾留学美国。此外，这一阶段大学教育系科的教师还有留美学生欧元怀、邰爽秋、杜佐周、姜琦、郑晓沧、汪懋祖、朱经农、常道直、陈选善、钟鲁斋、陈科美、章益、陈友松等。在查阅《大夏周报》中教育学院教师队伍的求学经历后，经过整理发现大夏大学教育学院的教授大多有留学经历，在这些留学教授中，留美教授的比例较大，约占85%。呈现这一特征的原因就在于"美国对于教育研究之设置特别发达，故吾国留美生之考此科者甚众，而在吾国各大学教育系服务者，自必以留学美国者居多也"①。

这一阶段，"基于对新教育失败的反思，一些学者把失败归因于教育学，不但不承认教育学为一门'科学'，而且不承认教育学为一种'学科'"②；在不承认教育学为一门学科的基础上，还有些学者则极端地认为大学不应设教育学院或教育系，并指出"其尤其荒谬者，大学校里教育科与文理科平行，其中更有所谓教育行政系、教育心理系，等等"③。对于这种降低甚至否认教育学科地位的观点，有学者指出："现代国家，没有一个不把教育看作国家的命脉，没有一个不尽力从事师资的培养；为改进中等教育计，没有一个不在高等教育里，供给师范的训练。"④ 教育学科是如此重要，否认其在大学课程中的地位是没有充分的证据的。

四、20世纪上半叶中国大学教育系科的发展（1938—1949）

1937年7月7日，"卢沟桥事变"标志着中国步入全面抗日战争时期。

---

① 李建勋. 教育学院之概况及其计划 [J]. 师大月刊，1932（1）：9.
② 侯怀银. 20世纪上半叶中国学者对教育学学科独立性的研究 [J]. 教育研究，2003（4）：30.
③ 孟真. 教育崩溃之原因 [J]. 独立评论，1932（9）：5.
④ 孟宪承. 教育学科在大学课程上的地位 [J]. 新教育评论，1925（1）：16—17.

"战争无疑是教育年表中最严重的阻碍点,但是在国内战争到一战期间则是美国现代学校系统的发展时期。"[1] 这一情况同样出现在我国。由于抗日战争的全面爆发造成中等学校师资缺乏,"师范学院教育系以造成中等学校优良之教育学与心理学教师及教育行政人员为主旨"[2],以及教育学院发展中存在问题等原因,国民政府教育部于1938年7月27日颁布了《师范学院规程》,规定师范学院可分区单独设立,也可在大学中设置。这一政策也得到一些学者的赞成和支持,如高觉敷指出"教育学院的毕业生懂得如何教,而不知道教什么",与此相反,"至在其他各院系毕业而任教高初中者,则有材料可教而不懂如何教"。[3] 之后,在国家政策的推动下,中央大学、中山大学、浙江大学、四川大学等校将教育学院改为师范学院,与此同时还出现了一些单独的师范学院,有长白师范学院、北平师范学院、西北师范学院、女子师范学院、湖北师范学院、国立师范学院、南宁师范学院、贵阳师范学院、昆明师范学院等。这改变了之前只有北京师范大学培养中等学校和师范学校师资的局面。需要指出的是,1938年后,部分大学教育学院在国民政府教育部《师范学院规程》的推动下改为大学下设师范学院,一些大学则依旧设置教育学院或在文学院下设教育系。1938年后,中国独立师范学院的兴起,使得大学教育系科呈现综合性大学和独立师范学院"二元"分布的格局。

(一) 发展的原因

1. 国家政策的规定

1938年4月,中国国民党临时全国代表大会通过的《战时各级教育实施方案纲要》,提议建立"师范学院"制度。1938年7月27日,国民政府教育部颁行《师范学院规程》,规定:"师范学院由国家审视全国各地情形,分区设立,藉以培养中等学校之健全师资。"根据《师范学院规程》,全国"陆续

---

[1] John D. Pulliam. History of Education in America [M]. Foundations of Education Series,1968.

[2] 廖世承. 修正"师范学院教育系必修选修科目表草案"意见 [J]. 国师季刊,1939 (2):1.

[3] 高觉敷. 大学教育学院改制问题 [J]. 教育杂志,1938 (10):17.

设立师范学院多所"①。1948年12月25日，国民政府教育部颁行的《师范学院规程》第三条同样规定："独立师范学院或大学师范学院，由（国民政府）教育部审察全国各地情形，分区设立之。"②《师范学院规程》的颁行使得独立师范学院大量设置，也使得独立师范学院教育系科增多，从而改变了多由综合性大学设置教育系科的局面。

2. 培养师资的需要

刘亦常指出："依据（国民政府）教育部所印行的民国十九年度（1930年）全国中等教育统计，中等学校教员的分配是这样的：留学外国得有博士学位者共118人，占全数0.29%；留学外国得有硕士学位者共351人，占全数0.85%；留学外国得有工程师学位者共58人，占全数0.14%；留学外国得有学士学位者共661人，占全数1.60%；留学外国者共1547人，占全数3.57%；师范大学毕业者共1817人，占全数4.39%；大学毕业者共10269人，占全数24.83%；高等师范毕业者共4721人，占全数11.42%；专门学校毕业者共13230人，占全数20.74%；其他共41350人，占全数31.99%。"③据此，大学、师范大学和高等师范学校的毕业生担当中学教师的人数不及其他学校毕业生，中等学校教师经过专业训练的人数较少。正是由于国民政府逐渐注意到中等师资缺乏的问题，出于培养师资、增加师资的诉求，国民政府教育部颁行《师范学院规程》，推行"师范学院"制度，力图改变中等学校师资不足和质量不高的情形。

3. 培养战时人才的需要

1937年"卢沟桥事件"的爆发，标志着中国进入全面抗日战争时期。此时大众和国民政府因战争时期需要而更重视师范教育。同时，大学教育系科在抗日战争中通过开办许多教育救国讲座而凸显其服务抗战、教育学生的功能。梁瓯第在《战时的大学》中指出："战时大学为协助政府，训练急需人才起见，应立即增各种专修科、速成班、训练班，如文法科——宣传人员训练

---

① 田培林，等. 第二次中国教育年鉴（第七编师范教育）[M]. 上海：商务印书馆，1948：1.

② 国民政府教育部. 师范学院规程 [J]. 浙江省政府公报，1949（25）：194.

③ 刘亦常. 从中学教员资格说到大学教育系 [J]. 湖南大学季刊，1936（1）：8.

班，义务教育人员训练班，战时服务人员速成班，政治人员训练班等。战时大学各院系为适应抗战经费预算，切合抗战人才需要起见，需实行归并或归属，并裁撤一切不合需要之学系，其新的系统如下：文法学院归并为社会科学院，下设政治经济系、教育系、语文学系等。"① 战争时期，大学教育系科因其作用的发挥而进一步发展，师范学院的作用也显得更为重要。

（二）发展的标志

这一阶段，我国大学教育系科呈现空前的发展之势，独立学院教育系科也日渐增多。从数量上来看，1934年大学和独立学院设置教育系科的分别有31所、11所，1947年大学和独立学院设置教育系科的分别有36所、22所。大学教育系科呈现大学和师范学院"二元"分布格局；从分布区域来看，新疆、甘肃、云南等全面抗战前没有设置教育系科的地区均开始设置教育系科。从大学教育系科数量和分布区域逐渐增多可以看出，我国大学教育系科是不断发展的。

（三）发展的特征

1. 大学教育系科继续发展

这一阶段，我国一些学者专门就"师范学院能否完全代替教育学院系"这一问题进行了讨论，他们一致认为："各大学教育学院系仍应继续设立，尤其是具有文理各院系的大学。"② 一些大学教育系科由于国民政府教育部推行师范学院制度而停办，但承担的任务、课程开设、教师队伍仍在继续。如大夏大学教育学院虽因国民政府教育部推行师范学院制度于1941年遵令停办，"但是在上海分校方面，给予研究的工作，仍是继续不断地在进行"③。同时，这也使得大学教育系科的隶属院系又有所变化，有些大学教育系科除隶属于教育学院、文学院外，还因政策的因素等，大学教育学院改为师范学院而开始隶属于本校的师范学院，如中央大学、中山大学、浙江大学的教育系科于

---

① 梁瓯第. 战时的大学 [M]. 汉口：战时文化出版社，1938：106.
② 庄泽宣. 师范学院能否完全代替教育学院系 [J]. 教育季刊，1939（2）：5.
③ 陶愚川. 教育学系之现在与将来 [J]. 大夏周报，1947（1）：17—18.

本阶段隶属于本校的师范学院。

这一阶段，一些大学教育系科因战争等原因迁校，这并没有影响大学教育系科的发展。大学教育系科在全面抗战时期依然承担之前的培训师资、进行教育研究和培养教育行政人员的任务，并在前期基础上有所发展。西南联合大学师范学院在集合了北京大学、清华大学和南开大学的教育系科的师资和生源后，结合云南本地情况和之前的任务，提出了"培养教育行政管理人员为主要任务，兼及教育研究人才和合格的中等学校教师"[①]的任务，培养出一批高质量人才。

据《第二次中国教育年鉴》，1947年大学教育系科设置在师范学院的有3所，它们分别是中央大学、中山大学、浙江大学；国立大学设置教育系科的有东北大学、长春大学、北京大学、南开大学、山西大学、西北大学、河南大学、重庆大学、四川大学、安徽大学、暨南大学、复旦大学、政治大学、中正大学、厦门大学、广西大学；私立大学设置教育系科的有金陵大学、燕京大学、辅仁大学、广州大学、岭南大学、光华大学、大夏大学、大同大学、震旦大学、圣约翰大学、武昌中华大学、武昌华中大学、华西协和大学、齐鲁大学、福建协和大学、东北中正大学、珠海大学。[②]可见，1947年大学设置教育系科的有36所，较之1934年的31所增加5所。由此，从数量上来看，大学教育系科在抗战全面爆发之后，仍然保持继续发展的势头。

需要指出的是，这一时期由于战争的影响、高校内迁，设置教育系科的北京师范大学不复存在；设置教育系科的国立大学明显增加，由1934年的14所（含省立5所）增加为1947年的19所，这一转变体现了国家对大学教育的控制。

2. 独立学院教育系科增多

这一阶段，中国大学教育系科仍呈现之前发展趋势，独立学院教育系科也日渐增多。根据《第一次中国教育年鉴》1934年独立学院设置教育系科的

---

① 西南联合大学北京校友. 国立西南联合大学校史：1937至1946年的北大、清华、南开［M］. 北京：北京大学出版社，1996：411.
② 田培林，等. 第二次中国教育年鉴（第五编高等教育）［M］. 上海：商务印书馆，1948：100—256.

有 11 所，根据《第二次中国教育年鉴》1947 年独立学院设置教育系科的有 22 所，增加了 1 倍。此外，一些之前没有独立师范学院的地区开始设置独立师范学院，如新疆、陕西、江西、贵州、广西、台湾等。1938 年，国民政府教育部推行师范学院制度后，独立学院教育系科的设置，改变了之前教育系科主要设置在综合性大学中以及教育系科在一些偏远地区不存在的局面。

3. 课程开设有参照标准

与上一阶段大学教育系科课程设置相似的地方在于，这一阶段课程开设依旧仿照美国，不同的地方在于大学教育系科有了统一的课程标准。国民政府教育部分别于 1939 年、1946 年颁布了《师范学院教育学系必修科目表》[①]《大学科目表》[②]，二者对教育系开设课程规定并无差异，规定开设的科目为："必修科目有社会学、普通心理学、论理学、伦理学、教育统计、心理及教育测验、发展心理学、教育哲学、教育行政、初等教育、社会教育、比较教育、中国教育史、西洋教育史、训育原理及实施、分科教材及教法研究、教学实习、毕业论文；选修科目除生理学、遗传学、实验心理学、变态心理学、社会心理学、比较心理学、心理卫生、民权行事及实习、儿童及青年读物、中国社会史、中国经济史、总理学说、中国文学专书选读、图书馆学、公文程式、演说与辩论外，规定设置学校卫生与体育、教育视导及调查、乡村建设与教育、中外教育家研究、师范教育、家事教育、女子教育、职业教育、学校行政、升学及就业指导、课程编制、近世教育思潮。"正是国民政府教育部颁行的课程标准使得大学教育系科课程开设有了参照标准，各大学依据统一的标准可以根据本校实际灵活设置。

正如华勒斯坦所指出的，学科创建的基本步骤一般包括：在大学中开设相关的讲座，进而建立有关系科，开设系统的课程以培养专业人才，同时创办专业期刊与筹建专业学会等。[③] 因此，学科建设需要学科内在建制和外在建制的统一。学科的内在建制是指"学科的认识规范（如对象、方法等方面

---

① 范任宇. 教育概论 [M]. 上海：商务印书馆，1948：107—109.
② （国民政府）教育部. 大学科目表 [M]. 上海：正中书局，1946：99—102.
③ [美] 华勒斯坦，等. 开放社会科学：重建社会科学报告书 [M]. 刘锋，译. 北京：生活·读书·新知三联书店，1997：31—32.

的规定和知识体系)";外在建制是指"学科专门的社会组织(如学院、学系、研究所等)和更广泛意义上的社会分工、管理、资助和学科内部交流机制(如进入学科目录和基金目录、成立学会、拥有专业期刊及图书分类号等)"。① 因此,教育学科的发展是内在建制和外在建制协同发展的过程。在这一协同发展的过程中,"一个学科或研究领域的学术团体、专业杂志、书籍出版、基金资助渠道、教育培训、职业化以及图书馆收藏目录的确定等方面的建设,其中尤其以大学教学的发展(专业、系、所、学院的设置)为要"②。20世纪上半叶,教育学科在我国被引进后,首先实现了教育学科知识体系的确立。随着教育学科和大学的逐渐发展、培养师资以及借鉴国外系科设置等多重因素影响,教育学科的外在建制在高等学校之中经历了设置教育学类课程到设立教育专攻科、教育专修科再到设立教育系、教育学院、师范学院等的发展过程,最终形成了教育学科的专门组织,实现了教育系科外在建制的不断完善,进一步推动了教育学科的不断发展。

---

① 刘小强. 关于高等教育研究学科模式的反思 [J]. 高教探索,2011 (5):5.
② 陈振明. 当代西方社会科学发展的整体化趋势:成就、问题与启示 [J]. 学术月刊,1999 (11):42.

第三章　20世纪上半叶中国大学教育系科的分布及特征

大学教育系科从设置之日开始就与其所处的社会环境、所在地区、所在院校性质这三个生态圈密切相关。① 大学教育系科作为承载教育学科发展、传播教育学知识、教育学术研究成果生成以及培养教育学术人才的载体，科学合理的分布格局对大学教育系科乃至教育学科的发展、促进大学教育系科的改革、优化教育资源配置具有十分重要的意义。20世纪上半叶，从北京高等师范学校于1915年设置了第一个教育系科开始，1922年"高师改大"运动之后综合性大学教育系科迅速发展，截至1947年我国设置教育系科的大学多达三十余所。在中国大学教育系科发展的四十余年间，因国家政策、社会环境等的变迁以及院校性质的变化，加之抗战的影响等，使得中国大学教育系科在空间分布、时间分布以及院校分布上呈现一定差异。

---

① 叶澜."面向21世纪教育系科改革研究与实践"结题总报告［J］.华东师范大学学报（教育科学版），2000（3）.

一、20世纪上半叶中国大学教育系科的分布特征

（一）大学教育系科的地域分布：逐渐全面但不均衡

20世纪20年代以后，中国大学教育系科正式形成并发展，因此本处主要根据1932年的《全国高等教育概况统计》、1934年的《第一次中国教育年鉴》以及1947年的《第二次中国教育年鉴》三份较为全面的高等教育统计资料，加之中华民国划分的行政区，再现当时大学教育系科的地域分布。20世纪上半叶中国大学教育系科的地域分布见表3-1。

表3-1　20世纪上半叶中国大学教育系科地区分布表

省市 \ 年份	1932年	1934年	1947年
吉林省	1	0	1
沈阳市	1	1	2
北平市	3	4	3
天津市	0	1	1
山西省	1	0	1
陕西省	0	0	1
山东省	1	2	1
河南省	1	1	1
四川省	1	1	3
湖北省	2	3	2
湖南省	1	1	0
安徽省	1	1	1
上海市	6	6	7
江苏省	3	3	3
浙江省	1	1	1
江西省	0	0	1
福建省	2	1	2
云南省	1	1	0

续表

年份 省市	1932年	1934年	1947年
广东省	4	4	4
广西省	0	0	1
总计	30	31	36

分析上述表3-1可以得出以下结论。

第一，大学教育系科省份分布较为全面。1949年以前，我国行政区划分为35个省、12个院辖市、1个特别行政区和1个地方，共有49个行政区。据表3-1统计，大学教育系科分布的省份和市的总数达到20个，占行政区总数的40.82%。当时全国有几乎一半的省份分布着大学教育系科，从北到南，从西到东，大学教育系科在我国的地域分布比较全面。

第二，大学教育系科省份分布不均衡。从上述大学教育系科分布表中可以看出，在这三份统计资料中，上海市、北京市、广东省、湖北省、江苏省、福建省等这些沿海省份或经济发达地区的大学教育系科分布较多，而且数量几乎不变，吉林省、辽宁省、甘肃省、新疆省、山西省、陕西省、山东省、河南省、四川省、浙江省、江西省、云南省、贵州省、广西省、台湾省这些省份，大学教育系科没有分布或分布较少，而且数量呈现不太稳定的态势。可见，大学教育系科几乎都分布在较为发达的、沿海的省份和院辖市，在较为偏远的地方，如新疆省、甘肃省等内陆省份，江西省、山西省等中部省份分布较少或不存在。整体来看，大学教育系科在我国当时省份分布中呈现不均衡的态势。

（二）大学教育系科的时间分布：1937年前后分布有差异

大学教育系科的分布因社会环境的差异而存在时间分布上的差异。20世纪上半叶，我国师资普遍缺乏，1937年抗日战争全面爆发而使得教育救国呼声加强，国民政府特别强调"教育为立国之本，整个国力之构成，有赖于教育，在平时然，在战时亦然"①。重视教育就需要师资的养成，师范教育再次

---

① 李友芝，等. 中国近现代师范教育史资料（第2册）[M]. 内部资料，1983：387.

被提上议程。1937年抗日战争全面爆发前后我国教育系科的地域分布和院校分布呈现出一定的差异。这一差异我们根据表3-1、3-2和图3-1进行分析。

第一，大学教育系科数量分布在1937年抗日战争全面爆发前后有差异。从上述表3-1，对比1932年和1934年大学教育系科的分布，可以看出大学教育系科无论在数量分布、院校分布还是地域分布上都没有太大差异。对比1934年和1947年大学教育系科的分布，可以看出大学教育系科在抗日战争全面爆发前后的分布数量有差异。1934年大学教育系科的总数为31所，1947年大学教育系科的总数为36所。可见，1937年抗战全面爆发后大学教育系科的分布数量并没有因战争的影响而减少，反而因政策的支撑和高校内迁等因素增加了5所。

第二，大学教育系科地区分布在1937年抗日战争全面爆发前后有差异。从大学教育系科分布的省份上来看，一些省份大学教育系科的分布在1937年前后出现了差异。大学教育系科从无到有的省份有陕西省、江西省、广西省；大学教育系科从少到多的省市有（不计之前从无到有的省市）吉林省、沈阳市、山西省、四川省、福建省等，其中四川省大学教育系科数量增幅最大；大学教育系科从多到少的省市有北京市、山东省、湖北省、云南省等。

第三，大学教育系科院校分布在1937年抗日战争全面爆发前后有差异。从大学教育系科分布的院校来看，在1937年前分布较多的为综合性大学，抗日战争全面爆发后综合性大学数量也增幅不大，与1934年相比仅增加了6所，增长幅度仅为20%。同时，北京师范大学由于抗日战争的全面爆发内迁到西北地区，以致在1937年后到1947年间无设置教育系科的师范大学。

总体来说，20世纪上半叶大学教育系科在我国分布较为全面，但都主要集中在了沿海地区或经济发达省份。虽说1937年前一些没有设置过大学教育系科的省份在之后因政府的政策支持开始设置大学教育系科，但总的来说，还是出现了沿海地区多、内陆地区少，发达地区多、贫困地区少，综合大学多、师范大学少这一不太合理的分布局面。

（三）大学教育系科的院校分布：集中分布于综合性大学

大学教育系科作为大学的下属机构，其分布依托大学进行。本研究依据这三份统计资料，具体对大学教育系科在公立综合大学、私立综合大学以及师范类大学的分布情况进行统计，进而剖析大学教育系科的院校分布差异。

表 3-2　20 世纪上半叶中国大学教育系科院校分布表

年份 院校	1932 年	1934 年	1947 年
师范类大学	1	1	0
公立综合大学	13	13	19
私立综合大学	16	17	17
合计	30	31	36

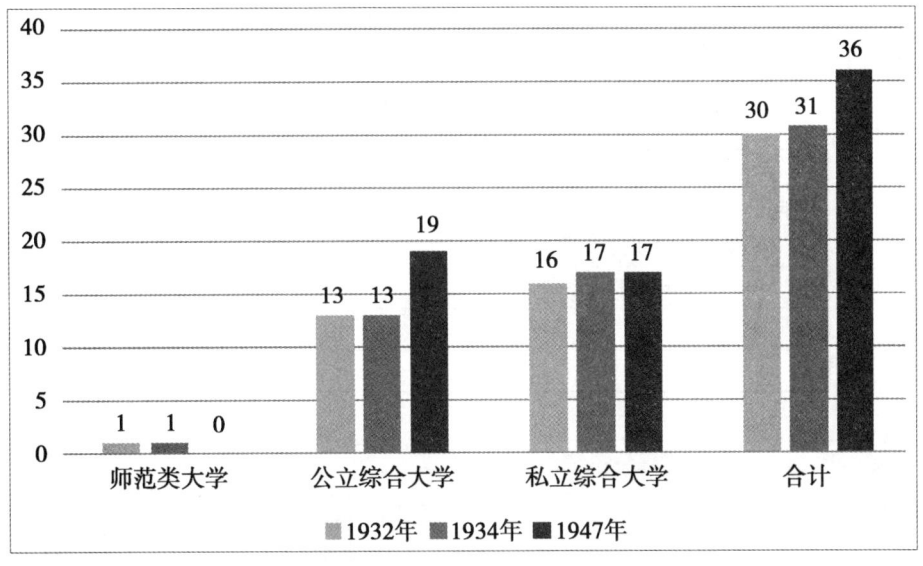

图 3-1　20 世纪上半叶中国大学教育系科院校分布图

从表 3-2、图 3-1，我们可以得出以下结论。

第一，大学教育系科逐渐增加。从纵向时间来看，综合大学教育系科呈现增长态势，且增长幅度较为平稳。

第二，大学教育系科主要分布在综合大学。通过表 3-2 和图 3-1，大学教育系科主要分布在综合大学中，分别占历年大学教育系科总数的 96.67%、96.77%、100%。同时，公私立综合性大学教育系科分布数量大致持平，均是大学教育系科发展的主力军。

第三，师范大学教育系科分布较少。从 1932 年、1934 年的两份统计资料来看，师范大学教育系科很少，均为 1 所。在全面抗战之后，1947 年没有师范大学教育系科分布。1948 年 11 月，随着北京师范大学的复校，师范大学教育系科也随之恢复。可见，随着"高师改大"等政策，使得师范大学教育系科的数量急剧减少。

（四）大学教育系科的系所分布：单独存在或下设于文学院

20 世纪上半叶中国大学教育系科除依托大学存在外，其依托的院所也因为政策的变化而有所变化。据《第一次中国教育年鉴》以及《第二次中国教育年鉴》，大学教育系科主要单独存在于教育学院或为文学院下设的学系，具体如下表 3-3、图 3-2 所示。

表 3-3 20 世纪上半叶中国大学教育系科系所分布表

年份 系所	1934 年	1947 年
教育学院下设教育系科	12	5
文学院下设教育系科	19	28
师范学院下设教育系科	0	3
合计	31	36

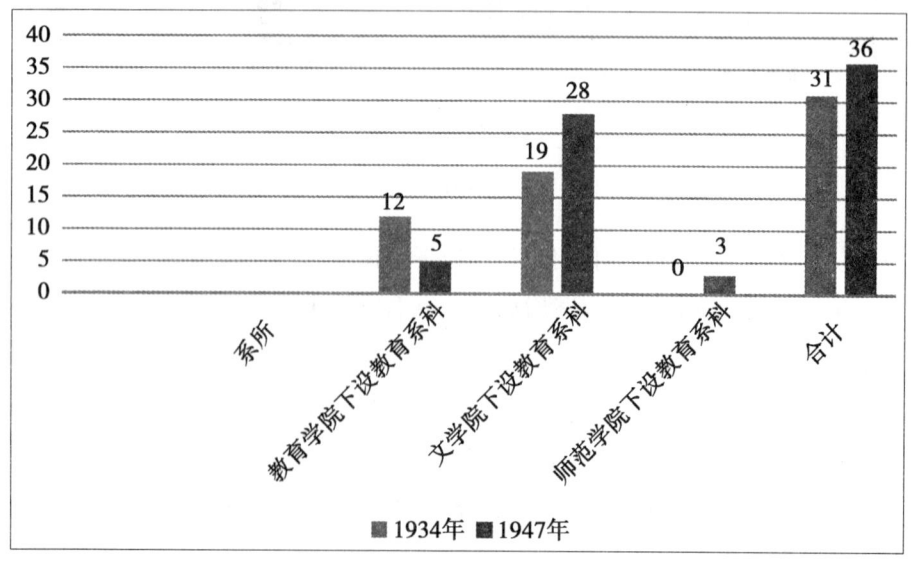

图 3-2 20 世纪上半叶中国大学教育系科系所分布图

整体来看，20世纪上半叶中国大学教育系科的系所分布特征如下。

第一，20世纪上半叶大学教育系科多存在于大学文学院下，尤其到抗日战争结束后，大学教育系科存在于文学院的情况激增，约是战前的1.5倍。可见，20世纪上半叶中国大学教育系科的系所分布受当时政策规定的影响极大，一些大学教育系科原本存在于教育学院之中，而由于当时的政策、学校的实际发展状况等，大学教育系科被设置于大学文学院下。

第二，20世纪上半叶大学教育系科存在于教育学院的数量在全面抗战后急剧减少，仅大夏大学教育学院、武昌华中大学等5所大学独立设置教育学院。

第三，20世纪上半叶大学教育系科有少部分曾短暂地分布于师范学院中。同样是受政策规定使然，中山大学、浙江大学、中央大学3所学校的教育系科曾存在于师范学院之中。

二、20世纪上半叶中国大学教育系科分布特征之成因

20世纪上半叶，大学教育系科在中国之所以形成上述分布特征，究其原因主要有以下几方面。

（一）政府政策的要求

从1915年北京高师开始设置教育系科，到1922年大学教育系科设置进入发展时期，这主要与当时政府颁行了与大学教育系科发展密切相关的法令有关。1922年11月1日，国民政府教育部颁行"壬戌学制"。其中，第二十六条规定："为补充初级中学教员之不足，得设二年之师范专修科，附设于大学校教育科，或师范大学校。"[①] 1929年7月26日，国民政府教育部又公布《大学组织法》。其中规定："大学分科改称学院，并于文、理、法、农、工、商、医原有七学院而外加一教育学院。"[②] 1929年8月，国民政府教育部公布

---

① 璩鑫圭，等.中国近代教育史资料汇编（学制演变）[M].上海：上海教育出版社，1991：998.

② 周邦道，等.第一次中国教育年鉴（丙编）[M].上海：开明书店，1934：25—140.

的《大学规程》明确规定："大学教育学院或独立学院教育科，分教育原理、教育心理、教育行政、教育方法及其他各学系，大学或独立学院之有文学院或文科而不设教育学院或教育科者，得设教育学系于文学院或文科。"[①] 这也使得大学文学院可以设教育学系。此后，随着抗日战争的全面爆发，国民政府为补充中等师资不足而特别注重师范教育。1938 年 4 月，国民党临时全国代表大会上通过了《战时各级教育实施方案纲要》，提议建立"师范学院"制度。此后，国民政府教育部陆续颁布了《师范学院规程》（1938 年 7 月 27 日和 1948 年 12 月 25 日），规定师范学院可分区单独设立，也可在大学中设置。

模仿美国学制系统的"壬戌学制"的颁行，促使"高师改大"运动的制度化。高等师范院校除北京高等师范学校升格为北京师范大学外，其他均成为综合性大学，这使得一些综合性大学继承了之前高等师范学校的教育系科。此后，《大学组织法》要求大学设置教育学院的规定，使得大学，尤其是综合性大学设置教育系科成为普遍，1937 年前综合性大学教育系科或设置在文学院下，或单设为教育学院。1937 年前的两个法令既使教育系科在综合性大学集中分布，又促使大学教育系科分布省份增加。1938 年 7 月 27 日颁布的《师范学院规程》规定："师范学院由国家审视全国各地情形，分区设立，藉以培养中等学校之健全师资。"根据此项法令，"陆续设立师范学院多所"[②]。1948 年 12 月 25 日颁行的《师范学院规程》第三条同样规定："独立师范学院或大学师范学院，由（国民政府）教育部审察全国各地情形，分区设立之。"[③] 1938 年 7 月 27 日和 1948 年 12 月 25 日颁行的《师范学院规程》使得一些大学改教育学院为师范学院，一些独立学院设立了教育系科。《师范学院规程》的颁布不仅使一些独立师范学院设置了教育系科，而且使一些之前没有设置教育系科的省份由于师范学院的设置而出现大学教育系科的分布。总之，政府的法令促使了 1937 年前后大学教育系科在数量上和省份分布上有了一些差异。

---

① 中央教育科学研究所教育史研究室. 中华民国教育法规选编（1912—1949）[M]. 南京：江苏教育出版社，1990：407.
② 国民政府教育部. 师范学院规程 [J]. 教育部公报，1938（8）：12—19.
③ 国民政府教育部. 师范学院规程 [J]. 浙江省政府公报，1949（25）：194.

（二）地域优势的保障

中国大学的分布向来不均衡，"起先是集中于沿海的城市，交通的中心或政治的中心"①。20世纪上半叶我国大学教育系科主要集中分布在沿海经济发达的省市，如上海市、北京市、广州市、湖北省、天津市、江苏省、浙江省、福建省。这些省市的地域优势使得大学率先在这些地区开设，还容易受到西方大学模式的影响、吸引一批优秀人员聚集在这些地区。我国的高等院校首先是在北京、天津等地开设的，这些学校受到西方大学模式，尤其是美国大学教育学院模式的影响，加之聚集了一批留美归国人员居于学校的领导地位，设置教育系科成为大学发展中的一个趋势和特征。北京师范大学、辅仁大学、燕京大学、大夏大学、光华大学等设置教育系科的大学正因为区域优势，使得一批留学归国的学生、外国教师等聚集在这些地区。大学教育系科分布最多的上海市，其地域优势更是使得一大批国立、私立大学聚集，留美学习教育学的学生归国后在这些学校担任大学校长等职务促使教育系科设置在这些学校。此外，经费支持、交通便利、地理环境、书籍丰富、人员充足等直接为教育系科集中于此提供了基础。其他省份如新疆省、甘肃省、山西省等由于地理位置居于内陆使得大学教育系科设置所需的经费、书籍、地理环境、交通、人员不及沿海经济发达省份优越，使得大学教育系科在这些地区的分布较之经济发达地区显得薄弱许多。

（三）社会需求的促使

当时的社会需求也促使了大学教育系科在我国的具体分布有所差异。1937年，当时社会普遍存在师资缺乏的不利局面，大学教育系科设置开始增多。此后由于教育研究人员、教育行政人员以及社会教育人员等的不足，大学教育系科设置更为普遍。抗日战争结束后，由于国家意识到师资，尤其是中等学校师资的严重不足以及师资质量较差，一些师范学院在国家政策和社会需求的双项要求下开始设置。也正是由于这些师范学院的设置使得教育系

---

① 宗因. 在抗战中成长的中正大学［J］. 学生之友，1941（2）：37.

科在一些省市中从无到有，如新疆省、西安市、贵州省、江西省等。一些省份大学教育系科数量则显著增加，如四川省。此外，由于20世纪上半叶我国经历了抗日战争这一特殊时期，阻碍了大学和大学教育系科的发展，一些设置过大学教育系科的省份由于战争等因素的影响遭到破坏或者迁校，分布数量出现了由多到少的现象。

三、20世纪上半叶中国大学教育系科分布的反思

华勒斯坦指出："以学系为基础的学科是人力资源和经费流通的场所，拥有权力充当很难打破的知识生产地盘。"① 大学教育系科为教育学科的发展提供必需资源，对教育学科的发展有着重要作用。大学教育系科的分布结构影响着大学教育系科功能的实现，大学教育系科的分布合理与否对大学教育系科的发展有着较大的影响，进而对教育学科的教学和科研发展、教育学术人才的培养等发挥着重要作用。因此，当前大学教育系科的发展还需要从以下几方面着力。

（一）大学教育系科分布的经验要合理继承和创新

20世纪上半叶，我国大学教育系科分布省份较全面，数量由于社会需求和师资缺乏而逐渐增多，综合性大学设置教育系科较多。这些大学教育系科分布的传统需要合理继承。此外，20世纪30年代以后，由于师资的缺乏而普遍设置独立学院，这也是我国当前大学教育系科发展中应予以继承和吸收的合理经验。同时，由于"高师改大"运动和"壬戌学制"等一系列政策和法令的颁行，使得大学教育系科极少分布于师范大学，这也造成了中等学校师资培养的数量和质量都满足不了当时需求的不利局面。反观当今我国大学教育系科，则大多分布于师范大学，这是在吸取20世纪上半叶大学教育系科分布之经验教训和学习苏联模式的基础上形成的。同时，大学教育系科的分布，尤其是院校分布不能一味模仿外国模式，还需要根据我国现在独特的地

---

① [美]华勒斯坦，等. 学科·知识·权力[M]. 刘健芝，等编译. 北京：生活·读书·新知三联书店，1993：33.

理环境、政治、经济、文化因素以及社会需求进行大学教育系科分布的创新，根据我国自己的国情实现大学教育系科的合理分布和内涵性发展。

（二）大学教育系科分布要重视政府的合理调控

大学教育系科分布均衡与否受到政府政策的影响。20世纪上半叶大学教育系科的地域分布和院校分布就受到了当时政府颁布的相关法令的调控和影响。当前我国大学教育系科要合理分布进而促进合理发展，政府必须充分发挥调控作用，坚持对大学教育系科发展和分布的统筹协调和政策引导，在原有发展的基础上，根据我国大学教育系科的实际情况进行调整。在大学教育系科的地域分布上，政策可以适当向偏远地区倾斜，扶持其大学教育系科的发展；在大学教育系科的院校分布上，政策应注意向综合性大学教育系科适当倾斜，利用其多学科优势，从而使师范大学和综合性大学两类大学各凭所长；政府还可鼓励各大学教育系科之间采用多种形式的联合办学，促进优劣势互补。

（三）大学教育系科分布要根据需求灵活调整

我国大学内部院系设置的现状是历史演变的结果，其中两个因素起了决定性作用。第一个因素是1952年院系调整的结果。第二个因素是1978年开始的经济改革、开放和发展对高校在1952年后的布局造成的冲击。[①] 这两个因素分别代表了计划经济和市场经济对大学教育系科分布的制约，大学教育系科的分布要适应社会需求并根据社会需求进行灵活调整，不能盲目地设置。20世纪上半叶大学教育系科在地域和院校分布上呈现差异，就与社会需求密切相关并根据社会需求进行了灵活调整。最典型的例子即独立师范学院就是针对师资缺乏、民众教育人才缺乏而添设的。目前我国大学教育系科除了在分布上失衡，一个更为显著的问题就是还没有根据区域特色和社会发展需求为本地区的社会经济服务，还没有很好地根据社会需求灵活调整。当今我国大学教育系科在地域分布上不仅要充分考虑因地域差异而造成的不同社会需

---

① 钱颖一. 谈大学学科布局[J]. 清华大学教育研究，2003（6）：7.

求、资源的利用效率，而且也要考虑不同院校师资水平的差异，力求根据需求和条件灵活调整大学教育系科的分布，从而更好地适应和满足社会需求。

（四）大学教育系科分布要制定设置标准

20世纪上半叶，国家对我国大学教育系科的分布制定了统一的标准，对在什么地方设置高等院校的教育系科做了相应规定。在国外，如美国在进行学科专业设置时，由美国教育部国家教育统计中心研制开发了学科专业目录，该目录随着时代变化进行了一定调整，使得学科得到更好整合，资源得到了有效利用。[①] 当前，我国大学教育系科究竟如何分布、如何调整，也必须像美国学科专业设置一样，制订并遵循相应的、统一的设置标准。这一标准需要根据社会、时代发展和学科发展的需要进行资源的优化整合，避免大学教育系科的盲目分布，严把大学教育系科分布的准入标准。

（五）大学教育系科分布要做好合理评估

大学教育系科质量是教育系科发展中不容忽视的一个问题。大学教育系科不能仅仅满足于分布数量的均衡，还需要注重分布质量。20世纪上半叶，我国大学教育系科注重分布质量，一些大学教育系科根据分布区域和自己的实际情况注重办学特色，根据自己的办学特色衡量任务实现与否。我国当今大学教育系科在注重分布结构均衡的同时，还需要注重大学教育系科的建设质量，这就需要做好大学教育系科分布的后续评估工作。大学教育系科分布质量的衡量，既需要做好大学教育系科的外部评估，还需要做好大学教育系科的内部评估。大学教育系科的外部评估是政府和专家不容忽视的一项工作。政府和专家首先要树立与时俱进的、多维度的大学教育系科质量观，在正确理念的指导下针对地区差异建立一套大学教育系科分布质量的衡量体系，对既有的和新设的大学教育系科进行合理评估、合理控制，促进地域和院校资源的有效利用，从而促进大学教育系科更好地发展。

---

① 刘少雪，程莹，刘念才. 创新学科布局　规范院系设置［J］. 清华大学教育研究，2003（5）：70—71.

第四章　20世纪上半叶中国大学教育系科的课程设置

英国课程专家彼得·戈顿指出:"教育的鸿沟,是通过它们所设置的不同课程反映出来的。"[①] 可见,课程是学科知识的载体,对于教育教学活动以及人才培养发挥着重要作用。作为教育学知识训练和再生产的制度化场所,大学教育系科的发展中,其课程设置作为教育学知识的载体之一,是大学教育系科培养目标的具体落实,也是大学教育系科开展教育教学活动的指引。大学教育系科的课程设置体现了大学教育系科教育学术人才培养的具体规划,关系到教育学术人才的培养质量,也对教育学知识的传播和积累以及教育学学科建构具有重要意义。因此,大学教育系科的课程设置,是大学教育系科发展需要密切和长久关注的重要主题之一。

当前,已有研究者对我国大学教育系科的课程设置和课程结构改革,以及英、美等国大学教育学院的课程设置等进行了研究,关于20世纪上半叶中国大学教育系科的宏观和个案研究中,也涉及到了大学教育系科的课程设置

[①] Denis Lawton. Theory and Practice of Curriculum Studies [M]. Rutledge & Kegan Paul,1979.

研究，① 这些研究为我们探究20世纪上半叶中国大学教育系科的课程设置提供了资料线索，有助于我们了解和思考当时大学教育系科课程设置的相关情况。但是，已有研究对20世纪上半叶中国大学教育系科课程设置的发展流变、整体特征及其对当前大学教育系科课程改革的启示等方面的研究还较为欠缺，这不利于我们整体审视当时我国大学教育系科的发展情况。因此，在当前我国大学教育系科课程改革不断深入的背景下，有必要对20世纪上半叶我国大学教育系科课程设置的历史进行回顾，分析其特征并反思其取得的成绩和存在的不足，通过总结该时期大学教育系科课程设置的经验，为当前我国大学教育系科的课程改革提供启示。

一、20世纪上半叶中国大学教育系科课程设置的沿革

20世纪上半叶，中国大学教育系科课程因国家政策、大学教育系科的不断发展以及留学生的推动等而产生并发展，主要划分为以下四个阶段。

（一）萌芽期（1901—1914）

20世纪上半叶，我国大学教育系科因师范学校中设置教育学类课程而萌芽。我国大学教育系科课程设置的萌芽期，亦要追溯到1902年京师大学堂师范馆中教育学类课程的开设。1902年，清政府颁布了《钦定学堂章程》。其中，《京师大学堂师范馆章程》规定，京师大学堂附设师范馆，以培养中学堂教员为宗旨，共开设14门课程，分别为"伦理、经学、教育学、习字、作文、算学、中外史学、中外舆论、博物、物理、化学、外国文、图画、体操"②。1904年，清政府又颁行了《奏定学堂章程》，规定优级师范学堂开设"教育"通习科目，具体设教育理论、教育史、各科教授法、学校卫生、教育

---

① 许刘英. 近代中国大学教育社会学课程设置之演变——基于学术史的考察［J］. 苏州大学学报（教育科学版），2017（2）.

② 刘捷，谢维和. 栅栏内外——中国高等师范教育百年省思［M］. 北京：北京师范大学出版社，2002：57.

法令、教授实事练习。① 同时，优级师范学堂分为公共科、分类科、加习科三个学习阶段，其中，学生学习的分类科中有四类，均必须修人伦道德、经学大义、教育学、心理学和体操等几门课程。"加习科则要求学生自由加习以下十种课程中的五种以上，这十种课程分别为：人伦道德、教育学、教育制度、教育政令、美学、实验心理学、学校卫生、专科教育、儿童研究、教育演习。"②

这一阶段，清末优级师范学堂以"造就初级师范学堂及中学堂之教员管理员为宗旨"，加之借鉴日本师范教育的影响以及国人从日本输入教育学，其开设的教育学类课程参照日本师范学校所设教育学课程，并主要为与师范教育和师资训练相关的教育理论、教育史、教学法、教授法、学校管理等课程。

(二) 初创探索期(1915—1920)

1913年，《高等师范学校规程》第八条规定："高等师范学校得设专修科。前项专修科于师范学校及中学校某科教员缺乏时设之。"③ 这一规程加速了我国大学教育系科的诞生。1915年，北京高等师范学校在本科专业中增设教育专攻科，招收中学毕业者或同等学力者，以德国教育学说为主，聘用德国人梅约翰等为教员，这标志着我国大学教育系科的正式产生。此后，北京高师于1920年成立教育研究科，招收"高等师范本科毕业生、各专门学校毕业生、大学本科毕业生及二年级以上肄业生，英文能直接听讲者"④。北京高等师范学校教育专攻科和教育研究科开设的课程如下表4-1所示。

---

① 舒新城. 中国近代教育史资料（中）[M]. 北京：人民教育出版社，1961：685—691.
② 董宝良. 中国近现代高等教育史[M]. 武汉：华中科技大学出版社，2007：70.
③ 高等师范学校规程[J]. 中华教育界，1913（6）：78.
④ 北高教育研究科招生[N]. 神州日报，1920-08-04-11.

表 4-1 北京高等师范学校教育专攻科与教育研究科课程设置

教育系科名称	所开课程名称
教育专攻科	伦理、论理、心理及教育（教育学、中国教育史、西洋教育史、世界教育制度、教育行政、教授法、保育法、学校管理法、学校卫生学）、德语及德文学、国文、言语学、哲学、美学、体操
教育研究科	哲学、美学、心理学、教育学、教育史、教授法原理、生物学、社会学、教育卫生、教育统计、教育行政、心理测量、教育哲学、教育社会学、各国教育制度、教育调查法等

由上，高师教育专攻科和教育研究科课程设置的特点主要如下。

第一，高师教育系科注重设置基础性的通识课程，这也延续了清末优级师范学堂设置公共科的做法，如伦理、哲学、美学等大多课程实际都是原来的通习课程，属于一种"通识教育"。这一点在南京高师教育科所设置的共同必修"普通学程"中有体现，教育科学生需要修习"（1）英文，12 学分；（2）国文，6 学分；（3）社会学大意，1 学分；（4）生物学，6 学分；（5）世界大势，3 学分；（6）哲学入门，2 学分；（7）科学发达史，3 学分；（8）体育，6 学分；（9）择业指导，无学分，共计 39 学分"。由此，高师教育系科课程的设置遵循教育学学科发展规律，注重把"教育的理论根植于自然科学"，基础学科成为教育系科学生的必修课。教育学作为一门社会科学，知识成本高，理论基础涉及学科广泛。因此，哲学、心理学、逻辑学、美学、语言学等课程的设置有助于培养教育学专业人才，使其掌握系列专门知识，具备多学科基础，从而有利于其成为未来教育学科的建设者。

第二，高师教育系科的课程设置受国家政策影响且随着培养目标而变化。1912 年颁布的《高等师范学校课程标准》规定，本科各部修习的教育学课程为"心理学、教育学、教育史、教授法、学校卫生、教育法令"[①]。1913 年的《师范学校课程标准》规定，本科修习的教育学课程为"论理学大要、普通心理学、教育理论、哲学发凡、教授法、保育法、教育史、教育制度、学校管

---

① 高等师范学校课程标准 [J]. 中华教育界，1913（5）：62—63.

理、学校卫生、教授实习"①。由此结合上表可见,北京高师教育专攻科的课程设置大体遵循《师范学校课程标准》,国家法令在一定程度上影响了我国教育系科教育学课程的设置。同时,北京高师教育专攻科课程设置实用性较强,其所开设的教育相关课程皆与教育实践联系密切,符合教育专攻科旨在培养师范学校教育教员的目标。② 同教育专攻科的课程设置不同,教育研究科以"教授高深教育学术,养成教育界专门人才"为宗旨,其课程设置研究性更强,开设了教育统计、心理测量、教育调查法等方法类课程,这也使得北京高师教育研究科的教育学课程设置开始偏离国家制定的课程标准。同时,北京高师教育研究科开设的教育哲学、教育社会学、教育心理等课程具有明显的杜威教育思想体系的特征,1918年南京高等师范学校教育专修科开设的教育社会学、教育心理学等,是直接从美国学习而来的,这也体现了高师教育系科课程设置因留美学生的努力,开始由仿照日本趋向仿照美国,成为近代中国教育学开始转由美国输入的前奏,标志着中国教育学与美国教育学的接轨。③

第三,高师教育系科课程设置逐渐趋向正规化。清末优级师范学堂所设教育学类课程,规定了学生每年需要修习的教育学科目以及每周需要修习的钟点数。与之不同,高师教育系科的课程设置日趋正规,开始细化为学生必修课程、选修课程,且规定学生上课时间和需要修习的学分。南京高师教育专修科将学程分为共同必修学程、共同必修的专修学程、选修的主系学程以及选修的辅系学程,规定共同必修学程、共同必修的专修学程的学分分别为39学分和12学分,且"选修的主系学程,教育科学生选教育或心理为主系,至少须于主系学程中选习32学分。选修的辅系学程,凡教育科学生至少须于辅系学程中选习20学分"④。

第四,高师教育系科教育学课程日趋全面、丰富。北京高师教育系科的

---

① 师范学校课程标准 [J]. 中华教育界,1913(4):49—56.
② 北京高等师范学校教育专攻科规程 [N]. 申报,1915-07-19-11.
③ 李媛,沈一心. 北高师教育研究科与中国教育学科建设的早期探索 [J]. 高教探索,2018(4):75—76.
④ 王德滋. 南京大学百年史 [M]. 南京:南京大学出版社,2002:90—91.

课程由十几门增加至二十几门，南京高师教育专修科的课程达三十余门，其他高师教育系科也设置了大量教育学类课程。由此可见，随着时代的演进、教育学科的不断引进等，促使高师教育学科课程设置日趋丰富和系统。

（三）自由确定期（1921—1938）

伴随着"高师改大"运动以及《大学组织法》《大学规程》等的推动，我国大学教育系科逐渐形成并发展，1921年，"南京高等师范扩充为东南大学，设文、理、教育、农、工、商等科，分二十二学系"。东南大学教育科的成立标志着中国公立大学教育系科的形成。同年，陈嘉庚在集美创办厦门大学后即成立师范部，1921年秋改师范部为教育学部，内分教育学说、教育史、教育行政、中等教育、小学教育、乡村教育及心理学七组。这是我国开设的私立大学设置教育系科的开始。此后，至1938年，我国大学教育系科数量发展至三十余所，各大学教育系科课程设置进入自由确定期，存在"分化太甚、必选不同、名称不一致"[1]等问题。

以光华大学教育系科课程设置为例，1926年，光华大学教育系科开设的课程有：教育原理、教育心理、中等教育、初等教育、中学课程教学法、儿童心理、教育史、编制课程原理、新学制课程概要、教育统计、教育测验、乡村教育、教育观察、教育哲学、教育社会学、现代教育思潮、中国教育问题、学校行政、教育行政、实验教育、教育调查、教育实习。分别由孟宪承、朱经农、陆士寅、鲁继曾担任授课教师。[2] 1929年后，光华大学教育系科开设的课程较之1926年的更为丰富和全面，具体如下表4-2。

表4-2 光华大学教育系科所开课程一览（1930年）

课程性质	课程
本系必修	普通生物学（1）、教育原理（2）、普通心理学（2）、教育统计（2）、书籍选读（3—4）、哲学概论（3—4）、伦理学（3—4）、西洋近百年史（3—4）、名学（3—4）、应用国文（3—4）

---

[1] 许椿生. 大学教育学系之课程［J］. 师大月刊，1935（20）.
[2] 光华大学. 私立光华大学章程［M］. 上海：光华大学，1926.

续表

课程性质	课程
教育组必修	教育史（2）、中等教育（3—4）、初等教育（3—4）、教育行政（3—4）、教育调查与视察（3—4）、测验方法（3—4）
哲学心理组必修	教育心理学（3—4）、心理学史（3—4）、实验心理学（3—4）、西洋哲学史（3—4）、中国思想史（3—4）
选修	社会心理学（3—4）、变态心理学（3—4）、中学教学法（3—4）、家庭教育（3—4）、教育经费（3—4）、比较教育（3—4）、乡村教育（3—4）、师范教育（3—4）、职业教育（3—4）、儿童心理（3—4）、教育社会学（3—4）、教育哲学（3—4）、现代哲学思潮（3—4）、佛教哲学（3—4）、教育方法（3—4）、中英互译（3—4）、西乐初步（1）、钢琴（3—4）、家事经济（3—4）

（注：标注 1 的为第一学年修习，标注 2 的为第二学年修习，标注 3—4 的为第三或者第四学年修习。）

由上可知，此时大学教育系科课程设置的特点如下。

第一，大学教育系科课程设置以仿照美国为主，且留美生参与课程设置。随着 20 世纪 20 年代大批留美生的归国，美国教育家来华讲学等，国内开始掀起学习美国教育的热潮，并从美国直接引进了大量教育学著作。同时，在美国教育体制的影响下，大量综合性大学开始设置教育系科并使得课程设置发生变化，各大学教育学系"各学程的内容也多抄自美国"①，由留学美国归来的大学教育系科教师开设了教育社会学、教育哲学、教育测验等课程。②

第二，大学教育系科课程强调本校"自由确定"。对于大学各系的课程设置，李建勋指出："大学各系所设之科目，并无规定标准何系应设何科目，何科目应为必修或选修。各科目应在何年级教学，率系主任之主张以定其存否及位置。"③ 如上，光华大学教育系科延续哲学心理组的开设传统以及任课教师的专长，朱经农、廖世承等对职业教育、民众教育以及中等教育的提倡和

---

① 庄泽宣. 大学教育学系课程问题[J]. 教育杂志，1935（1）：216.
② 陈志科. 留美生与中国教育学[M]. 天津：南开大学出版社，2009：124.
③ 李建勋. 教育学院之概况及其计划[J]. 师大月刊，1932（1）.

关注等，较多涉及了心理学、测验、中等教育和教学法等方面的课程的开设，体现了光华大学教育系科会根据本校情形确定课程。此外，据许椿生统计，1935年国内29所大学教育学系课程设置差异较大，开设教育原理、教育方法、教育史、教育心理以及社会教育等学程的学校数量有所不同，且各大学教育系科所开课程名称、开设时间、必选修以及修习终点等均有差异，光华大学教育系科于第三、四年开教育心理，安徽大学教育系科则于第二学年开设教育心理。

第三，大学教育系科课程设置不断增加。随着大学教育系科的不断发展，加之教育学科引进数量的激增等因素，大学教育系科课程设置数量总体上呈现逐渐递增的局面。李建勋指出，北京师范大学教育系科"18年度突然增加，较17年度几多至二倍，19年度后虽稍增加，然与18年度无大出入"①。可见，各大学教育系科十分重视完善教育系科的课程设置，由最初多重视教育概论、教育哲学、教育史等基础理论性课程的开设，转向根据需要适时增加新的课程，如加入了职业教育、乡村教育等课程，课程设置日趋专业化和系统化。如上，光华大学教育系科从1926到1930年四年间，课程设置数量逐渐增加，且根据学科的演进与时代的发展调整、完善课程设置。

第四，各大学教育系科的课程设置不断细化，且逐渐专业化、系统化。大学教育系科均开设必修课和选修课。其中，必修课体现了对学生教育学知识的专业化要求，选修课则有助于拓宽学生的学科知识。同时，大学教育系科规定了不同年级的学生应修习的相应课程、修习学时以及应获得的学分。如上，光华大学教育系科第一、二学年为学生设置教育原理、西洋教育史等基础课程，使得学生对教育学有初步的认识；三、四学年则更为偏重设置教育分支学科的相关课程，使得学生在前期的入门知识学习的基础上，更为深入、细化地学习教育学科，并进行教育学术和教育实践的相关训练。

第五，大学教育系科课程逐步注重理论和实践相结合。据许椿生统计，各大学教育系科开设了教育原理、教育哲学、中国教育史等理论性课程，也开设了社会教育、乡村教育、职业教育等实践性颇强的课程，强调大学教育

---

① 许椿生，等. 李建勋教育论著选[M]. 北京：人民教育出版社，1993：140.

系科课程开设要面向中国社会及农村。同时，大学教育系科从养成师资和教员的培养目标出发，设置了教育实习这一课程，注重学生理论素养和教育教学技能双项提升。当然，需要指出的是，教育实习的比例与其他理论性课程相比较低，也呈现出教育系科实践性课程设置较少的情形。

第六，大学教育系科课程因院校性质不同、培养目标侧重不同而有所差异。这一时期，我国大学依据设立法团的性质可以分为公立大学、私立大学，公立大学可分为国立大学和省立大学，私立大学可分为私立大学和教会大学。国立大学由中央政府管理，省立大学由该省省政府出资建立；私立大学是由国人自己筹资开办和外国宗教团体开设。[①] 在此，不同性质的大学，其教育系科的课程设置有所差异。其中，公立大学教育系科更为偏重设置教育学术研究类的课程，而私立大学教育系科则偏重应用性课程，[②] 教会大学教育系科还保留部分宗教性质的课程。

总之，由于当时大学教育系科的课程设置在不断摸索中进行，使得其课程设置存在"以美国为指向"、课程内容有所重复、理论性课程设置相对较多、课程设置缺乏统整与由浅入深的序列等问题。当时，庄泽宣、张士一、陈礼江、常道直、许椿生等就大学教育系科课程设置存在的问题发表了自己的看法。他们指出，大学教育系科课程多从美国移植，已不适应中国社会的需要，暴露出了许多缺点和不足，认为"大学教育系课程问题有急切彻底改造的必要"[③]。

（四）制度化时期（1939—1949）

此阶段大学教育系科课程设置与上一阶段相比，相似的地方在于这一阶段课程开设依旧仿照美国，且呈现必选修相结合、理论和实践并举等相似特征。与上一阶段最大的不同在于，此阶段大学教育系科课程设置开始有了国民政府教育部颁布的统一的课程标准，呈现教育系科课程设置的制度化、标

[①] 徐则敏. 中国大学教育的现状 [J]. 中华教育界，1931（1）：3.

[②] 具体参见：项建英. 近代中国大学教育学科研究 [M]. 上海：华东师范大学出版社，2012：135—232.

[③] 庄泽宣. 大学教育学系课程问题 [J]. 教育杂志，1935（1）.

准化。

有鉴于20世纪二三十年代大学教育系科课程设置"各自为政"且"自由确定",中国教育学会会员专门就"教育学系之目标及课程"进行了专题研究,形成了最终意见供国民政府教育部参考。在综合这一系列研究的基础上,1939年,国民政府教育部颁布《师范学院教育学系必修科目表》。此后,国民政府教育部又于1946年颁布了《大学科目表》。这两份科目表规定开设的科目差异不大,主要为:"必修科目有社会学、普通心理学、论理学、伦理学、教育统计、心理及教育测验、发展心理学、教育哲学、教育行政、初等教育、社会教育、比较教育、中国教育史、西洋教育史、训育原理及实施、分科教材及教法研究、教学实习、毕业论文;选修科目除生理学、遗传学、实验心理学、变态心理学、社会心理学、比较心理学、心理卫生、民权行事及实习、儿童及青年读物、中国社会史、中国经济史、总理学说、中国文学专书选读、图书馆学、公文程式、演说与辩论外,规定设置学校卫生与体育、教育视导及调查、乡村建设与教育、中外教育家研究、师范教育、家事教育、女子教育、职业教育、学校行政、升学及就业指导、课程编制、近世教育思潮。"①

正是国民政府教育部先后颁行的教育学系课程标准,使得大学教育系科课程设置有了参照标准,自此开始制度化。一些大学教育系科开始遵照《大学科目表》进行课程设置,如陶愚川指出:"大夏大学教育学系课程的开设都是遵照民国三十五年教育部颁行的《大学科目表》办理的。"② 当然,也需要指出的是,大学教育系科课程在遵照《大学科目表》等部颁标准进行设置的同时,也根据学校、时代和社会需求等进行了灵活调整。以大夏大学教育系科1947年所开课程为例,如下表4-3所示。

---

① 师范学院教育学系必修科目表 [J]. 教育通讯,1939 (43):8—9.
② 陶愚川. 教育学系之现在与将来 [J]. 大夏周报,1947 (1):16—18.

表 4-3 大夏大学教育系科 1947 年所开课程一览表①

学期	所开课程
第一学期	心理及教育测验、西洋教育、教育概论、中国教育史、普通心理、比较教育、社会教育概论、初等教育、图书馆学、学校调查、社会心理学、犯罪心理学、普通教学法、中等教育、发展心理、师范教育、教育统计、电化教育、成人学习心理、小学教材及教法、教育行政、普通心理学、教育心理、教学实习
第二学期	教育概论、西洋教育史、普通心理、变态心理、发展心理、教育视导、小学各科教材及教法、乡村教育、课程论、社会教育事业、图书馆学、幼稚教育、课外绘图、教育生物学、中国教育史、训导原理及实施、教育心理、社会心理、心理卫生、国民教育、教育哲学、教育研究法、教育社会学、比较教育、教学实习、教育图示法、儿童心理

由上表可以看出，大夏大学教育系科开设的部分课程符合部颁标准，如社会教育、图书馆学、中国教育史等。此外，大夏大学教育系科还结合本校情形以及教育学科的不断发展，设置了电化教育、成人学习心理等部颁标准要求之外的课程。这一情形同样存在于西南联大教育学系之中，西南联大教育系科所设教育学系必修课有 23 门，部颁标准为 18 门，有 12 门课程相同；其选修课为 26 门，部颁标准为 28 门，少于部颁标准的门数，且仅有 7 门相同。西南联大教育系科同样根据抗战、云南中等教育师资的需求等，开设了童子军教育以及大量中等教育、师资培训等方面的课程。②

此外，将此阶段大学教育系科的课程设置对照 20 世纪上半叶我国先后形成的教育学科，也可以看出这一阶段较之此前更为全面。以大夏大学、光华大学教育系科为例，其课程设置占我们前面分析的 20 世纪上半叶中国引进的教育学科的百分之四五十左右，几乎涵盖了当时引进的大部分教育学科。③

---

① 各院系开班学程［J］. 大夏周报，1948（14）：25.
② 项建英. 近代中国大学教育学科研究［M］. 上海：华东师范大学出版社，2012：162—163.
③ 侯怀银，李艳莉. 大夏大学教育系科的发展及启示［J］. 华东师范大学学报（教育科学版），2011（3）.

二、 20世纪上半叶中国大学教育系科课程设置的影响因素

陈侠指出,社会生产的需要、科学技术的进步、教育宗旨的规定、培养目标的要求、哲学思想的影响、社会文化传统、儿童身心的发展、学校类型和制度是影响课程设置的八个因素。① 这八个因素较为全面地指出了影响课程设置的因素主要包括政策、社会需求、培养目标、院校类别、学生的特点等宏观、中观、微观多方面因素。结合20世纪上半叶中国大学教育系科的发展脉络及其影响因素,可以窥见课程设置的影响因素大体如下。

(一) 国家政策的要求

20世纪上半叶,我国大学教育系科主要是在国家政策的推动下逐步萌芽、形成和发展的,因此大学教育系科自始至终深受政府颁行的一系列政策、法令的影响,而这些政策、法令也影响到了大学教育系科的课程设置。清末颁布的《奏定学堂章程》规定了优级师范学堂的教育学课程为教育理论、教育史、各科教授法、学校卫生、教育法令、教授实事练习等。步入民国,1912年的《高等师范学校课程标准》以及1913年的《师范学校课程标准》先后规定了本科第三学年和第四学年修习的教育学类课程为论理学大要、普通心理学、教育理论、哲学发凡、教授法、保育法、教育史、教育制度、学校管理、学校卫生、教授实习等。20世纪三四十年代,国民政府教育部先后颁布了《师范学院教育学系必修科目表》《大学科目表》,亦是国家层面颁布的大学教育系科课程设置标准,也使得各校有了课程设置的依据,在一定程度上使大学教育系科的课程设置规范化、制度化。

(二) 西方教育学的影响

20世纪上半叶,"西学东渐"的热潮和中国现代化的"后发外生型"等,使得教育学在中国作为一门学科是以"舶来品"的形式出现的。总体来说,1915年以前,我国主要以日本为媒介输入德国教育学,引进的教育学科大多

---

① 陈侠. 课程论[M]. 北京:人民教育出版社,1989:161—182.

尚未成"学"，代之以"法"或"论"，如教育学、学校管理法、教育行政、教育史、儿童教育等。1919年后，我国主要是传播美国教育学，且我国引进的教育学学科进一步分化，主要涉及基于自身分化、交叉、反思所形成的学科。① 西方教育学在中国的引进和传播，也影响到了20世纪上半叶中国大学教育系科的课程设置，使大学教育系科课程设置呈现先仿日后仿美，以及与引进学科大体相似的特点，主要体现为设置课程先以教授法、学校管理和学校卫生等日本教育学科为主，后以教育社会学、教育测量等美国教育学为主。

(三) 中国传统文化的影响

审视20世纪中国大学教育系科的课程设置，不难看出，其除主要受西方教育学的影响而设置大量引进的西方教育学的分支学科外，还在"教育学中国化"和中国传统文化等的影响下，也设置了与中国传统文化相关的课程。以光华大学教育系科的课程设置来看，曾先后开设了佛教哲学、中国思想史、中国教育史及选读等课程，并由蒋维乔等哲学大家担任教师。以1947年山西大学教育系科的课程设置来看，开设了国文、哲学概论等大一学生的必修课程，以及中国哲学史、中国经济史、中国近百年史、秦汉史、现代政治思潮、中国教育名著选读等选修课程，② 体现了大学教育系科课程设置一定程度上受到中国传统文化的影响，注重为学生奠定传统文化基础的追求。

(四) 社会需求的推动

与传统社会培养的人才与社会所需脱节不同，清末、民国时期的新式教育体系开始注重培养与社会所需挂钩的人才。就大学教育系科的发展来看，也注重直面中国教育实践，与中国教育实践中产生的新问题相贴合，并注重积极去解决这些新问题。韦悫指出："此后我们应该用科学的方法抱客观的态度去研究教育的问题，以谋改进中国的教育。"③ 大夏大学教育学会所办《教

---

① 侯怀银. 教育学"西学东渐"的逻辑探寻——西方教育学在20世纪中国传播的回顾与反思 [J]. 教育研究，2020 (8)：52—53.

② 山西大学. 山西大学一览 [M]. 太原：山西大学，1947.

③ 韦悫. 卷头语 [J]. 中央大学教育学院教育季刊，1930 (1)：1—2.

育季刊》指出:"我们因鉴于目前中国教育界对于教育探讨工作的缺乏,同时又感到此项工作更应从科学的实验中找出各种问题在各时期所得的答案,我们愿负起这重大的使命。"[①] 在此指引下,中国大学教育系科课程设置同样根据社会需求进行调整、增加,设置了乡村教育、民众教育、社会教育、职业教育等与社会需求密切相关的课程。

(五) 培养目标的指引

19世纪中叶以后,清末新政的推行使大量新式学堂开始兴办。教育的转型使得新式学堂所需师资匮乏,发展师范教育乃当务之急。20世纪上半叶,我国大学教育系科的萌芽、形成和发展因师范教育兴起并设置教育学类课程而成为必然。清末优级师范学堂以及民初的高等师范教育专修科的培养目标主要定位为养成师资。1918年南京高师的教育专修科和1920年北京高师的教育研究科,其培养目标开始偏重教育研究人员的养成。此后,各大学教育系科的培养目标较为统一,多为师资、教育学术人员和教育行政人员养成三方面,这也使得大学教育系科的课程设置深受影响,既有教学法、学校管理等关乎师资养成的课程,也有教育社会学、教育哲学、教育科学方法等关乎教育学术人员养成的课程,以及教育行政、教育视察和教育督导等关乎教育行政人员养成的课程。

(六) 学生和学科的特点

无论是清末优级师范学堂的教育学类课程的设置,还是民国时期高等师范的教育专攻科、教育研究科以及大学教育学院、教育学系的课程设置,不同年级的学生会学习不同的课程,学生初入学时大体学习教育概论、哲学概论等基础性课程奠定学习基础,二、三、四年级时则会学习细化的、根据教育学分支学科而设置的课程。同时,大学教育系科的课程还会根据学科自身的特点进行设置,教育概论、哲学概论、社会学、生物学、生理学、西洋通史等基础性、通识性课程多放在第一学年设置,教育心理学、教育统计学、

---

① 寰. 卷首语[J]. 大夏大学教育季刊,1931 (1): 2.

教育哲学等深入性、提升性课程则放在第二、三、四学年设置。通过考虑学生的特点以及学科的特点，使得不同年级设置了基础性课程和拓展性课程等，体现了大学教育系科课程设置中基础、入门课程和提升、研究课程相结合的追求。

（七）留学生的设计

随着 20 世纪一二十年代留学生的归国，尤其是赴美修习教育学的留学生归国后，大都进入大学担任教育系科的掌舵者或教师，开始参与大学教育系科课程的设计和规划，并成为相关课程的讲授者。陶行知在担任南京高师教育科主任时，参与了教育科课程的设计和改革，将"科学常识"列为必修课，并开设了心理学、教育心理学、儿童教育、中学教育等课程。[1] 不仅如此，其他各校教育系科的系主任、院长、教师也大多是留学生，大夏大学、光华大学等校教育系科的教师队伍留学生占比可达 50% 左右，而这也使得各校教育系科的教育学课程带有留学生，尤其是留美生设计的烙印，也会采用国外教育学的教材，暨南大学所设教育社会学课程，由陈科美讲授，采用的课本为 W. R. Smith 的 *An Introduction to Educational Sociology*。当然，陈科美讲授的教育概要等课程也有自编讲义。[2]

三、20 世纪上半叶中国大学教育系科课程设置的特征

纵观 20 世纪上半叶中国大学教育系科课程设置的演变历程及其相关影响因素，不难发现，在这一过程中我国大学教育系科课程设置呈现如下特征。

（一）课程设置国外烙印较强但日趋本土化

林砺儒指出："清末变法、辛亥革命，都是要摹做现代国家，政治是要摹做，教育也要摹做，师范教育自然也是摹做的。革命后，学制虽经一度改变，

---

[1] 陈志科. 留美生与中国教育学 [M]. 天津：南开大学出版社，2009：100.
[2] 教育学院准开学程（十八年度续）[J]. 暨南校刊，1929（8）：5—8.

然而骨子里还是摹做。"① 在我国师范教育的发展过程中，先模仿日本，间接模仿法国，而后效法美国。20世纪上半叶中国大学教育系科的课程设置亦如此。由于先天的不足和建设的迫切性等因素，20世纪上半叶中国大学教育系科课程设置模式和课程内容主要依照日本、美国展开。为了尽快培养所需师资，我国大学教育系科课程设置率先向日本学习，而后为培养教育学术研究人员，又较多地借鉴了美国大学教育系科的课程设置。20世纪上半叶大学教育系科课程设置的国外烙印强，也成为当时学者所诟病的地方，庄泽宣等纷纷指出教育系科课程设置过于因袭美国。必须指出的是，我国大学教育系科课程设置虽深受国外影响，但是考虑中国教育实践和传统文化而设置的相关课程，加之当时学者对中国大学教育系科课程设置的思考，一定程度上也体现了中国大学教育系科课程设置的本土化追求。

（二）课程设置围绕培养目标变化但有所偏离

如前所述，我国大学教育系科课程设置围绕培养目标而有所变化。围绕师资养成的培养目标而设置了与师范教育相关的学校管理、学校卫生以及教学法等课程，围绕教育学术人员养成的培养目标设置了教育社会学、教育哲学等课程，围绕教育行政人员养成的培养目标设置了教育行政、学务调查等课程。但是由于大学教育系科的"目标太多了"，使得教育学系的"课程未能完全符合目标"，②导致顾此失彼。许椿生指出，大学教育系科虽结合造就师范学校师资的目标，设置了小学行政、小学教材及教法等五门课程，但是"程度适合于大学生，内容是一般的，关于小学方面的理论所占的成分极少"。同时，大学教育系科从造就中学校师资的培养目标出发在文理学院设置了副系，以培植学生在中学"担任一种普通科目的能力"，但是仅靠"每星期二三小时的时光来研究一种专门学问，自不能窥其堂奥"。此外，就大学教育系科出于养成教育行政人员的目标而设置的视学指导、课程编制等课程，仅是

---

① 林砺儒. 中国师范教育之检讨[J]. 勷勤大学季刊，1936（2）：24—44.
② 许椿生. 大学教育学系之课程[J]. 师大月刊，1935（20）：67.

"一些原理原则,不过是纸上谈兵"。① 总体来说,因为大学教育系科的培养目标太多,使得"课程的门类太多",一定程度上使得课程设置的功能难以有效发挥。

(三) 课程设置与教育学科相连但设置不平衡

审视 20 世纪上半叶我国大学教育系科先后设置的课程大体有:教育概论、教育统计、中国教育史、西洋教育史、教育行政、教育心理学、心理及教育测验、普通教育学、中等教育、国民教育、教育社会学、比较教育、训导原理及实施、教育研究法、教育哲学、教育生物学及实验、幼稚教育、师范教育、职业教育、公民教育、乡村教育、中学各科教学法、学校卫生、社会教育概论、教育原理、妇女教育、性教育、教育视导、特殊教育、学科心理、学校调查、边疆教育、小学各科教材及教法、课程论、学校财政、教育思潮、电化教育等几十余门。这些课程几乎涵盖了我国引进的教育学科种类,也适应了教育学科分化的趋势。这体现了大学教育系科课程设置与教育学科发展紧密相联。同样,由于我国教育学科建设不平衡现象严重,而与师范教育相关的教育学科发展更为完善,② 这也使得不同大学教育系科课程设置不平衡。据许椿生的统计,教育概论、初等教育、小学教育以及普通教学法、教育心理学、教育行政等教育学基础科目及与师范教育相关的教育学科,成为较多大学教育系科设置的科目。③

(四) 课程设置较为全面但课程内容有所重复

如前所述,我国大学教育系科课程设置与教育学科发展紧密相联,其课程设置数量达当时形成的教育学科数的百分之五十以上,这使得大学教育系科课程设置较为全面,也有助于大学教育系科学生可以较为全面地接触和了解教育学的分支学科和学科体系,适应教育学分化的趋势。但是,我国大学

---

① 许椿生. 大学教育学系之课程 [J]. 师大月刊, 1935 (20): 65—66.

② 侯怀银. 中国教育学发展问题研究——以 20 世纪上半叶为中心 [M]. 太原: 山西教育出版社, 2008: 200.

③ 许椿生. 大学教育学系之课程 [J]. 师大月刊, 1935 (20): 68.

教育系科课程设置还存在各门课程间课程内容重复而缺乏统整的问题。王秀南在《师范学校教育课程的批评与建议》中指出，教育学类课程内容的重复一方面体现在教育学科内部，即教育学类课程之间的内容重复，如民众教育与农村教育等教育学分支学科间课程内容的重复，"小学教材与教学法"中的"教学的各种方法"与"教育行政"中的"教科书的选择与使用"重复；还体现在教育学科与其他学科的课程内容多有重复，如"小学教材与教学法"中的"算术科教学法"与"算术"中的"小学算术教学研究"有所重复。大学教育系科设置的教育学课程内容的重复，与教育学在不断分化的同时，分支学科间界限划定不够、划定不清有一定关系。①

（五）课程设置较为偏重理论灌输而轻视实践

20世纪上半叶中国大学教育系科的课程设置呈现理论和实践课程相结合的特征，为学生安排了教学实习等技能练习的课程。当然，就各大学教育系科的课程表来看，理论性课程设置数量远远超过实践性课程，关乎学生技能训练的课程仅有教学实习这一项。就此，当时不少研究者也指出了大学教育系科课程设置偏重理论类课程而重视学生的知识获得，轻视实践类课程而忽视学生教育教学技能的锻炼。张士一指出，教育学系课程在训练方法上的缺点之一就是"重知识的获得，而轻技术的娴习"②。同时，鉴于大学教育系科毕业生以从事中学教师为主，陈青士指出，教育系科课程设置中偏"专业训练而无专科训练"，较多设置了"教育和心理、科学"，故而需要增加"专科训练学程"。③张文昌指出："查教育各课程中，原理、方法占大多数，但按毕业生出路，与办教育院系目的以师资训练为最要，专讲理论与方法而不精熟每科之教材，徒使人生'江湖诀'之讥，必不能胜任而愉快。"④重理论而

---

① 侯怀银. 中国教育学发展问题研究——以20世纪上半叶为中心[M]. 太原：山西教育出版社，2008：199.

② 张士一. 大学教育学系的课程问题[J]. 教育丛刊，1935（1）.

③ 陈青士. 大学教育课程之商榷[J]. 教育学报，1947（1）：12—13.

④ 张文昌. 国内二十六处教育学院系状况与课程调查[J]. 之江学报，1933（2）：181—182.

轻实践的课程设置,也使得大学教育系科的学生可以背得出"行政组织的原则"等书本内容,一旦接触实践却只能"纸上谈兵"、手足无措。①

(六) 课程设置必选修相结合但弹性不够

不难发现,20世纪上半叶中国大学教育系科课程设置呈现必、选修课程相结合,不同的课程规定了学生需要修习相应的学分,使得大学教育系科课程设置体系逐渐科学和完善、层次更为合理。这也体现在国民政府教育部颁行的教育学系课程标准中。但是,针对国民政府颁布的教育学系课程标准,有研究指出:"教育系必修科目81到83学分,共同必修科目76学分,三民主义现改为4学分,共计151至153学分,五年之间,仅有选科17至19学分。如五年中增加12学分,可有选科29至31学分。而就学科性质而言,不设辅系,复不以专科分组,故毕业生除教育外无其他专长科目,而于教育学科之学识,亦将博而不精,浮而不实。"②深入到各大学教育系科设置的课程来看,同样存在部颁标准中的问题,教育学类课程以及教育学类必修课程设置较多,所修学分较多,使得课程设置较为"散漫凌乱"、弹性不够,也使得课程设置"既无所谓一般陶冶,也无所谓专精研究"③。

(七) 课程设置院校间差异较大且分量不同

许椿生指出,由于没有统一的课程标准等原因,使得"全国省立、国立、私立大学教育学系共有二十九个系,而他们的课程有的相差很远,有的更设立辅系,相同的课程也编排在不同的年级,并且同一课程分量也不相同"。可以说,不同大学教育系科的课程设置南辕北辙,具体表现为,第一,"分化太甚",这与各校"骛鹜好奇,喜设置新奇的科目以迎合青年心理,⋯⋯为凑钟点而设不相干的科目"等有一定关系;第二,"必修与选修不同",表现为"同一科目,有被列为必修,有被列为选修";第三,"各科杂陈于各年",表

---

① 郑金洲,瞿葆奎. 中国教育学百年 [M]. 北京:教育科学出版社,2002:309—310.
② 本院提出"高级师范教育会议"之提案 [J]. 国立师范学院旬刊,1940 (15):5.
③ 梁瓯第. 大学课程与行政组织 [J]. 教育研究,1935 (61):15.

现为"同一科目，有的规定第一学年必修，有的规定第二或第三学年必修"，同时各科排列顺序漫无系统；第四，"科同而量异"，表现为同一科目所定分类不同，讲授时间有异；第五，各校基础科目和本系必修科目的分量有所不同；第六，各大学教育系科所设置的课程名称不一致，"比较教育""各国教育行政"等课程，内容相同但名称有所差异。[①] 虽然此后国民政府教育部颁布了统一的课程标准，不同大学教育系科课程设置的差异依然由于各校、各地等差异并没有太大变化。

四、20世纪上半叶中国大学教育系科课程设置的启示

纵观20世纪上半叶我国大学教育系科的课程设置，深受时代环境、所处院校以及教育学科发展等影响。时代环境产生新的诉求和培养目标，使得大学教育系科课程设置发生变化；而其所处院校的性质不同，使得大学教育系科课程设置有所差异；教育学科的发展、教育分支学科的衍生等，使得大学教育系科课程设置得以丰富。同时，借鉴日、美等国教育学类的课程设置，也使得大学教育系科课程设置发生了一定程度的变化。可以说，大学教育系科所处的不同性质的"生态圈"，加之中西文化的碰撞和交流，深刻地影响了大学教育系科的课程设置。有鉴于此，当前我国大学教育系科课程设置需要综合考虑这些因素，注重从以下几方面着力。

（一）合理继承20世纪上半叶大学教育系科的课程设置经验

20世纪上半叶我国大学教育系科的课程设置较为全面，且注重根据社会需求和培养目标进行设置，同时政府也注重出台相关政策等对大学教育系科课程设置进行引导和规范。不仅如此，各大学教育系科根据时代演变和院校性质，设置了具有时代特色和院校特色的课程。因此，我们首先要合理继承20世纪上半叶大学教育系科的有益经验。当然，20世纪上半叶大学教育系科课程设置中，对国外，尤其是美国大学教育系科课程设置过于因袭，没有充分考虑中国国情，这也使得中国大学教育系科课程设置的本土化意味不足，

---

① 许椿生. 大学教育学系之课程 [J]. 师大月刊, 1935 (20): 63—64.

也引发了时人的诟病。中华人民共和国成立后，鉴于20世纪上半叶我国大学教育系科课程是从国外，尤其是美国借鉴而来的，且不能很好地为新民主主义政治服务，以及理论与实际脱节、课程内容繁多和重复等，大学教育系科课程改革被提上日程，并最终形成了相关规定。① 就此，当前大学教育系科课程设置不能一味模仿外国模式，必须根据我国的实际情况进行设置，使其真正符合中国本土实际。

（二）大学教育系科课程设置要重视国家课程标准的指导

自清末教育学类课程设置之初，相关规程便对设置何种课程进行了相应规定。此后，1912年的《高等师范学校课程标准》以及1913年的《师范学校课程标准》，也对师范学校本科应设置的教育学类课程进行指导和规范，使得各高等师范学校教育专修科教育学课程设置有章可循。20世纪三四十年代，鉴于20世纪20年代各大学教育系科课程设置呈现各校"自由确定"，使得大学教育系科课程分化现象较为严重，以及不同大学教育系科学生所学习的教育学知识各有不同，国民政府教育部先后颁布了《师范学院教育学系必修科目表》《大学科目表》，也成为各大学教育系科课程设置所需要遵循的标准。总体来看，国家制定的教育系科课程标准充分体现了国家意志，围绕着大学教育系科的培养目标，明确规定了大学教育系科需要设置的课程门类、学生需要修习的学分和年限等，体现了各大学教育系科必须达到的"基本要求"，明确提出了各课程门类的"下限标准"，划出一条大学教育系科教育教学和学生发展的"底线"。② 当前，国家要重视制定大学教育系科的课程标准，使得各大学教育系科课程设置有章可循，积极发挥国家课程标准对大学教育系科课程设置的指导和评价作用。

（三）大学教育系科的课程设置应满足社会需求

"课程之良否以其能否达教育目标为断，教育目标之良否，以其能否针对

---

① 侯怀银. 中国教育学之路 [M]. 合肥：安徽教育出版社，2009：13.
② 余文森，洪明. 课程与教学论 [M]. 福州：福建教育出版社，2015：98—99.

社会需要为衡。故评论课程，必先研究其目标；决定目标，必先了解其社会需要。"[1] 因此，课程体系是一个开放的系统，它时时刻刻与社会各方面紧密相关，也需要根据社会需求进行课程设置。作为大学系科的组成之一，大学教育系科所培养的人才最终也要面向社会，满足社会发展的需求。大学教育系科课程作为人才培养的媒介，应体现和符合社会发展的需求。20世纪上半叶中国大学教育系科在社会需求的促使下，确定其培养目标为师资养成、教育学术人员养成和教育行政人员养成三方面，其课程设置经历了从偏重与师范教育相关的课程到师范教育、教育学术研究、教育行政课程兼具的发展过程，也培养了一批从事师范教育、教育学术研究和教育行政的教育学人才。当然，20世纪上半叶大学教育系科课程设置一定程度上也未能完全符合培养目标和社会需求，原因在于其课程的程度等与培养目标、社会需求有所偏离。在此，当前大学教育系科的课程设置必须紧密结合社会需求，根据社会需求确定课程内容的深度、广度，且根据社会需求和时代特色，以创新的眼光开设一些新型的课程，重视新兴课程的设置和建设，满足社会发展对大学教育系科的要求。

（四）大学教育系科课程设置应重视体现院校特色

大学教育系科"作为一个生存主体"，处在"中国改革开放和实现现代化的社会生态圈"，也处在"全国教育系分布格局及具体院校教育系所在地区的教师培养机构的格局变化"中，还处于"教育系所在院校的生存环境"中。[2] 这使得大学教育系科的发展既深受国家、时代和社会的影响，也受到了地区和所处院校的影响。在此，大学教育系科的课程设置作为大学教育系科发展中的重要组成部分，也应审视国家、时代和所处院校等多方面因素对其带来的影响。如前所述，20世纪上半叶中国大学教育系科课程设置在一定时期呈现"自由确定"，在一定程度上彰显了不同性质大学教育系科课程设置的特

---

[1] 西北联大师范学院教育系同人. 对于教育部拟定师范学院教育系课程之意见 [J]. 西北联大校刊，1939（14）：36.

[2] 叶澜."面向21世纪教育系科改革研究与实践"结题总报告 [J]. 华东师范大学学报（教育科学版），2000（3）：34—35.

色，私立大学教育系科课程设置更为偏重实用，师范大学教育系科课程设置更为偏重师资训练，公立大学教育系科课程设置更为偏重教育学术人才培养。当前，大学教育系科课程设置要符合中国的本土国情和社会需求，遵循国家的指导，但是不同院校的办学定位、所处区域有所区别，这也使得大学教育系科的课程设置应与大学教育系科的办学特色、所在区域的需求相结合，才能凸显培养特色，进而增强大学教育系科的竞争性。

（五）大学教育系科课程设置应重视结构的合理化

20世纪上半叶，我国大学教育系科课程设置结构经历了从单一到多元的发展过程，最终形成了不同类型、不同形式的课程结构，有公共基础课、专业基础课、选修课和必修课，也有理论课和实践课等。当然，大学教育系科所设置的课程，其课时数、学分、学年等安排以及必选修课程的设置比例、理论课和实践课的设置比例等不尽合理，且同一名称的课程各大学教育系科设置时间、学分等各不相同。当前，大学教育系科课程设置要注重优化课程结构，仍需要根据培养目标的要求合理安排理论和实践课程、选修和必修课程、专业课和公共课等不同课程的设置比例以及课时数，适当增加实践课程的比例。围绕师资训练的培养目标，大学教育系科应适当增加辅系的选修课程。同时，大学教育系科课程设置需要对重复的内容进行适当取舍与调整，使课程之间相互独立又融会贯通。不仅如此，大学教育系科还需要根据学生的学习能力和课程的特点等，注重不同课程开设的先后顺序以及衔接的合理有序。此外，大学教育系科还需要根据学生的专业方向、学习类别以及不同层级学生学习的需要等设置相应的课程。

（六）大学教育系科的课程设置应定期组织专家进行评估

如前所述，庄泽宣、许椿生等相继撰文指出了20世纪上半叶大学教育系科课程设置存在的问题，国联考察团也对大学教育系科课程设置进行了考察，并形成了相应意见。20世纪三四十年代，国民政府教育部也组织了相关专家、学者就大学教育系科课程设置存在的问题等进行了探讨、评价，并形成了相关改进的建议，这也使得大学教育系科课程设置可以更好地改进。不仅如此，大学教育系科课程设置是动态的，还深受时代、社会需求、培养目标、教育学发展等影响，只有与时俱进才能真正成为适合教育学发展以及培养教育人才的好课程。这更加决定了大学教育系科课程设置不能因循守旧，必须定期评估才能不断改进。因此，大学教育系科课程设置中，除应要有国家层面的课程标准外，还需要制定大学教育系科课程设置的评价指标体系，形成大学教育系科课程设置评估专家团队，定期组织专家对大学教育系科课程设置进行质量评估，形成相应改进建议，以推动大学教育系科课程设置的更新和可持续发展。

第五章　20 世纪上半叶中国大学教育系科教授及学术研究

　　1896 年，梁启超最早提倡兴办师范教育，指出："欲革旧习，兴智学，必以立师范学堂为第一义。"① 当时，盛宣怀、李端棻、张謇等纷纷主张兴办师范学堂。1896 年，盛宣怀在上海首创南洋公学师范院。此后，武昌师范学堂、三江师范学堂等纷纷成立，北京大学堂于 1902 年附设师范馆，基于师资培训的需要，均开设有教育学课程。因缺乏师资，各师范学堂教育学课程的授课教师有部分为日本教习。② 1915 年，北京高师教育专攻科设置，"聘德国人梅约翰等为教员"③，教授科目为德语和教育理论。可见，大学教育系科萌生初期，限于我国教育体制的局限以及教育系科的外来属性，我国教育学的教师队伍缺乏且呈现中西结合的局面。此后，随着大批留日、留美学生的归来，大学教育系科纷纷设置，大学教育系科的教师队伍开始以归国留学生或本土培养的学生为主。在大学教育系科不断发展的过程中，大学教育系科的教师通过厘定培养目标、合理设置课程等，不断推动大学教育系科的制度化

---

　　① 陈学恂. 中国近代教育文选 [M]. 北京：人民教育出版社，1983：144.
　　② 汪向荣. 日本教习 [M]. 北京：商务印书馆，2014：191—193.
　　③ 北京师范大学校史编写组. 北京师范大学校史（1902—1982 年）[M]. 北京：北京师范大学出版社，1984：23—24.

发展，也培养了一批教育学人才。同时，大学教育系科的教师通过刊发著作、发表论文等，围绕教育学中国化、教育学科学化以及教育学学科独立性、教育学学科体系构建等为中国教育学的发展做出了一定贡献。

审视以往关于大学教育系科教师队伍的研究，主要集中于对大夏大学、华中大学、西南联大等校的教育系科教师队伍的微观研究，对大学教育系科教师队伍的整体性研究还较少，这也使得我们难以了解大学教育系科教师的名字、籍贯、性别等整体面貌。因当时各大学教育系科教师队伍庞杂，在此，本章主要以1941年、1942年《专科以上学校教员名册》教育学教授的名单为基础，参考周川主编《中国近现代高等教育人物辞典》（福建教育出版社，2018年）补充改编而成，主要对1910年前出生的我国大学教育系科中的教育学教授群体进行整体研究和分析，再现其教育学术研究成果，剖析其对中国教育学发展所做出的贡献。

一、20世纪上半叶中国大学教育系科教授群体分析

20世纪上半叶中国大学教育系科教授名单如下表5-1。

表5-1 20世纪上半叶中国大学教育系科教授名单

序号	姓名	出生年	籍贯	学历	毕业后主要经历
1	张季信	?	江苏	东南大学学士	同济大学、暨南大学
2	樊正康	?	浙江	哥伦比亚大学硕士	沪江大学
3	毛邦伟	1873	贵州	东京高等师范	北京高师、北京女子高师
4	齐国樑	1884	河北	斯坦福大学硕士	河北女师院院长、西北联大、西北师院
5	李建勋	1884	河北	哥伦比亚大学博士	北京师范大学、西北师范学院
6	邓萃英	1885	福建	哥伦比亚大学	北京师范大学、厦门大学
7	姜 琦	1886	浙江	哥伦比亚大学硕士	厦门大学、浙江大学
8	陈大齐	1886	浙江	东京帝国大学、柏林大学	北京大学
9	俞子夷	1886	江苏	上海南洋公学、爱国学社	南京高师、浙江大学

续表

序号	姓名	出生年	籍贯	学历	毕业后主要经历
10	徐养秋	1886	江苏	伊利诺伊大学、哥伦比亚大学硕士	南京高师、东南大学、金陵大学
11	蒋梦麟	1886	浙江	哥伦比亚大学博士	北京大学、第三中山大学
12	朱经农	1887	浙江	哥伦比亚大学博士	北京大学、北京女子高师、光华大学
13	吴家镇	1888	湖南	东京高等师范	厦门大学、河南大学、民国学院
14	胡昌鹤	1888	江西	帝堡大学、纽约大学硕士	之江大学、四川大学
15	马师儒	1888	陕西	柏林大学、苏黎世大学博士	北京师范大学、西北联大、山东大学
16	邓胥功	1888	四川	东京高等师范	成都师范大学、四川大学、暨南大学
17	雷沛鸿	1888	广西	哈佛大学博士	暨南大学、江苏省立教育学院、广西大学
18	雷通群	1888	广东	斯坦福大学硕士	厦门大学、中山大学
19	黄建中	1889	湖北	剑桥大学哲学博士班研究期满	暨南大学
20	陈淑圭	1889	福建	哥伦比亚大学博士	华南女子文理学院
21	林励儒	1889	广东	东京高等师范	北京高师、中山大学、广东省立教育学院
22	陶孟和	1889	浙江	伦敦大学博士	北京高师、北京大学
23	朱柏	1890	福建	芝加哥大学硕士	四川大学、福建协和大学
24	温仲良	1890	广东	广东高师学校	广东大学
25	艾伟	1890	湖北	华盛顿大学博士	东南大学、中央大学
26	汪懋祖	1891	江苏	哥伦比亚大学硕士	东南大学、北京师范大学、西南联大

续表

序号	姓名	出生年	籍贯	学历	毕业后主要经历
27	黄昌谷	1891	湖北	哥伦比亚大学硕士	中山大学、湖北省政府委员兼厅长
28	郝耀东	1891	陕西	斯坦福大学硕士	西北大学、安徽大学
29	周辛	1891	浙江	爱丁堡大学研究院进修	暨南大学、中山大学
30	唐钺	1891	福建	哈佛大学博士	北京大学、清华大学
31	陶行知	1891	安徽	哥伦比亚大学博士	南京高师、东南大学
32	罗良铸	1892	湖南	德国大学博士	安徽大学、中央政校
33	陈鹤琴	1892	浙江	哥伦比亚大学硕士	东南大学、南京市教育局、上海工部局
34	郑宗海	1892	浙江	哥伦比亚大学硕士	南京高师、中央大学、浙江大学
35	鲁继曾	1892	四川	哥伦比亚大学硕士	大夏大学、暨南大学
36	孙贵定	1892	江苏	爱丁堡大学博士	厦门大学、光华大学
37	朱君毅	1892	浙江	哥伦比亚大学博士	东南大学、清华大学、厦门大学
38	刘廷芳	1892	浙江	哥伦比亚大学博士	北京大学、北京师范大学、燕京大学
39	高阳	1892	江苏	康奈尔大学硕士	中央大学、江苏省立教育学院
40	廖世承	1892	上海	布朗大学博士	东南大学、光华大学、蓝田国立师范学院
41	高君珊	1893	福建	哥伦比亚大学硕士	燕京大学、中央大学、暨南大学
42	方叔轩	1893	四川	伯明翰大学硕士	华西大学
43	杨宝三	1893	河南	巴黎大学博士	北京女子师范大学、北京师范大学
44	叶石荪	1893	四川	里昂大学博士	清华大学、山东大学

续表

序号	姓名	出生年	籍贯	学历	毕业后主要经历
45	张耀翔	1893	湖北	哥伦比亚大学硕士	北京师范大学、大夏大学、暨南大学
46	王卓然	1893	辽宁	哥伦比亚大学博士	东北大学、北京师范大学
47	田培林	1893	河南	柏林大学博士	西南联大、河南大学
48	欧元怀	1893	福建	美国西南大学博士	厦门大学、大夏大学
49	周学章	1893	天津	哥伦比亚大学博士	厦门大学、河北大学、燕京大学
50	王克仁	1894	贵州	芝加哥大学硕士	暨南大学、厦门大学、贵阳师范学院
51	胡国钰	1894	湖北	北京高师教育研究科	西北联大
52	严绂苹	1894	湖北	哥伦比亚大学硕士	中华大学
53	刘迺敬	1894	安徽	哥伦比亚大学硕士	金陵大学、安徽大学
54	孟宪承	1894	江苏	华盛顿大学硕士	清华大学、中央大学、浙江大学
55	郭一岑	1894	江西	柏林大学、图宾根大学博士	中央大学、暨南大学
56	陆志韦	1894	浙江	芝加哥大学博士	南京高师、东南大学、燕京大学
57	高仁山	1894	江苏	哥伦比亚大学硕士	北京大学
58	曾作忠	1895	广西	华盛顿大学博士	西南联大、复旦大学
59	曹刍	1895	江苏	东南大学教育学士	成都大学、中山大学、镇江师范
60	庄泽宣	1895	浙江	哥伦比亚大学博士	中山大学、岭南大学、浙江大学
61	许恪士	1895	安徽	耶拿大学哲学博士	中央大学
62	杜佐周	1895	浙江	爱荷华大学博士	中央大学、暨南大学
63	程其保	1895	江西	哥伦比亚大学博士	东南大学、中央大学、湖北省教育厅厅长

85

续表

序号	姓名	出生年	籍贯	学历	毕业后主要经历
64	刘湛恩	1895	湖北	哥伦比亚大学博士	东南大学、沪江大学
65	李 蒸	1895	河北	哥伦比亚大学博士	北京师范大学、江苏省立教育学院
66	谢循初	1895	福建	芝加哥大学硕士	北京大学、安徽大学、暨南大学
67	查良钊	1896	浙江	哥伦比亚大学硕士	河南大学、北京师范大学、教育部专员
68	丘 琳	1896	广东	东京高等师范	广东省立工业专门学校、中山大学
69	陈礼江	1896	江西	芝加哥大学硕士	中山大学、江苏省立教育学院
70	陈劭南	1896	广东	斯坦福大学硕士	国民大学、台山县立师范
71	王凤喈	1896	湖南	芝加哥大学博士	劳动大学、中央政治学校
72	罗廷光	1896	江西	哥伦比亚大学硕士	中央大学、河南大学、西南联大
73	徐继祖	1896	云南	密西根大学硕士	云南第一中学、云南大学、西南联大
74	熊子容	1896	湖南	华盛顿大学硕士	湖南大学、复旦大学
75	韦 悫	1896	广东	芝加哥大学博士	中央大学、岭南大学、光华大学
76	高觉敷	1896	浙江	香港大学学士	四川大学、中山大学
77	马宗荣	1896	贵州	东京帝国大学硕士	大夏大学、浙江大学
78	邰爽秋	1896	江苏	哥伦比亚大学博士	中央大学、大夏大学、辅仁大学
79	范寿康	1896	浙江	东京帝国大学硕士	商务印书馆、安徽大学、武汉大学
80	沈 履	1897	四川	威斯康星大学、哥伦比亚大学硕士	清华大学、西南联大、四川大学

续表

序号	姓名	出生年	籍贯	学历	毕业后主要经历
81	王书凯	1897	福建	南加州大学硕士	沪江大学、厦门大学、四川大学
82	朱启寰	1897	山西	威斯康星大学、哥伦比亚大学硕士	山西大学
83	徐伯甲	1897	安徽	密苏里大学硕士	金陵大学、湖北省立教育学院
84	刘绍之	1897	四川	芝加哥大学硕士	华西协和大学、金陵大学、金陵女大
85	黄敬思	1897	安徽	哥伦比亚大学博士	中央大学、山东大学、安徽大学
86	黄觉民	1897	福建	菲律宾大学、哥伦比亚大学硕士	大夏大学、四川大学、金陵大学
87	林仲远	1897	浙江	南京高等师范学校	勤勤大学
88	常道直	1897	江苏	哥伦比亚大学硕士	北京师范大学、安徽大学
89	罗濬	1897	湖北	锡拉丘兹大学硕士	湖北省立教育学院、国立师范学院
90	鲁世英	1897	河北	哥伦比亚大学硕士	北京师范大学、西北联大、西北师范学院
91	潘菽	1897	江苏	芝加哥大学博士	中央大学
92	萧孝嵘	1897	湖南	加利福尼亚大学博士	柏林大学名誉研究员、中央大学
93	陈剑修	1897	江西	伦敦大学硕士	武汉大学、北京大学
94	杨亮功	1897	安徽	哥伦比亚大学博士	河南大学、暨南大学、安徽大学
95	邱椿	1897	江西	哥伦比亚大学博士	清华大学、厦门大学、北京师范大学
96	沈百英	1897	江苏	江苏省立第一师范学校	大夏大学、光华大学、沪江大学
97	张怀	1897	湖南	鲁汶大学博士	中央大学、辅仁大学

续表

序号	姓名	出生年	籍贯	学历	毕业后主要经历
98	俞庆棠	1897	江苏	哥伦比亚大学学士	大夏大学、江苏省立教育学院
99	黄钰生	1898	湖北	芝加哥大学硕士	南开大学、西南联大
100	熊铭青	1898	贵州	哥伦比亚大学硕士	贵阳师范学院、湖南大学、东北大学
101	张安国	1898	江西	日本中央大学	江西省教育厅、武昌中华大学
102	余家菊	1898	湖北	爱丁堡大学	北平师大、河南大学
103	刘天予	1898	安徽	南京高等师范学校	成都大学、安徽大学、厦门大学
104	陈科美	1898	湖南	芝加哥大学硕士	北京大学、暨南大学
105	孙亢曾	1898	广东	英国利兹大学硕士	大夏大学
106	樊际昌	1898	浙江	华盛顿大学硕士	北京大学、大夏大学
107	郭任远	1898	广东	加州大学伯克利分校博士	复旦大学、浙江大学
108	沈子善	1899	江苏	东南大学教育学士	河南大学
109	章德富	1899	江苏	加利福尼亚大学硕士	江苏省立教育学院、中正大学
110	谭维汉	1899	广东	加利福尼亚大学博士	中央军校广州分校、广州大学
111	林本	1899	浙江	东京文理科大学文学士	中山大学
112	古楳	1899	广东	东南大学教育学士	江苏省立教育学院
113	卫士生	1899	浙江	纽约大学、哥伦比亚大学博士	河南大学、中央大学、浙江大学
114	陈友松	1899	湖北	哥伦比亚大学博士	厦门大学、西南联大
115	程克敬	1899	安徽	哥伦比亚大学博士	北京师范大学、西北联大
116	钟鲁斋	1899	广东	斯坦福大学博士	清华大学、厦门大学、中山大学
117	蒋径三	1899	浙江	绍兴省立第五师范学校	安徽大学、勤勤大学

续表

序号	姓名	出生年	籍贯	学历	毕业后主要经历
118	瞿世英	1900	江苏	哈佛大学博士	湖南大学、北京大学、乡政学院院长
119	王倘	1900	江西	斯坦福大学硕士	四川省立教育学院、浙江大学
120	赵廷为	1900	浙江	北京师范大学硕士	安徽大学
121	袁伯樵	1900	浙江	科罗拉多州立学院博士	中国乡村建设育才院、金陵女子文理学院
122	李培囿	1900	福建	南加州大学博士	之江文理学院
123	罗容梓	1900	江西	芝加哥大学教育硕士	四川大学、武汉大学
124	朱定钧	1900	江苏	东南大学教育学士	大夏大学
125	朱希亮	1900	江西	威斯康星大学、耶鲁大学硕士	北京师范大学、浙江大学
126	张伸	1900	浙江	密西根大学硕士	南京市政府教育局督学、华西协和大学
127	程酒颐	1900	江西	芝加哥大学博士	北京师范大学、武汉大学
128	刘绍禹	1900	四川	芝加哥大学博士	四川大学
129	沈亦珍	1900	江苏	哥伦比亚大学博士	勷勤大学、复旦大学
130	齐泮林	1901	河北	芝加哥大学博士	湖南大学
131	崔载阳	1901	广东	里昂大学博士	中山大学
132	徐锡麟	1901	广东	岭南大学学士、燕京大学硕士	中山大学、岭南大学
133	章益	1901	安徽	华盛顿大学硕士	复旦大学、安徽大学
134	普施泽	1901	湖北	密西根大学硕士	安徽大学、武汉大学、四川大学
135	曾昭森	1901	广东	哥伦比亚大学博士	私立美华中学、岭南大学
136	董渭川	1901	山东	北京师范大学	山东省立民教馆、河北大学、广西大学
137	熊文敏	1901	江西	斯坦福大学硕士	西北大学、中央大学、四川大学

续表

序号	姓名	出生年	籍贯	学历	毕业后主要经历
138	左任侠	1901	湖北	蒙伯烈大学博士	河南大学、中山大学
139	吴俊升	1901	江苏	巴黎大学博士	北京大学、中央大学
140	柴有恒	1902	四川	巴黎大学博士	武汉大学、四川大学
141	包志立	1902	浙江	密歇根大学博士	东吴大学、西北大学
142	邵鹤亭	1902	江苏	巴黎大学博士	中央大学、四川乡村建设学院
143	朱有光	1902	广东	哥伦比亚大学博士	燕京大学、岭南大学
144	陈亮	1902	广东	东南大学教育学士	广东省立文理学院
145	陈东原	1902	安徽	哥伦比亚大学硕士	安徽大学、教育部科长
146	陈节坚	1902	广东	里昂大学硕士	中山大学
147	孙国华	1902	山东	俄亥俄大学博士	清华大学、北京大学、北京师范大学
148	李相勖	1902	安徽	加利福尼亚大学硕士	东南大学、厦门大学、安徽大学
149	陈立	1902	湖南	伦敦大学博士	清华大学、浙江大学
150	陈雪屏	1902	江苏	哥伦比亚大学硕士	北京师范大学、北京大学、西南联大
151	陈锡恩	1902	福建	南加州大学博士	福建协和大学
152	尚仲衣	1902	河南	哥伦比亚大学博士	中央大学、北京大学、勤勤大学
153	林宝权	1903	广东	巴黎大学博士	暨南大学、广东省教育厅督学
154	刘季洪	1903	江苏	华盛顿大学硕士	江苏省立教育学院、河南大学
155	唐得源	1903	陕西	哥伦比亚大学硕士	西北联大、西北大学
156	王裕凯	1903	江苏	南加州大学硕士	美国加州国际学院东方学术系主任
157	王越	1903	广东	东南大学学士	广东省立文理学院
158	赵冕	1903	浙江	东南大学教育学士	江苏省立教育学院
159	胡家健	1903	安徽	哥伦比亚大学硕士	安徽第四中学、浙江大学、中央大学

续表

序号	姓名	出生年	籍贯	学历	毕业后主要经历
160	张芗兰	1903	山东	西北大学博士	南京明德女子初中、金陵女大
161	黄 翼	1903	福建	耶鲁大学博士	浙江大学
162	段 铮	1903	江西	巴黎大学、柏林大学硕士	河南大学、中山大学、湖北教育厅
163	倪中方	1903	云南	芝加哥大学博士	湖南大学、岭南大学、西南联大
164	刘百川	1903	江苏	江苏第八师范学校	四川大学、华西大学、金陵大学
165	王衍康	1904	安徽	南京高等师范学校	冯庸大学、厦门大学
166	胡 毅	1904	湖南	芝加哥大学博士	中山大学、湖南大学、华中大学
167	张敷荣	1904	贵州	斯坦福大学博士	斯坦福大学图书馆中文部、四川大学
168	陈剑恒	1904	山东	哥伦比亚大学硕士	济南第一实验小学校长、齐鲁大学
169	章颐年	1904	浙江	密西根大学硕士	大夏大学、中山大学、暨南大学
170	陈景磐	1904	福建	多伦多大学博士	福建协和大学、厦门大学
171	郭维屏	1905	甘肃	北京师范大学学士	暨南大学、同济大学、甘肃学院
172	汪德亮	1905	广东	哥伦比亚大学硕士	武汉大学、中华平民教育促进会
173	彭传珍	1905	福建	哥伦比亚大学硕士	厦门大学、中山大学
174	萧承慎	1905	湖北	哥伦比亚大学硕士	中央大学、河南大学、复旦大学
175	毛礼锐	1905	江西	密西根大学硕士	河南大学、中央大学
176	阮镜清	1905	广东	东京帝国大学研究院	勷勤大学、广东省教育学院

续表

序号	姓名	出生年	籍贯	学历	毕业后主要经历
177	胡寄南	1905	安徽	芝加哥大学博士	浙江大学、暨南大学、中央大学
178	方惇颐	1906	广东	中山大学	中山大学
179	柯德发	1906	安徽	密西根大学硕士	安徽第七中学校长、四川大学
180	王书林	1906	浙江	哥伦比亚大学硕士	中央大学、沈阳中正大学
181	史国雅	1906	吉林	斯坦福大学硕士	中山大学、东北大学、山西大学
182	陈懿祝	1907	福建	哥伦比亚大学硕士	厦门大学、协和学院
183	金澍荣	1907	广东	哥伦比亚大学博士	北平师范大学、西北师范学院
184	苏珽	1908	绥远	印第安纳大学博士	中山大学
185	朱智贤	1908	江苏	东京帝国大学文学部大学院	中央大学、中山大学
186	沈灌群	1908	江苏	斯坦福大学硕士	复旦大学
187	陈孝禅	1908	广东	中山大学硕士	中山大学、国立社会教育学院
188	陈一百	1909	广西	康奈尔大学硕士	光华大学、大夏大学
189	吴学信	1910	江西	早稻田大学	湖北省立教育学院、四川省立教育学院
190	雷香庭	1910	广东	东京文理科研究员	广州大学、广东国民大学
191	傅统先	1910	云南	哥伦比亚大学博士	大夏大学、光华大学
192	廖泰初	1910	广东	纽约大学硕士	燕京大学

[资料来源：《专科以上学校教员名册》（1941年）、《专科以上学校教员名册》（1942年）以及周川主编《中国近现代高等教育人物辞典》（福建教育出版社，2018年）。需要说明的是，本表以1941年、1942年《专科以上学校教员名册》中的教育学、心理学教授名单为基础，也因资料限制和教育系科教师人数多等，使得一些曾任大学教育系科教授、副教授、讲师、助教的人员不在本名单内。同时，由于不同资料版本问题，也使得个别大学教育系科教师的出生年可能存在差异或错误。]

为了全面了解大学教育系科教授群体的特征，主要对上表所列人员的籍贯、年龄、性别和学历等进行分析。

(一) 籍贯：以江浙地区为主

通过对 192 位大学教育系科教授的籍贯进行整理，籍贯分布如下图所示。

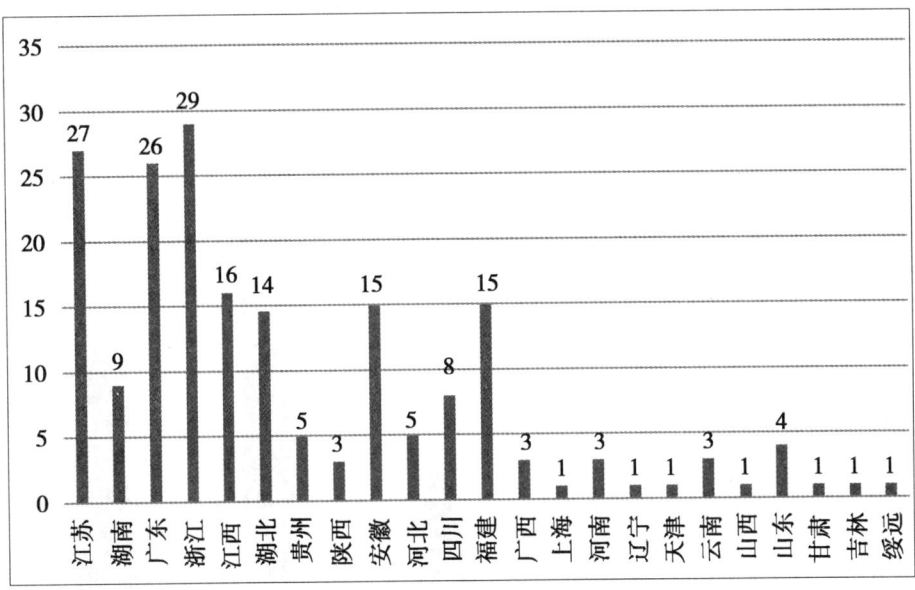

图 5-1　大学教育系科教授籍贯分布图

苏云峰曾对 1927 年清华大学 80 位教员籍贯进行统计后指出，该校教师以江苏省的最多，为 20 人，依次为浙江省 14 人、广东省、河北省各 9 人，其余福建等十一省仅有 1 至 5 人不等。[①] 我国大学教育系科教授的籍贯分布同样具有这样的特点，以江苏、浙江、广东三地人数最多，达 25 人以上；其次为江西、湖北、安徽、福建四省份，达 15 人左右；再次为湖南、四川，人数达 8 人左右；其他省份，如山东、陕西、云南等地的人数达 3 人左右，而山西、辽宁等地人数仅为 1 人。可见，大学教育系科教授队伍中，以江浙地区人数为最多，山西、甘肃等内陆省份的人数最少。同时，以大学教育系科教授队伍出生地区所在区域来看，呈现北方人数少，南方人数多的状况，这也表明南方近代化进程早、经济水平高、文化较为开放，使得大学教育系科

---

① 苏云峰. 清华学校——美国早期"和平演变"中国的重要孔道[J]. 中央研究院近代史研究所集刊（台北），1992（21）：252.

教授南方人数胜于北方。

(二) 年龄：以四五十岁群体为主

依据表 5-1 数据，大学教育系科教授群体的出生年分布如下图 5-2 所示。

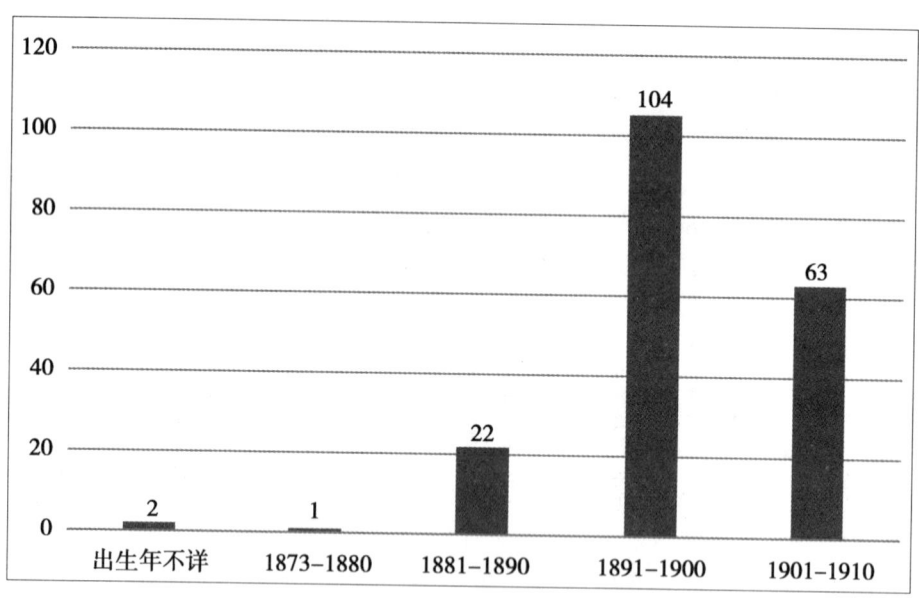

图 5-2 大学教育系科教授出生年分布图

据上图，我国大学教育系科教授年龄结构呈现如下特点：第一，大学教育系科教授年龄分布层面较广，从三十多岁到六十岁左右均有，这使得大学教育系科教授队伍老、中、青年龄结构分布全面；第二，年龄在三十多到五十岁之间的教授人数最多，即 1891 年到 1909 年出生的人数最多，有 163 人，占总人数的 84.90%，30 岁的大学教育系科教师人数为 4 人，占总人数的 2.08%。

由上，大学教育系科教授年龄结构连续度完整，中青年教授人数较多，符合了教师队伍理想的年龄结构要求，即首先有利于大学教育系科师资队伍新老搭配、组合以及平稳交替，保障教师队伍呈现直线式发展，从而有利于教育学科的持续发展；其次，体现人才创造最佳年龄区的规律，中青年教师因为年龄优势，精力旺盛、进取心较强，正处于教学、科研工作的最佳期并可能承担主要任务；最后，教师队伍以年轻人为主，保证发挥年轻后辈的发展潜力。①

（三）性别：男性占据较大比例

随着民国政府不断重视和提倡女学、"男女平等"口号的提出、大学开女禁以及女性不断斗争，女性求学后与男性一样开始踏上大学讲台，女大学教师队伍逐渐成长。据统计，1929 年大学女教员为 276 人，1930 年则增长至 313 人，②涨幅 13.41%，1933 年则增长至 362 人，较之 1930 年增幅 15.65%。因为大学女性教师的加入及队伍的不断壮大，完善了大学教师的性别结构。就大学教育系科教授群体队伍来看，女教授人数依旧偏低，仅有高君珊、俞庆棠、林宝权、张芗兰、陈懿祝 5 位女性，占总人数的 2.60%。

（四）学历：海外留学及硕士以上为主

根据表 5-1 中大学教育系科教授的学历，进一步细化其学历结构，具体如表 5-2 所示。

表 5-2　大学教育系科教授学历分布表

学历		教员	
		人数	百分比（%）
海外求学	美	128	66.67
	日	14	7.29
	法	9	4.69
	英	9	4.69
	德	6	3.13
	比	1	0.52
	加	1	0.52

---

① 钱文斌，等. 高校教师年龄结构的系统分析 [J]. 控制与决策，1987（2）：28.
② 国民政府教育部高等教育司. 全国高等教育统计 [M]. 国民政府教育部高等教育司，1932：第二部表 13《近三年度各大学女教员数及占全教员数之百分比》.

续表

学历		教员	
		人数	百分比（%）
本国	公私大学	12	6.25
	师范大学	3	1.56
	高师	5	2.60
	师范或中学	4	2.08
总计		192	100.00

由上表可见，大学教育系科的教授队伍的学历具有如下特点。第一，大学教育系科的教授以留学生为主，有168人，占总人数的87.50%，本国毕业人数为24人，占总人数的12.50%。同时，通过查阅1941年以及1942年的《专科以上学校教员名册》，发现大学教育系科教师队伍中的讲师、助教以本国大学毕业生为主。就大学教育系科中西汇通的教师队伍来看，本土培养和赴外留学保证了教师知识结构的中西融合，一定程度上也强化了中外交流。第二，留学外国的大学教育系科教授队伍中，留学美国的最多，其中有59人求学于哥伦比亚大学。对此，庄泽宣曾指出："哥伦比亚大学里的师范院，又是全世界研究教育的最大的一个机关。"哥伦比亚大学师范学院的"功课既多又好，所以中国学生在里面求学的有二十几位"。[①] 正因为如此，大学教育系科教授队伍多求学于此。同时，我国大学教育系科的教师队伍发展初期，以留日教师占较高比例，这与当时我国留学生多因为甲午中日战争惨败向日本学习，且"路近、文同、时短以及留学生头衔好与国内政局不安"[②] 而涌向日本有关，之后因为对日观念转变、直接效法发源地等因素，又促使留学生转向西洋，致使1920年，特别是1927年以后，国民政府的教育部长、教育厅长和大学校长，"几乎皆由西洋留学生出任，大学教授也是他们"[③]。第三，大学教育系科教师队伍并不局限于留学经历，这也使得我国大学教育系科教

---

① 庄泽宣. 哥伦比亚大学师范院及中国教育研究会 [J]. 新教育，1911（4）.
② 舒新城. 近代中国留学史 [M]. 上海：上海书店出版社，2011：31.
③ 汪一驹. 中国知识分子与西方：留学生与近代中国（1872—1949）[M]. 梅寅生，译. 新竹：台湾枫城出版社，1978：237.

授队伍中为本国学历的有 24 人。

此外,民国时期大学教育系科不仅汇聚了一批学贯中西的教师队伍,他们的学历还呈现梯级分布,层次全面,且以硕士及以上学历为主的局面。据表 5-1 统计,我国大学教育系科教授队伍中,具有博士学位的有 76 人,具有硕士学位的有 80 人,具有学士学位的有 12 人,分别占总人数比例的 39.58%、41.67%、6.25%。

二、 20 世纪上半叶中国大学教育系科教授与西方教育学的传播

我国教育学并非本土自发生成的学科,而是"西学东渐"的产物。在中国教育学发展中,模仿、借鉴和引进西方教育学成为中国教育学发展的首要工作。在这一过程中,中国大学教育系科成为西方教育学在中国传播的重要载体。① 大学教育系科的教师通过翻译出版西方教育学论著,引进了教育学、教育原理、教学法、课程论、教育测量等学科,促进了西方教育学在中国的传播。② 根据北京图书馆编《民国时期总书目(1911—1949):教育・体育》(书目文献出版社,1995 年)、《中国教育学发展问题研究——以 20 世纪上半叶为中心》附录四、《西方教育学在 20 世纪中国的传播和影响》附录二以及国家图书馆、全国报刊索引等数据库,大学教育系科教授出版的西方教育学论著如下表 5-3 所示。

表 5-3　20 世纪上半叶大学教育系科教授译述的西方教育学论著

作者	译者	著作	出版社	出版时间
	张　怀	教育哲学	传信书局	1935 年
	陈礼江	各国教育的哲学背景	商务印书馆	1934 年
	王凤喈	西洋教育史纲要	商务印书馆	1922 年

---

① 侯怀银. 西方教育学在 20 世纪中国的传播和影响[M]. 长春:东北师范大学出版社,2011:14.

② 侯怀银. 中国教育学发展问题研究——以 20 世纪上半叶为中心[M]. 太原:山西教育出版社,2008.

续表

作者	译者	著作	出版社	出版时间
	林本	道尔顿式教育的研究	商务印书馆	1923年
[比利时]德可乐利	崔载阳	新教育法	中华书局	1932年
[丹麦]贝脱勒	孟宪承	丹麦的民众学校与农村	商务印书馆	1931年
[德]高五柏	陈大齐	儿童心理学	商务印书馆	1925年
[德]赫尔巴特	尚仲衣	普通教育学	商务印书馆	1936年
[德]康德	瞿世英	康德教育论	商务印书馆	1926年
[德]拉伊	金澍荣、黄觉民	实验教育学	商务印书馆	1938年
[法]蒙田	雷通群	蒙氏幼稚教育法	商务印书馆	1930年
[美]雷斯顿	陈友松、李芳经	实验中学教育	正中书局	1943年
[美]桑代克	胡毅	人类的学习	民智书局	1933年
[美]桑代克	陈礼江、喻任声	成人的兴趣	商务印书馆	1939年
[美]桑代克	杜佐周、朱君毅	成人的学习	商务印书馆	1933年
[美]巴比特	熊子容	课程编制	商务印书馆	1943年
[美]彼得斯	鲁继曾	教育社会学原论	商务印书馆	1937年
[美]波特	孟宪承	教育哲学大意	商务印书馆	1924年
[美]波特	孟宪承	现代教育学说	商务印书馆	1930年
[美]波特	孟宪承、张楷	教育心理学辨歧	正中书局	1936年
[美]勃兰罗	曹刍	设计教学法精义	中华书局	1927年
[美]杜威	常道直	平民主义与教育	商务印书馆	1931年
[美]杜威	朱经农、潘梓年	明日之学校	商务印书馆	1923年
[美]杜威	曾昭森	经验与教育	商务印书馆	1940年
[美]杜威	李相勖、阮春芳	经验与教育	文通书局	1941年
[美]杜威	李培囿	经验与教育	正中书局	1942年
[美]杜威	郑宗海	儿童与教材	中华书局	1922年
[美]斐思乐	王克仁	幼稚之意义	中华书局	1922年
[美]芬赖	余家菊	教育社会哲学	中华书局	1933年

续表

作者	译者	著作	出版社	出版时间
[美]佛提阿夫斯基	董任坚	苏联托儿学校与父母教育	世界书局	1944年
[美]夫利曼	陈鹤琴、陈尧昶	小学各科心理学	商务印书馆	1940年
[美]哥尔文、沛葛兰	廖世承	教育心理学大意	中华书局	1921年
[美]葛雷德	朱君毅	心理与教育之统计法	商务印书馆	1934年
[美]谷德	李相勖、陈启肃	教育研究法	商务印书馆	1939年
[美]华生	章益、潘碏基	行为主义的幼稚教育	黎明书局	1930年
[美]华虚朋	龚启昌、沈灌群	文纳特卡新教学法	中华书局	1936年
[美]吉德	王克仁	全民教育制度的演进	民智书局	1927年
[美]吉特	郑宗海	教育之科学的研究	商务印书馆	1924年
[美]柯布	崔载阳	新教育的原则及实际	中华书局	1933年
[美]克伯雷	夏承枫	教育行政通论	南京书店	1933年
[美]克伯雷	夏承枫	城市教育行政及其问题	南京书店	1930年
[美]克伯屈	孟宪承、俞庆棠	教育方法原论	商务印书馆	1927年
[美]克劳福德	钟鲁斋、吴江霖	教育研究法及其原理	世界书局	1947年
[美]郎氏	赵廷为、刘真	新式测验编造法	世界书局	1934年
[美]迈尔那特	李相勖、陈启肃	课外活动的组织与行政	商务印书馆	1935年
[美]梅里安	方惇颐	各国政治教育比较观	民智书局	1934年
[美]密勒	郑宗海、俞子夷	人生教育	商务印书馆	1921年
[美]密里	程其保	中学教学法之研究	商务印书馆	1927年

续表

作者	译者	著作	出版社	出版时间
[美]密利斯、密利斯夫人	程其保	中学教学法之研究	商务印书馆	1928年
[美]密鲁	余家菊	儿童论	中华书局	1921年
[美]尼林	杜佐周	苏俄的教育	民智书局	1928年
[美]帕克赫斯特	曾作忠、赵廷为	道尔顿制教育	商务印书馆	1924年
[美]派尔	朱定钧、夏承枫	学习心理学	中华书局	1933年
[美]庞锡尔	郑宗海、沈子善	设计组织小学课程论	商务印书馆	1925年
[美]濮墨	王克仁、邰爽秋	德育问题	中华书局	1921年
[美]普林格尔	李相勖、徐君梅	中学训育心理学	商务印书馆	1937年
[美]塞斯顿	朱君毅	教育统计学纲要	商务印书馆	1927年
[美]桑代克	陆志韦	教育心理学概论	商务印书馆	1926年
[美]桑代克、盖茨	熊子容	教育学原理	世界书局	1933年
[美]桑代克、盖茨	雷通群	新教育的基本原理	商务印书馆	1933年
[美]施脱兰欧	俞子夷	施脱兰欧教授法概要	国光书局	1916年
[美]斯吹尔、挪尔斯窝斯	陈礼江	普通教学法	民智书局	1932年
[美]斯密司	董任坚	前进的教育	商务印书馆	1935年
[美]斯密斯	王书林、郑德萍	教育心理学大纲	商务印书馆	1937年
[美]瓦格涅	姜琦、杨慎宜	视学纲要	商务印书馆	1933年
[美]威尔金森	古楳	乡村学校设施法	北京书店	1927年
[美]希尔	董任坚	行为课程	中华书局	1933年
[美]史屈朗	朱定钧、张绳祖	教育心理学导言	商务印书馆	1925年
[美]美国内务部教育署全国教育财政调查团	陈友松	教育财政学原理	商务印书馆	1936年
[日]岛田正藏	雷通群	现代新教育彻览	商务印书馆	1936年

续表

作者	译者	著作	出版社	出版时间
[日]高田休广、小笠原丰	马宗荣	日本教育行政通论	商务印书馆	1935年
[日]松涛泰严	林本	设计教育大全	商务印书馆	1923年
[日]细管俊夫	雷通群	教育环境学	商务印书馆	1938年
[日]下村寿一	马宗荣	日本教育制度	商务印书馆	1935年
[日]小川正行	廖鸾扬	德国新教育	民智书局	1933年
[日]小川正行	张安国	德国新兴教育	商务印书馆	1934年
[日]小西重直	张安国	劳作教育	商务印书馆	1934年
[日]小原国芳	吴家镇、戴景曦	日本教育史	商务印书馆	1935年
[日]佐藤善治郎	毛邦伟	实验小学教授法	教育杂志	1905年7—8月
[英]凯德尔	罗廷光、韦悫	比较教育	商务印书馆	1939年
[英]鲁斯克	瞿世英	教育与哲学	华严书局	1929年
[英]亚丹士	余家菊	教育哲学史	中华书局	1934年

如上表所示，大学教育系科教授作为西方教育学在中国传播的主力之一，借助商务印书馆、中华书局等出版机构，对西方教育学的传播做出的贡献如下。

第一，大学教育系科教授译介了课程论、教学法、教育哲学、教育社会学、教育心理学、教育行政学、教育财政学、教育环境学、比较教育、教育统计学等诸多学科，丰富了我国教育学学科体系，也为我国教育学的发展奠定了基础。同时，大学教育系科教授的传播领域趋于专门化，如课程论主要有熊子容，教学法有程其保，教育哲学主要有余家菊、瞿世英等，教育行政有夏承枫，教育心理学有廖世承等，教育统计学有朱君毅等，对日本教育学的传播主要有马宗荣、雷通群等。这些大学教育系科教授通过译介传播西方教育学，也成为其借鉴、吸收和融合的基础，推动了其对本土教育学的建设。[1]

---

[1] 侯怀银. 西方教育学在20世纪中国的传播和影响[M]. 长春：东北师范大学出版社，2011：73.

第二，大学教育系科教授还重视对国外重要的、经典的教育名著进行译介、引进和传播，如大学教育系科教授对赫尔巴特的《普通教育学》、杜威的《民主主义与教育》、巴比特的《课程编制》、华虚朋的《文纳特卡新教学法》、帕克赫斯特的《道尔顿制教育》等进行了传播。通过对西方经典教育学著作的译介和引进，使得实用主义教育学、实验教育学、文化教育学等不同流派进入中国，提升了西方教育学在中国传播的层次、质量和水平。同时，对国外教学法的传播和译介，也使得新教学法在我国的中小学进行实验，推动了中小学的教育教学改革。

第三，大学教育系科教授译介了美、日、英、德、比利时等不同国家的教育学论著，引进和传播视野、国别逐步扩大。但不难发现，由于留学经历、眼光过于局限于少数发达国家，也使得大学教育系科教授在引进和传播西方教育学论著时过于集中于美国、日本，忽略了对其他国家教育学发展状况的关注。①

此外，大学教育系科教授还介绍了英美等国报刊的文章，如卫士生等编辑的《英美教育近著摘要》对杜威所著《旧学校变新之一例》、萨克里所著《学校内之公共幸福》等文章的摘录。② 此外，廖世承、陆志韦、杜佐周、萧孝嵘等还引进了国外的量表，如比纳-西蒙智力测验，并对其进行了修订，在国内大中小学进行了试验，有效地推动了教育的科学化。

三、 20世纪上半叶中国大学教育系科教授与中国教育学的发展

中国大学教育系科教授引进、译介西方教育学论著，仅是一种简单的搬运，且未必适合中国国情和实际。国人也较早意识到了中国教育学发展要与中国教育实践相吻合的问题，指出："故教育学有共同之原理，亦有本国之国粹。保持本国之国粹，文之以近世教育之新理，庶可以振将亡之旧国，而与列强媲美也。现今坊间所通行之教育学出版者，寥寥数种，类皆译自东书。

---

① 侯怀银. 中国教育学发展问题研究——以20世纪上半叶为中心 [M]. 太原：山西教育出版社，2008：55—56.

② 卫士生. 英美教育近著摘要 [M]. 上海：商务印书馆，1924.

新理则具,而与我国国情多枘凿不合。锥轮大辂,亦时代使然。"① 沪江大学教育研究会所办《沪大教育》的发刊词指出:"吾人须知我国提倡教育数十年,成效殊鲜,其弊病全在侈谈主义,抄袭他人陈法。往岁国联调查团批评我国教育太'美国化',然其建议似近'欧洲化'。实则此后我国教育,不应'美国化',亦不应'欧洲化',贵能采用科学方法,努力实验,以求适合民国生活与社会需要之'中国化'教育。"② 自此,我国大学教育系科的教授在立足中国本土、继承中国传统等基础上,注重推动中国教育学发展,解决中国本土的教育问题。中国大学教育系科的教授通过出版自撰教育学论著,对中国教育问题进行关注和剖析,构建了中国教育学的学科体系。

根据北京图书馆编《民国时期总书目(1911—1949):教育·体育》(书目文献出版社,1995年)、《中国教育学发展问题研究——以20世纪上半叶为中心》附录四、《西方教育学在20世纪中国的传播和影响》附录二以及国家图书馆、全国报刊索引等数据库,中国大学教育系科教授出版的教育学论著如附录3所示。

(一) 大学教育系科教授与教育学中国化

20世纪上半叶,教育学中国化的探索经历了"适合国情"意识的萌发(1901—1915)、教育学中国化意识的凸显(1915—1927)、教育学中国化的具体提出(1927—1949)三个阶段。在这个过程中,大学教育系科教授就中国教育学发展中的模仿和借鉴以及如何发展中国自己的教育学发表了相应的观点。

汪懋祖从模仿与创造的关系角度揭示了教育学、教育一味模仿的危害,明确指出:"模仿为人类本能之一端。文化之所以传递,教育之所以可能,多倚于此。然徒模仿而不于模仿之外有所开创,则凡遇有无从模仿之事,将见束手无策",特别是"恐见之成习,创作之本能,必为模仿性所抑没。此诚教

---

① 绍介与批评教育学讲义 [J]. 教育杂志,1910 (5).
② 刘湛恩. 发刊词 [J]. 沪大教育,1933 (创刊号).

育上之大病也"。① 刘天予指出："现在中国教育界还有一些的觉悟，觉悟的是：中国的教育必须是中国的，必须是中国教育者自己研究出来的，深闭固拒固然是不可能的，东抄西袭也是徒劳而无功。所以现在国内研究教育的人，尤其是在欧美日本习过教育的留学生，他们研究教育的工作渐渐踏实了，他们高瞻远瞩的眼光也渐渐回顾到本国民族性的优点和劣点，以及本国社会一般民众的实况和需要了。"② 章益就西方教育学的移植明确指出："今日弥漫于中国的教育理论大都来自西洋……西方的教育理论与实施自身原已含有许多缺陷，即在西方，对之诟病者已不乏人，及其移植中土，因种种条件的不合，而其害益甚，其弊益彰。"③

大学教育系科教授除发表相应的观点外，更是通过自撰教育学论著，推动了教育学的中国化。如附录3所示，大学教育系科教授自撰的教育学论著，涉及到了教育学、教授法、教育史、教育社会学、教育行政等多个学科领域，兹举几个学科说明。

从教育社会学来看，雷通群在其著《教育社会学》中明确提出："本书的宗旨在使教育社会学成为中国化。"④ 这在其著作中得到了比较充分的体现。该书比较广泛地对当时的社会与教育问题进行了关注。从家庭、邻里、经济、宗教、传播媒介、犯罪、社会的救贫等方面论述了教育与社会的关系。在20世纪30年代至40年代，教育社会学受当时社会学中国化的影响，体系已相对完整，内容丰富，对犯罪、人口素质、贫困、教育机会等中国的教育与社会问题，力图用教育社会学理论进行剖析，进而阐明教育救贫、救愚、救弱，进而救国的道理。

从比较教育来看，杜佐周为钟鲁斋《比较教育》作序时指出："教育的设施，固当根据自国过去的情形，现时的需要和将来的趋势，来决定各种政策与方案；但绝亦不应闭户造车……我国实现新教育以来，几迁频仍，举棋不定；但另方面借镜各国先例，以为参考，亦是必须的。"可见，比较教育是为

---

① 汪懋祖. 现时我国教育上之弊病与其救治之方针［J］. 教育丛刊，1923（4）.
② 刘天予. 我们应当自反的一个重要问题［J］. 现代教育，1929（1）.
③ 章益. 中国新教育理论建设刍议［J］. 文化建设，1935（9）.
④ 雷通群. 教育社会学［M］. 上海：商务印书馆，1933：序.

了本国的新教育服务、借鉴和反思，并非纯粹宣传和介绍。钟鲁斋自己也指出："编制上随时提起中国教育的改造问题，因为比较教育的目的是研究外国教育制度与方法，为改进吾国教育的借鉴或参考，但须读者明了本国教育的情形，方有比较研究之可能。"①

从教育行政来看，罗廷光在1943年出版的《教育行政》一书中明确提出："我们不能把国外的教育制度移植过来，同样也不可把外国教育行政书籍直接拿来应用……我们要做开创的工作，要本远到的目光，深邃的见解，认清本国教育行政的问题，运用科学的方法和专门的智能以解答。更当就教育行政之'学'与'术'本身作进一步研究，以树立本门学术之深厚的基础。"从这一指导思想出发，他确定了编著此书的基本原则为："1. 纯以本国问题为主体，参用外国的有效的经验以求解决；2. 不仅讨论教育行政的本身，更及其所依附之政治的、经济的、社会的背景；3. 遵照中央教育宗旨、方针和政策，而贯以三民主义的精神；……9. 正常的教育行政问题以外，兼重抗战时期的教育行政……"这些精神在此书中得到了体现。全书共分两卷：上卷是教育行政本论，下卷是学校行政。该书实际上以中国教育管理问题为主体，把欧洲大陆学派与美国学派教育管理学说在我国统一、融合起来。与20世纪20年代相比，罗廷光已注意到对本国教育行政管理制度历史变迁、沿革的叙述和分析，开始重视对中国实际问题的讨论，注意采用本国一些地区的调查研究和统计材料以及对某些地区具体管理经验的介绍或积极的评价。通览全书，我们可以感受到它在中国教育行政学科发展中的重要意义。② 这本书是这个时期中国教育行政学科发展的重要体现。

此外，大学教育系科教授编撰的教育学论著也多会被师范院校、大学教育学院作为教材或参考，陶孟和的《社会与教育》内容"曾在北京大学讲过两次"③；孟宪承的《教育概论》是"当它教科书编的，也希望读者只把它当作教科书来用"④；陈科美为暨南大学讲授中国教育史时所用课本为王凤喈的

---

① 钟鲁斋. 比较教育［M］. 上海：商务印书馆，1935：杜序，序言.
② 罗廷光. 教育行政（上册）［M］. 上海：商务印书馆，1943：自序.
③ 陶孟和. 社会与教育［M］. 上海：商务印书馆，1922：序言一.
④ 孟宪承. 教育概论［M］. 上海：商务印书馆，1933：编辑大意.

《中国教育史大纲》，目的在于"指导学者对于中国教育作一全面之研究，以明其起源、发展及趋势，其内容如下：一、春秋战国及以前之教育，二、秦汉隋唐之教育，三、宋元明清之教育，四、近代教育"①。通过学习其自撰教育学论著，使得师范生、教育学专业学生在教育学论著中更加深刻地体悟中国本土教育实践和研究者所做出的努力，使得教育学中国化更加深入人心，且在一定程度上有助于鼓励和影响学生研究中国本土教育，进一步壮大教育学中国化的研究队伍。

总体来看，大学教育系科教授基于教育学中国化思考而形成的教育学论著，实现了在出版著作的引导和传播下，有力地传达中国教育学研究者基于中国国情而研究教育学的追求。当然，大学教育系科教授自撰教育学论著也存在借鉴、照搬外国教育的情形，"忙于抄袭，忙于追赶，忘记了对自身的观察和认识"，且"大部分材料采自外国"，②但是必须看到的是，大学教育系科教授逐渐开始认清中国内在的教育问题，并注重与中国本土实际相结合，善于总结结论，并就当时中国新教育、抗战时期教育等本土教育实践结合外国材料、中国教育传统等进行了反思。

（二）大学教育系科教授与教育学科学化

在20世纪上半叶中国教育学的发展过程中，教育学科学化思潮的形成既是"唯科学主义"和西方教育学交织影响的结果，同时也充分地反映了教育学要成为一门独立学科并提高其学科地位的需要。在这一过程中，不少中国教育学研究者不仅提出了教育学科学化的口号，揭示其内涵并进行了一定的实践，最突出的特点是将科学方法运用到教育学研究中，特别表现在测验、实验方法和统计方法的运用上。

朱君毅在其所著《教育统计学》一书中写道："统计学为今日研究科学教育之必需工具，夫人知之矣。顾统计专书，多见于西文，而汉文本绝少。近

---

① 教育学院准开学程（十八年度续）[J]. 暨南校刊，1929（8）：5—8.
② 廖泰初. 中国教育学研究的新途径——乡村社区的教育研究[J]. 教育学报，1938（3）.

日各种教育之实施,如智力之测验,学力之考察,课程之编制,校舍之调查,教育专家,虽已热心提倡,而教育人士,间或缺乏统计知识,未能协力合作,继续推行,诚为憾事。……搜罗统计原则与方法之适用于研究教育问题者,编为讲义。"① 黄觉民指出:"以教育心理学是实验的科学,编时处处不敢忘记实验二字。除尽力采用可靠的实验结果为立论的根据并及各实验所用的方法外,……俾习此书者于熟悉已有的教育心理学之原理与事实外,还具有研究创造的能力,能用科学的方法,来解决自己遇到的学习和指导的问题。"②

以此为指导,大学教育系科教授通过出版教育心理学、教育统计、教育测验、教育科学研究方法等论著,同样扮演了传播教育测验法、教育统计法等科学研究方法应用于教育学研究中的重要角色,体现了其对教育学科学化的推动和努力。具体论著如下表 5-4 所示。

表 5-4　大学教育系科教授所撰教育统计等论著表

作者	著作	出版社	出版时间
艾　伟	教育心理学	商务印书馆	1946 年
艾　伟	初级教育心理学	商务印书馆	1933 年
艾　伟	教育心理学大观	商务印书馆	1945 年
艾　伟	教育心理实验	商务印书馆	1936 年
陈鹤琴	儿童心理之研究	商务印书馆	1925 年
陈礼江	教育心理学	商务印书馆	1934 年
陈礼江、陈友端	教育心理学	商务印书馆	1937 年
郭一岑、吴绍熙	教育心理学	中华书局	1935 年
胡国钰	教育心理学	河北省立女子师范学院	1936 年
胡　毅	教育统计学初步	大东书局	1933 年
黄觉民	教育心理学	商务印书馆	1935 年
姜　琦	训育与心理	正中书局	1944 年
廖世承	教育心理学	中华书局	1924 年

---

① 朱君毅. 教育统计学 [M]. 上海:商务印书馆,1926:自序.
② 黄觉民. 教育心理学 [M]. 上海:商务印书馆,1935:自序.

续表

作者	著作	出版社	出版时间
廖世承	新中华教育测验与统计	中华书局	1932 年
廖世承、陈鹤琴	测验概要	商务印书馆	1925 年
罗廷光	教育科学纲要	中华书局	1935 年
罗廷光	教育科学研究大纲	中华书局	1932 年
罗廷光	教育研究指南	中央大学教育学院教育研究所	1932 年
罗廷光、王秀南	实验教育	钟山书局	1933 年
潘菽、吴绍熙	教育心理学	北新书局	1935 年
齐泮林	教育统计学	贵阳师范学院	1946 年
邰爽秋	教育调查	教育印书合作社	1931 年
邰爽秋	教育图示法	教育印书合作社	1932 年
邰爽秋	教育调查应用表格	教育编译馆	1934 年
王凤喈、廖人祥	教育心理	正中书局	1946 年
王书林	教育心理	正中书局	1937 年
王书林	教育统计学	商务印书馆	1937 年
王书林	教育测验与统计	正中书局	1935 年
萧孝嵘	教育心理学	国立编译馆	1944 年
俞子夷	测验统计法概要	商务印书馆	1924 年
俞子夷	测验统计术	中华书局	1933 年
张秉洁、胡国钰	教育测量	北京高师	1922 年
朱君毅	教育心理学大纲	中华书局	1931 年
朱君毅	教育统计学	商务印书馆	1926 年
朱君毅	教育测验与统计	商务印书馆	1933 年

由表 5-4 可见，第一，就出版数量来看，大学教育系科教授出版了 35 本教育心理学、教育统计、教育测验、教育科学研究方法方面的著作、教材，有助于倡导国人以测验、统计等科学方法研究中国教育。

第二，就出版时间来看，大学教育系科教授出版此类著作时间段在 20 世纪 20—40 年代，尤以 30 年代居多，这与 20 世纪 20 年代起，南京高师和北京高师的一批学者强调运用科学方法研究儿童心理、教育心理，编制教育统计和各种测量表格，兴起教育科学化运动有关。1922年，中华教育改进社又邀请推士和麦柯尔来华，帮助我国编制各种教育测验表和训练有关人才，这场运动促进了教育心理学、教育统计学、教育测验、教育实验等在中国的形成和发展。在此形势下，大学教育系科教授通过出版相关著作，有力地回应和推动了教育科学化。

第三，就作者来看，廖世承、朱君毅、陈鹤琴、王书林、艾伟等出版最多。自20世纪20年代兴起的教育科学化运动中，以南京高师的俞子夷、廖世承、陈鹤琴、陆志韦、刘廷芳、艾伟等为代表，积极推行教育测量和智力测验。其中，俞子夷、廖世承、陈鹤琴等或在东南大学附中、上海吴淞中学推动道尔顿实验，或在南京鼓楼幼稚园进行幼儿实验；高觉敷、艾伟等在教育心理学方面造诣颇深，且艾伟还进行了小学语文教学实验；朱君毅则积极推动智力测验，是教育统计方面的专家。通过学有所长的大学教育系科教授长期、专业地推动教育实验、教育测验，并撰写专著，系统地推进了教育学科学化。

（三）大学教育系科教授与教育学学科独立性

教育学的学科独立性是一个直接关系到教育学是否具有存在价值的问题，大学教育系科教授对这一问题进行了探讨。其中，一部分大学教育系科教授认为教育学不是一种独立的学科，教育学可以作为一个专门的问题、专设机关来研究；大多数大学教育系科教授则认为教育学是一门独立的学科，如姜琦、林本、赵廷为、艾伟、陈友松等均持此观点。[1] 他们主张，教育学不能因为强调自身独立性就拒绝与其他学科的联系，且教育学借助于其他学科的力量不会影响其学科独立性。因此，大学教育系科教授从教育学学科基础与学科独立性、教育学运用相关学科研究成果与学科独立性等方面进行了探讨。在其出版的教育学论著中，也体现了这两方面思考。

一方面，大学教育系科教授对教育学的学科基础进行了探究和选择，主要形成了以下几方面认识：第一，蒋梦麟认为，教育学学科基础有生理学、

---

[1] 程其保. 中国教育问题之总检讨[J]. 教育通讯，1948（4）.

遗传学、卫生学、心理学、伦理学、美学、生物学、动物学、植物学、理化及其他科学、人种学、历史地理、政治学、群学;① 第二,王克仁、余家菊认为,教育学学科基础有生物学、生理学、心理学、伦理学、论理学、美学、文化哲学;② 范寿康认为,教育学学科基础有伦理学、社会学、论理学、心理学、生理学、卫生学、生物学、美学;③ 王炽昌认为,教育学的学科基础有生物学、心理学、社会学、哲学;④ 罗廷光认为,教育学的学科基础有生物学、心理学、社会学、经济学、政治学、伦理学、论理学、美学。⑤ 余家菊等还就教育学与其他学科的关系还进行了具体的研究,主要对教育学与哲学、心理学、社会学、论理学、生物学的关系进行了研究。⑥

另一方面,大学教育系科教授就教育学运用相关学科研究成果与学科独立性进行了探讨,主要从其出版的论著进行分析。

以教育哲学来看,吴俊升的《教育哲学大纲》明确了哲学对于教育学的重要意义,指出:"教育始终随着哲学思潮而变迁,亦步亦趋,如影之随行。这种情形在现时更为明显。"同时,通过历史考察后,他得出"哲学家大都同时即是教育学家。——教育不但随着哲学思潮而变迁,并且提倡一种哲学思潮,而将此种思潮用到教育学说和实施的,往往即是一个人"的结论。由此,哲学与教育在事实上关系密切,且哲学和教育相辅相成。哲学有赖于教育,教育是其哲学的实验地;教育有赖于哲学,教育"应该随时从哲学的观点来批评它的目的和方法"⑦。在此,吴俊升并没有明确提及教育哲学是哲学的下属学科之一而否认教育学的独立学科地位,只是指出了教育和哲学的密切关系,且认为教育学应随时关注哲学,吸收其观点和方法,但似有教育学过多依赖哲学的思想倾向。

以教育社会学来看,雷通群的《教育社会学》第一篇原理篇共十二章,

---

① 蒋梦麟. 高等学术为教育之基础 [J]. 教育杂志, 1918 (1).
② 王克仁, 余家菊, 等. 中国教育辞典 [M]. 上海: 中华书局, 1928: 649.
③ 范寿康. 教育概论 [M]. 上海: 开明书店, 1931.
④ 王炽昌. 新师范教育学 [M]. 上海: 中华书局, 1933.
⑤ 罗廷光. 教育科学纲要 [M]. 上海: 中华书局, 1935.
⑥ 余家菊. 生物学与教育之关系 [J]. 教育杂志, 1924 (11).
⑦ 吴俊升. 教育哲学大纲 [M]. 上海: 商务印书馆, 1935: 12—21.

为"社会学发展的过程、社会学与教育的关系、个人与团体的关系、社会进化及团体的分类、第一期社会团体——家庭、第一期社会团体——游戏团体、第一期社会团体——近邻团体、中间期社会团体——经济团体、中间期团体——友谊及见闻团体、中间期团体——宗教团体、第二期团体——经济团体及见闻团体、第二期团体——国家",第二篇为应用篇共十六章,有"学校进化的程序、社会进步与学校关系、民主教育的真髓、教育目标分析法、学校课程通论、改编课程的科学根据、课程的组织、社会化与学习过程、教学法的社会化、训练法的社会化、教育行政的社会化、职业教育的社会化、乡村教育的社会化、社会教育问题、社会的犯罪与教育、社会的救贫与教育"。由此可见,雷通群将教育社会学视为社会学分支,力图把教育当作一种社会制度来分析,运用社会学的理论、方法研究教育与社会关系,以解决教育问题,形成了以社会学的基本理论为基础,分析教育与社会的关系的倾向。雷通群曾明确指出:"教育社会学是社会学之一分科,即是应用社会学之一种。"[①]在这种思想的指导下,自然把教育社会学的学科体系分为原理篇和应用篇两部分。原理篇主要详述社会学的基本原理以及社会学与教育的关系等,而应用篇则用社会学的原理和方法去分析教育问题。

大学教育系科教授一般形成了两种不同观点:第一,教育学是相关学科的运用,主张教育学应从相关学科的立场去进行学科体系的建设;第二,强调教育学科的独特性,主张站在教育学的立场上去吸收相关学科的成果。哲学、社会学、历史学、心理学、生理学等均是教育学的重要学科基础,教育哲学、教育社会学、教育史、教育心理学、教育生理学等是前述学科和教育学嫁接而成的教育学科。大学教育系科教授关于教育学是相关学科的应用抑或是站在教育学立场上吸收其他学科的观点的争论,进一步引发国人关于教育学学科独立性的思考,启发其充分考虑教育学自身的"独特任务",不致使教育学成为其他学科的"附庸"。

(四)大学教育系科教授与教育学体系构建

随着教育学在中国的引进,教育学各学科纷至沓来。如何对教育学进行

[①] 雷通群. 教育社会学 [M]. 上海:商务印书馆,1931:6.

分类并形成中国教育学的学科体系,也成为20世纪上半叶大学教育系科教授不得不思考并解决的问题。大学教育系科教授自撰教育学论著,亦体现了其对教育学分类及构建中国教育学学科体系的思考和努力。

1. 国人自撰教育学论著中的教育学的分类

从大学教育系科教授自撰教育学论著中提及的教育学分类来看,张宗麟从"本质"与"方法"两个维度对教育学进行分类。从"本质"角度进行分类,实际上是从研究对象角度对教育学进行分类。把研究方法作为分类的标准,体现了对教育研究方法的重视。这个分类既强调教育学的研究对象,又强调研究方法,体现了把教育学建设为一门独立学科的愿望。此外,还有张怀的"目的—方法—技术—组织—历史"多维分类法和王秀南"理论—实践(实际)—方法"分类法。就前者来说,更多将教育学视为应用学科;后者在综合引进的分类和国人的分类的基础上提出自己的分类,代表了当时的教育学分类水平,也反映了当时教育学学科的发展状况。①

2. 大学教育系科教授自撰教育学论著中的教育学学科建设

第一,大学教育系科教授自撰的教育学论著形成了以教育学为中心,科目较为全面、内容涵盖较广的学科体系,基本体现了教育学在中国的发展框架和分化趋势。具体为:(1)在传统教育学(即教育学教材)的知识体系下分化出来的不同学科,如教育概论、教学法、课程论、德育原理等;(2)教育学与其他学科相结合而产生的交叉学科,旨在探讨教育领域中某一专门问题,如教育哲学、教育社会学、教育心理学、教育统计学等;(3)根据教育实践的发展,对教育实践中的某个专门问题或领域进行研究而形成的学科,如社会教育、农村教育、大学教育等。

第二,大学教育系科教授自撰的教育学论著突破了研究对象仅限于学校教育的藩篱。随着"五四"运动后教育现代化运动的进一步深入,为解决中国的各类社会问题和教育自身的发展问题,中国教育家的实践逐渐向非学校教育领域延伸,平民教育、乡村教育、民众教育等越来越成为重要的教育形

---

① 侯怀银. 中国教育学发展问题研究——以20世纪上半叶为中心 [M]. 太原:山西教育出版社,2008:173—174.

式和领域。大学教育系科教授针对此问题，出版了民众教育、乡村教育、农村教育、成人教育等著作，这表明了我国当时的教育形式已逐渐突破学校教育范围，使得教育学由"学校教育学"成为"教育系统"之学，推动了教育学的学科建设。

第三，大学教育系科教授自撰的教育学论著涉及的学科发展不平衡。从出版数量来看，教育社会学、初等教育、特殊教育、教育哲学等著作较少，教育史、比较教育、教学法、教育心理学等著作较多。这些学科大多正是师范教育体系中的课程。教育学学科在中国发展的成熟度与师范教育密切相关。

第六章 20世纪上半叶中国大学教育系科的教育学会

20世纪上半叶,学界对西方学会促进学者间互助合作、学术交流功能的认识更加深刻,开始在中国组织纯粹的专业学术社团——学会。此时,学会的一个重要表现为,随着现代学科体制在中国的建立以及留学生归国等,按照近代学术分科原则和学科分类的各种专业性学会普遍建立。同时,学会发展的另一个重要表现是,"作为重要研究机构之大学,亦建立了各种学术社团"[1],以实现"唤起国人学子研究学术之兴趣,而力求进步"[2] 的目的。各大学的学术社团依托本大学的学科门类、学系组建,如北京大学相继成立了国文学会、史学会、心理学会、教育学会等,成为当时大学生社团的重要组成部分。其中,我国大学教育系科也移植和借鉴了西方大学成立学生学术社团的理念和做法,"为促进学业,提高研究兴趣起见"而组织成立由大学教育系科教师指导下的学生学术社团,名称为教育研究会、教育学会等。大学教育系科发起成立的教育学会,宗旨明确、活动丰富、组织机构和规章健全,

---

[1] 左玉河. 中国近代学术体制之创建 [M]. 成都:四川人民出版社,2008:166—178.
[2] 中国蔡元培研究会. 蔡元培全集(第三卷)[M]. 杭州:浙江教育出版社,1997:271.

将有志于研究教育学术的学生、教师联系在一起，课余时间共同探讨教育学术，解决教育问题，对于激发和培养学生的教育学术兴趣、提升其自主学术研究的能力，培养其民主自治、互助合作的精神等起到了重要作用。不仅如此，教育学会也是大学教育系科师生"自动的研究"教育学术的表现，有助于推动教育学研究。

以往研究者对20世纪上半叶我国大学教育系科的发展历程、培养目标等有所涉及，尚未从微观视角对大学教育系科所成立的教育学会进行研究，这不利于全面审视20世纪上半叶我国大学教育系科的发展。同时，对20世纪上半叶大学生社团的研究，主要是从宏观角度对大学生社团的功能、北京大学和北洋大学学生社团的发展和运作等进行研究，或是从微观层面对某一大学的某一系所的学生社团进行研究，没有涉及各大学教育系科的教育学会的研究。[①] 大学教育系科教育学会作为教育系科存在的微型的、教师指导和学生发起、成立的教育学术组织，是大学教育系科教师、学生日常生活的重要展现，也是大学教育系科学生增进教育学术、接触教育实践的重要平台。鉴于此，对20世纪上半叶大学教育系科所成立的教育学会进行研究，可以弥补以往研究的不足，也可以从微观视角审视和还原大学教育系科这一基层学术组织中学生的教育学术和教育实践活动，总结其发展经验，从而为当前大学生学术社团更好地发展提供借鉴。

一、 20世纪上半叶中国大学教育系科教育学会发起之缘由

20世纪上半叶，在借鉴西方大学分科发展模式、相关政策法令等的推动下，我国大学学科门类日渐齐全，系科设置逐渐完善。依托不同学科、系科而成立的大学师生研习学问的学术社团日渐增多，呈现活跃发展的态势。对于大学创办的学术社团，各大学也持积极肯定的态度，旨在将学生的课余兴趣引导到共同研习学术之中。

---

① 李力. 学术研究·社会服务·文艺娱乐——抗战前民国大学生社团之形态与功能研究［J］. 现代大学教育，2014（4）：54—59.

(一) 利用学生课余时间，营造校园学术研究氛围

20世纪上半叶，随着西方大学理念的影响，蔡元培、蒋梦麟、梅贻琦等大学校长一致认为，大学是研究高深学问的场所，大学的使命是"一曰学生之训练，一曰学术之研究"[①]。为了把大学办成研究高深学问的学府，大学的举措之一为鼓励学生于课余时间成立学术研究社团，营造校园的学术研究氛围。蔡元培指出了旧北京大学学生课外"没有高尚的娱乐与自动的组织，遂不得不于学校以外，竞为不正当的消遣"[②]。傅斯年也指出："就以北京各高级学校而论，学生自动的组织，能有几个？有精神的生活，能有多少？整日的光阴，全耗费在'胡思'、'幻想'和'谈天'、'消遣'里边。……每天下课的时候，……若是把这废弃的光阴，移在自动的组织上，岂不大好？"[③] 因此，蔡元培担任北京大学校长期间，从利用学生课余时间，培养其正当的兴趣和爱好，以及营造校园研究高深学问的氛围出发，积极号召和扶持学生成立学术研究社团。在蔡元培的大力提倡和经费支持等的推动下，北京大学依托各学科、系所相继成立了哲学研究会、经济学会、教育研究会、孔子研究会、新闻学研究会、文学研究会、音乐研究会、书法研究会等各种学生成立的学术社团。北京大学教育研究会正是基于蔡元培等的鼓励和号召，强调本校教育系学生应利用课余时间研究教育学理和教育实际问题而成立。大学教育系科教育学会的成立，将大学教育系科学生于课余时间联络在一起，彼此间进行学术交流，致力于营造大学的学术研究氛围。

(二) 构建学生学术社团，共同提高教育学术水平

北京大学教育研究会指出，其成立宗旨为研究教育学理及实际问题，[④]而后北大教育研究会改为北大教育学会后，"以促进教育事业及研究教育学术为宗旨"。成都大学教育研究会指出其"本互动之精神，以研究教育、改进社

---

① 高奇. 中国高等教育思想史 [M]. 北京：人民教育出版社，2001：334.
② 高平叔. 蔡元培教育论著选 [M]. 北京：人民教育出版社，2017：749.
③ 欧阳哲生. 傅斯年全集（第一卷）[M]. 长沙：湖南教育出版社，2003：151—152.
④ 佚名. 北大教育研究会简章 [N]. 北京大学日刊，1925-11-02-02.

会为宗旨"。北京女子师范大学教育学会指出，该会的成立"以联络对于教育有兴趣之同学，共同研究关于教育上之各种问题为宗旨"①。大夏大学教育学会以"研究教育理论及实际问题为宗旨"②。国民大学教育研究会"专以研究关于教育上之一切问题为宗旨"。燕京大学教育学会"以联络对于教育有兴趣之人员，共同研究教育上之各种问题为宗旨"③。福建协和大学教育学会以"研究教育问题、调查教育实况及促进本校教育学院之发展为宗旨"④。湖南大学教育学会以"研究教育学说及讨论教育之实际"为宗旨。由当时各大学教育学会的宗旨可见，其成立的缘由主要有两方面，一方面为砥砺学生研究教育学术，另一方面为研究教育实践中的具体问题，致力于通过教育学会组织的活动，以增进学生的智识以及增强学生解决教育实践问题和服务社会的能力，形成教育学术和教育实践能力的联动。可以说，大学教育系科的教育学会将大学教育系科学生于课余时间凝聚和团结在一起，成为了大学教育系科学生组建的基础的、雏形的学会组织。教育学会通过各种规章、学生的共同兴趣等，联络学生在这一平台下共同研究教育学术，交流研究心得，赴外调查以及出版教育期刊，推动大学教育系科学生将教育理论和教育实践相结合，实现教育学理和教育调查结果的相互印证，以提高大学教育系科学生的教育学术水平和教育实践能力。

（三）推崇实验调查理念，注重课堂学理和课外调查互动

20世纪上半叶，随着留学欧美的教育学者相继回国，他们开始宣传欧美先进教育，引进西方国家的教育理论，并邀请杜威、孟禄等来我国讲学。通过这些活动，促进了我国知识界思想、观念的转变，也使得教育实验逐步兴起和发展。⑤ 比较著名的教育实验有李廉方的小学教育实验、昆山徐公桥的农村职业教育实验、陶行知的生活教育实验、晏阳初的平民教育实验、邰爽

---

① 佚名. 教育研究会简章［J］. 女师大旬刊，1931（4）：11—12.
② 佚名. 大夏大学教育学会章程［J］. 大夏大学教育学会会刊，1934（1）：107.
③ 佚名. 教育学会小史［J］. 燕大年刊，1928：144.
④ 佚名. 教育学会［J］. 协大消息，1932（1）：28.
⑤ 熊明安，周洪宇. 中国近现代教育实验史［M］. 济南：山东教育出版社，2001：9.

秋的民生教育实验、俞庆棠的民众教育实验等。[①] 在当时教育实验思潮的影响下，各大学教育系科学生顿感大学课堂内所学学理的空疏，逐渐推崇课外实地调查和实验。因此，各大学教育学会成立的另一个缘由，即在教育实验思潮和实地调查理念的影响下，强调课堂内外互动和联络。如东吴大学教育学会指出，其成立的缘由在于："当时教育科诸同学以校中教育课程，除研究各种学理而外绝少实验调查之举，而于课外自习，每感心力有限，苦于缺乏群质疑难，互供心得之机，空事理论，不凭实验，殊违教育之命义，欲求深造，精阐至理，非一人才力所可能，爰集研究教育诸同志共组学会，意在群策群力，砥砺学术，并从事调查国内外教育状况理论实验，同事努力，以期集腋成裘，将来于教育上有所贡益焉。"[②] 因此，大学教育系科的教育学会注重在实地调查和深入实践求证的研究理念下，通过组织赴中小学、教育机构调查和实践以实现课堂学理和课外调查的互相求证。

（四）联络教育系科师生，实现学术、情感双向沟通

余家菊针对20世纪上半叶大学师生的生疏关系批评道："教员教了半年，还记不清学生的姓名，认不清学生的面孔，比门房和学生的关系还不如。学生混了几个月，还探不清教员的历史，辨不清职员的性情。学生教员间的关系，只是五十分钟的关系。"[③] 同时，"学生有疑难问题，当然不能在课堂里提出询问，也不便到教授家里去请教，……师生间既少接近，彼此自难了解"[④]。据此，为增进师生情谊，余家菊提出大学教师应主动与学生接触，除在一定时间一定地方接触外，应"从各方面——自习室、寝室、游戏场等——活动，随时随地，得些报告，给些暗示"等建议。20世纪上半叶，大学教育系科成立的教育学会是由本系教师担任指导，本系全体同学为主体而发

[①] 李政涛，李云星. 百年中国基础教育改革的方法论探析 [M]. 北京：教育科学出版社，2011：168—169.

[②] 佚名. 教育学会会史 [J]. 东吴年刊，1929（1）：250.

[③] 余子侠，郑刚. 中国近代思想家文库·余家菊卷 [M]. 北京：中国人民大学出版社，2013：43.

[④] 伯钧. 武大学生的生活 [J]. 独立评论，1936（186）：12.

起的学术研究社团,其成立的另一个缘由还在于"联络感情、砥砺学术"①。因此,各大学教育学会旨在推动作为指导者的教师、作为会员的学生以及学生之间于课余时间通过学术指导、读书会、联谊会、座谈会等实现学术和情感的沟通和联络。北京大学教育学会定期邀请本系教师对教育学会的成员进行指导,樊际昌负责教育心理组、黄建中负责教育哲学组、高仁山负责教育制度和教学法组、刘廷芳负责幼稚教育组。②南开大学教育学会聘请张仲述、张伯苓、凌冰、董任坚、陈定谟为顾问。教育学会通过聘请教师作为指导,解决学生的困惑和不足,也通过教育学会组织的联谊会、座谈会等拉近师生间的情感。

(五)借鉴西方大学学术社团,发挥社团的育人功能

自19世纪初起,西方大学生社团开始出现,并逐渐成为学生课余社交的重要桥梁,对大学生学生素质的提升发挥着一定的作用。郭子雄在《牛津大学的学生生活》一文中指出,牛津大学"在学生的课外活动方面,最重要的一个地方是学生会,成立于十九世纪初年。学生会内每周举行辩论一次,题目多与时局有关,正反两方皆能就题发挥,成为青年政治家在未入巴力门前的极好训练"③。20世纪二三十年代,在杜威实用主义教育哲学的影响下,"课外活动"的概念在美国大学日趋流行,因此"完整的"教育应是学术研究和课外活动双管齐下,西方大学生社团也更加注重通过组织各种课外调查活动和实验进行社会问题研究,促进学生多元智能的开发。民国时期,中国在移植西方近代大学制度时,参照了其学科设置、系科建制,也借鉴和移植了西方大学的学生社团制度,注重通过学生的课外活动促进实践,实现其全面、多元发展。其中,以美国大学为办学摹本的东吴大学创办伊始,便将学生社团纳入了学校的建设中,并将它作为培养学生的手段,成立了益智会等学术社团。④ 20世纪

---

① 佚名. 教育学会 [J]. 沪江年刊, 1941 (25): 471.
② 佚名. 教育学会分组研究规约 [N]. 北京大学日刊, 1926-01-07-02.
③ 郭子雄. 牛津大学的学生生活 [J]. 独立评论, 1935 (183): 16—20.
④ 张燕. 东吴大学学生社团研究(1901—1952)[M]. 合肥: 合肥工业大学出版社, 2018: 70—75.

20年代，东吴大学又相继成立了政治学会、生物学会、教育学会等学生学术社团。大学教育学会通过借鉴西方大学生社团的具体做法，弥补了大学生课堂上学习的不足，积极发挥大学生社团有助于培育学生多元素养的价值。

表6-1 20世纪上半叶中国大学教育系科成立的教育学会

学校	学会名称	学校	学会名称
安徽大学	教育学社	沪江大学	教育学会/教育研究会
北京大学	教育研究会/教育学会	暨南大学	教育研究会/教育学会
北京高等师范	小学教育研究会	劳动大学	劳动教育研究会
北京女子高等师范	小学教育研究会	岭南大学	教育学会
北京师范大学	教育学会	南京高等师范	教育研究会
成都大学	教育研究会	南开大学	哲学教育学会
大夏大学	教育学会/教育科学研究会	齐鲁大学	教育学会
大夏大学	社会教育研究会	青岛大学	教育学会
大夏大学	初中教育研究会	厦门大学	教育学会
东南大学	教育研究会	山西大学	教育学会
东吴大学	教育学部	四川大学	教育研究会
东吴大学	教育学会	武昌高师	教育学术研究会/教育学会
福建协和大学	教育学会	武汉大学	哲学教育学会
辅仁大学	教育科学研究会	勷勤大学	教育研究会
光华大学	教育学会	燕京大学	教育学会
河南大学	教育研究会	浙江大学	教育学会
湖南大学	教育学会	之江大学	教育学会
湖南大学	教育研究会	中山大学	教育研究会
中央大学	教育问题研究会		

二、 20世纪上半叶中国大学教育系科教育学会的构成及职责

20世纪上半叶，专业性学会按照近代学科分类原则而组建，相继成立了

"中国化学会""中国地学会""中国地质学会""中国物理学会"等学会组织。这些组织以研讨学术，促进本学科学术发展和进步为宗旨，还定期召开年会，旨在为本学科的专家提供一个学术交流的机会和平台。这些学会在成立之初，出台了会章，设有理事、候补理事、理事会、书记、会计等，分别负责学会的总体事务、策划学会经济收支等。

作为 20 世纪上半叶的微型学会组织，大学教育系科的教育学会与当时专业性学会组织的构建大体相同，亦在成立之初便出台了本会的章程，如《大夏大学教育研究会章程》《国民大学教育研究会章程》《浙江大学教育学会会章》等，这些规章制度确定了学会的宗旨、组织构成以及各部门的具体分工、职责，使得大学教育学会成为一个宗旨明确，成员职责分工清晰，各司其职、有条不紊运行的组织。如前所述，各大学教育系科的教育学会以研究教育理论和教育实践问题为宗旨，致力于促进教育事业发展及研究教育学术，最终改进社会。在此宗旨的引领下，大学教育系科教育学会下设各部门分管研究、编辑、交际以及调查等，各部门通过分工合作使得学会工作有条不紊地进行，最终促成学会宗旨的实现。

各大学教育学会的构成也在不断完善和发展，以北京大学教育学会为例，其初设时期的构成为："甲、文书二人，管理本会一切文书事宜并召集开会；乙、交际四人，每年级选出一人掌管本会一切对内对外交际及接洽事宜；丙、事务一人，管理本会一切会计庶务事宜。"到了 20 世纪 20 年代末，北京大学教育学会经过不断发展，其内部构成开始进一步细化和完善，设总务股、研究股、调查股、介绍股、图书股、出版股。其中，总务股"干事四人，分理文书与庶事"；研究股"干事二人，凡研究学理的事属之"；调查股"干事三人，凡调查教育的事属之"；介绍股"干事二人，司介绍本会会员出外服务事，并与已在教育界服务之同学互通消息"；图书股"干事二人，管理本会图书"；出版股"干事二人，办理本会出版事宜"。[①]

各大学教育学会与北京大学教育学会设总务、研究、调查、图书、出版等部门大体相似，亦设置了总务统管学会一切事务，成为学会的总负责、总

---

① 佚名. 北大教育学会简章［N］. 北京大学日刊，1929-10-19-02.

掌控，还设置了编辑、交际、会计、研究、调查等不同部门，负责学会的期刊和材料的编辑、出版以及邀请名人演讲、经济收支、出版、图书保管、赴外调查等不同事务。如国民大学教育研究会设"总务二人，掌管本会一切事务；开会时为主席。编辑二人，办理记录名人演讲，并编辑刊物事项；交际一人，办理本会一切交际事宜；文牍一人，管理本会一切文牍事宜；会计一人，专管本会银钱出入事宜"①。成都大学教育研究会"总务部办理文书、庶事，总务部主任负责召集执行委员会并兼该会之主席"，下设的"研究部保管图书，征求问题材料及一切研究事宜，出版部办理一切编辑印刷校对发行等出版事宜，讲演部征求名人讲演及规定会员讲演记录等办法，调查部分配参观调查及制订各种统计表册"②。湖南大学教育学会"分总务、研究、编纂三股，每股设主任一人，股员一人。第一届职员：总务股主任黄达三，股员曹扬文、程博礼，研究股主任黄汉藩，股员曹梦霄、罗焯，编纂股主任齐家，股员李涵秋、陈輗。第二届职员：总务股主任黄达三，股员曹扬文、李承鼎，研究股主任黄汉藩，股员刘士豪、罗焯，编纂股主任齐家，股员曹梦霄、李涵秋。每周开研究会一次，由研究股召集。研究内容：计分讲演，讨论，辩论，调查，实验等项，……将研究心得，编成教育丛刊，分发国内各学校，各文化团体，各杂志社，各机关，现正拟创办实验小学，及作各种大规模之测验调查"③。四川大学教育研究会分出版、讲演、调查、研究等部门，其中，出版部负责出版刊物，登载短篇文字、专刊，登载长篇专门著述；讲演部负责每周聘请专家讲演；调查部限期制定表格，着手调查本市各中小学；研究部组织辩论会，读书报告评论会等。④

三、 20世纪上半叶中国大学教育系科教育学会活动的开展

与近代学会定期召集年会、编辑发行刊物以及组织学术讲演等相同，⑤

---

① 佚名.国民大学教育研究会章程 [J].国大周刊，1926（22）：3.
② 佚名.成都大学教育研究会简章 [J].现代教育，1929（1）：101—102.
③ 佚名.湖南大学教育学会概况 [J].湖南大学期刊，1932（7）：16.
④ 佚名.教育研究会最近工作 [J].四川大学周刊，1934（29）：6.
⑤ 杨卫明.教育学会与中国近代教育学术研究 [M].北京：清华大学出版社，2018：79.

各大学教育系科成立的教育学会也会通过聚集师生定期筹划和展开学术讨论会进行学术研究和讨论、邀请教育名家前来进行学术演讲、出版教育期刊。同时,各大学教育系科的教育学会的活动和任务还不止前述三项,从其成立缘由和办会宗旨出发,各大学教育系科的教育学会还会组织教育系学生赴外调查各级各类学校、教育机构和教育机关,以便于深入了解教育实践。此外,各大学教育系科的教育学会还通过成立民众学校等,对民众实施社会教育。如国民大学教育研究会指出,其活动主要有五种,即研究、参观、演讲、平民教育、出版。其中,"(甲)研究——如遇有关教育上之任何问题,凡属会员均可自由提出共同讨论之(每周举行一次)。(乙)参观——参观各学校及教育机关(每二周举行一次)。(丙)演讲——邀请本校教授或教育专家来校演讲各种教育问题(每二周举行一次)。(丁)平民教育——由本会承办上实平教分校(详细办法另定之)。(戊)出版——凡本会会员对于教育问题研究结果,参观报"①。浙江大学教育学会主要事务为:"第一,聘请专家举行学术讲演;第二,指定会员作专题研究或读书报告;第三,参观;第四,举行定期茶会及郊游;第五,对外发表本会研究成绩。"②之江大学教育学会的工作计划定有参观学校及教育机关、举行研究会与名人演讲等项,已经邀请郑晓沧、陶行知、俞子夷、章颐年等先生。③可见,大学教育系科的教育研究会不仅是学生的学术社团和组织,其涉及了定期的学术研讨、学术讲演等,也是存在于大学教育系科的微型的学会组织和学术共同体。

(一) 定期开会,以研讨教育学术和处理会务

任鸿隽曾指出:"说到一个学会的任务,我们晓得每年一次年会也是它的重要会务之一。因为在年会的时候,散处各地的会员可以聚集一堂,来交换研究上的意见与讨论学术上的问题。"④大学教育系科设置的教育学会的一个

---

① 佚名. 国民大学教育研究会章程 [J]. 国大周刊, 1926 (22): 3.
② 佚名. 浙江大学教育学会会章 [J]. 浙江大学校刊, 1932 (106): 1001.
③ 佚名. 教育学会近讯 [J]. 之江校刊, 1932 (46): 3.
④ 樊洪业, 张久春. 科学救国之梦——任鸿隽文存 [M]. 上海: 上海科技教育出版社, 2002: 539.

重要活动，便是在办会宗旨的指导下定期开会，将会员、教育系教师聚集在一起进行教育学术讨论。北京大学教育学会出台了专门的分组研究规约，指定导师负责指导学生研究。教育学会"第一次分组会时，先请组员各自报告对于此项研究之兴趣及希望——能一并报告自己的素养更好，次请导师以研究的方针"，同时组员要认真阅读导师指定图书，定期开分组会共同研究。①四川大学教育研究会曾在新生院举行座谈会，题目为"师范学院学时修业年限的商榷"，是日到会导师及会员多人，讨论二小时。②

教育学会除定期开会进行学术讨论外，为更好地推进学会的有序进行和不断发展，还会定期开会讨论与本会相关的会务工作。北京大学教育学会指出，该会定期召开大会、职员会、临时会三种，其中大会"一学期一次开学后两星期内举行之"，职员会为"本会职员每月至少集会一次讨论本会一切进行事宜"，临时会为"职员会认为必要时或由会员四分之一提议得临时召集之"。③广东国民大学教育学会"每学期开学后二周，开常会一次，讨论进行事宜，并改选职员，于每学期终前二周开会一次，报告结束事宜。临时会于必要时举行之"④。北京女子师范大学教育学会"执委会二周一次，常会每月一次，如遇特别事项，得招集临时会议，由文书股招集之"。

（二）举办讲演，以近距离接触教育名家

"讲座伴随着大学的产生而存在，广义上的讲座就是学者与学者或学者与学生之间的学术交流形式。"⑤ 20 世纪 60 年代后，大学讲座制因教授的权力过于集中和僵化以及其难以适应大学大规模发展，开始衰落并向系科制转变。随后，讲座制被转化为不定期的学术讲座、学术讲演，继续发挥其优势，为学者之间、学者和学生之间提供学术交流，通过学者给青年大学生提供当代

---

① 佚名. 教育学会分组研究规约［N］. 北京大学日刊，1926-01-07-02.
② 佚名. 本月二十一日教育研究会举行座谈会［J］. 川大校刊，1942（8）：5.
③ 佚名. 北大教育学会简章［N］. 北京大学日刊，1929-10-19-02.
④ 佚名. 国民大学教育研究会章程［J］国大周刊，1926（22）：3.
⑤ 宋尚桂. 大学通识教育的理论与模式［M］. 青岛：中国海洋大学出版社，2007：176—177.

最前沿的思想,以学术精英的思想与体验的独到性,以简洁、生动、直接的形式感染学生,从而使学生开阔视野、活跃思想。各大学教育学会为增进学生的智识,开阔学生的眼界,"谋会务发展起见"①,其开展的另一个重要活动,便是邀请教育名家或本校教育系的教授为学生做学术讲演。

表6-2 各大学教育学会所办学术讲演一览表

演讲题目	演讲者	组织者	时间
初等教育最近的趋势	孙惠卿	北京大学教育研究会	1922年
教育与科学方法	陶行知	北京大学教育研究会	1922年
高等教育	陶孟和	北京大学教育研究会	1922年
教育与人生	李石岑	沪江大学教育研究会	1923年
学校建筑与设备	茅唐臣	北京大学教育学会	1925年
中国之妇女教育	俞庆棠	光华大学教育学会	1926年
现代心理学之派别	刘绍禹	成都大学教育研究会	1929年
中国三十年来之教育行政组织状况	温仲良	岭南大学教育研究会	1928年
德国的教育	刘 钧	北京大学教育学会	1929年
现在青岛教育之状况	徐崇钦	青岛大学教育学会	1931年
心理学之路径	郭一岑	大夏大学教育学会	1932年
教育与复兴农村	罗廷光	武汉大学哲学教育学会	1933年
教育问题	李蒸	北京大学教育学会	1933年
中国教育的新生命	朱智贤	厦门大学教育学会	1935年
地方教育行政上一个严重的问题	杨亮功	中央大学教育学会	1936年
职业指导	何清儒	暨南大学教育学会	1936年
广西民众组训练问题	赵冕	浙江大学教育学会	1939年
教育测量之最近发展	沈有乾	沪江大学教育学会	1941年

如上表,各大学教育学会敦请教育名家为教育系学生讲演。如郭一岑"讲述了心理学界之纠纷,次则论及吾人研究心理学应有之态度"②。民众教育专家赵冕以《广西民众组训练问题》为题,通过"社会教育之观点,阐说

---

① 佚名. 北大教育研究会启事 [N]. 北京大学日刊, 1922-12-07-01.
② 佚名. 教育学会举行第二次讲演会并定期讨论会 [J]. 大夏周报, 1932 (9): 11.

桂省民众组训的意义及其重要，与广西民众组训的特性，及其发展之途径，分析尤为详尽，讲演历时三小时"①。不仅如此，教育名家的学术讲演主题涉及职业教育、初等教育、民众教育等各级各类教育以及教育测量、比较教育等，有助于学生全方位了解国内外教育的发展动向以及教育学的发展趋势。此外，为了使得学生了解和接触更多的教育实践，大学教育学会还延请教育行政部门的负责人来校讲演，如青岛大学教育研究会邀请本市教育局长徐崇钦来演讲，便于学生了解青岛市的教育状况；②岭南大学教育研究会邀请本省教育厅秘书温仲良讲授中国教育行政发展三十年，"其演讲词大意为，中央教育行政，省教育行政以及县市教育行政之沿革，及其相互关系"③。

（三）赴外调查，以求教育理论联系教育实践

"书本的空谈的无论说得怎样高妙、学得怎样熟练"，都是不行的。要想得到"实用的教育"，就必须把"学理与事实一样的看重"，把"学理与事实"带到教室里进行讨论和研究，还要把研究的结果应用到实践当中，深入实践中去观察和探究。④由此认识出发，各大学教育系科教育学会除在校内组织会务活动、学术讲演活动外，还会组织会员赴外参观，收集研究材料，了解教育实践情形，实现"学"和"游"、理论研究和实践调查的互动统一、互为促进。署名"无"的作者在《致教育学会》一文中也指出，燕京大学教育学会要"多旅行参观。教育的趋势是当时俱进的。况书本上的知识，往往偏于理想不切实际的情形。若能多见多闻，籍以攻错，实在对于我们是很有益的"，要"进实验室。研究自然科学的，视实验室比课室更为重要。我以为研究教育的，也应该多进实验室——实验学校——因为往往有人对于所担任的科目极有把握，而对于学生的心理，教室的管理法，及该科的教学法没有头

---

① 佚名. 教育学会学术讲演 [J]. 浙江大学校刊，1939（21）：2.
② 佚名. 教育研究会邀请青岛市教育局长演讲 [J]. 青岛大学周刊，1931（5）：1.
③ 佚名. 教育研究会讲演会 [J]. 私立岭南大学校报，1928（8）：14.
④ 李浩泉. 躁动的青春——民国时期北京大学的学生社团活动（1912—1949）[M]. 武汉：华中科技大学出版社，2014：163.

绪；结果心头了了，而口头期期艾艾，学生得不到益处，徒劳无益"。① 可见，对于参观学校以及接触教育实践，也成为会员所希冀的会务活动的着力方向。北京大学教育研究会针对参观这一问题也曾提出："顷有会员数名提议参观京中各校以作研究材料者。昨日与哲学系主任商榷已得许可。凡欲前往者请于二日内函告，以便转请学校介绍。"② 在会员的要求下，北京大学教育研究会组织会员参观北京的中小学，以了解北京中小学教育实际情形。

大学教育系科教育学会会员的赴外参观和调查，往往选择学生的春假、运动会假期等时间，既不影响学生的学习，还可以赴外调查、游览，一举多得。大夏大学教育心理研究会曾利用会员春假期间赴苏参观疯人院，由张耀翔教授领导，"诸会员于春光明媚，正宜游玩之假期中，犹能悉心研究学术，询堪钦佩"③。大夏大学教育学会"不以室内研究为己足，并常从事于实际之考察，以期互相参证"。该会乘本校运动会放假期间，组织教育学会会员参观松江女子中学、松江职业中学、松江师范学校等教育机关，并游览该县各大名胜。④ 大夏大学教育学会还组织会员赴镇江、扬州、杭州等地参观，参观镇江师范及附属实验小学、浙江大学、省立民众教育馆等。⑤

（四）出版教育期刊，以求保存和传播教育学术

期刊的一个重要作用，就是通过总结和记录信息，可以实现信息的交流和保存，起到"藏之名山，传之后人"的作用。同时，作者在期刊上发表论文，如有突出见解，可以得到同行和研究机构的关注，从而有助于发现和培养人才。期刊上汇集的论文，也有助于不同读者间探讨学术问题，实现"百花齐放、百家争鸣"。⑥ 大学教育系科教育学会虽然仅是本校的一个学生学术

---

① 佚名. 致教育学会［J］. 教育学报，1936（1）：1—2.
② 佚名. 北大教育研究会启事［N］. 北京大学日刊，1922-03-13-04.
③ 佚名. 教育心理研究会赴苏参观［J］. 大夏周报，1933（21）：432.
④ 佚名. 教育学会参观松江各教育机关［J］. 大夏周报，1935（12）6：134.
⑤ 佚名. 教育学会赴外埠参观［J］. 大夏周报，1934（12）：286.
⑥ 鄂丽君，蔡莉静，马兰. 图书馆期刊业务与研究［M］. 北京：海洋出版社，2013：27.

社团之一，但是其组织健全、成员分工明确，出于留存师生学术研究成果的考虑，成立了出版部专门负责出版教育期刊，刊载师生的研究成果，实现学术探讨和学术争鸣。对于出版期刊以及自己投稿、发表作品，大学教育学会的会员也有一定的认识，指出："著作（或写稿子）能使我们的思想更精密，还能把我们所研究的结果，供他人参考。我们会员们要努力著作，或编译，向各周刊或杂志投稿。若未蒙录取，也不要失望。如果学会自己能编印刊物，更佳。至于毕业论文，也可以择优刊印发行。"①

注重出版期刊和投稿的重要作用，河南大学"教育研究会，自成立以来，对于各种教育问题研究莫不虚心致志，精益求精，最近该会会员，已各本其上期心得精华，发为宏论杰作，编辑成帙，名曰《教育丛刊》，并于日前出版问世，计其内容，二十九篇，莫不精神焕发，询为教育界不可多得之良好参考书"②。河南大学教育研究会出版的《教育丛刊》第一期目录如下表所示。

表 6-3　河南大学教育研究会出版《教育丛刊》第一期目录

题目	作者	题目	作者
教育哲学上的人格问题	许梦瀛	交掩交替与训练迁移	张建奎
测验运动在教育哲学上之评价	黄寿山	德可乐利的教学法及其学校	陈肇坤
生产教育的浅释	杨以信	实验主义的教育学说	郑效兰
动物的摧迫力	许季康	对于学校训育的管见	乔 岳
教育社会学之来历	郑若谷	男女同校得失问题之检讨	马佩玺
民众教育范围的商榷	朱锡仁	新教育之哲学基础	李秉德译
中学校教学能率测量之过去及其将来	王永琛译	近代教育哲学的趋势	陈守正
性教育之浅释	黎博文	人的头颅与记忆的相关	李 荫
周代教育	张建奎	考试谈略	邓瑞明
谈教育的过去现在和未来	崔成全	智慧与环境对于教育的关系	孙永泉
西北教育之回顾与前瞻	张子清	家庭教育与儿童训练	王鸿印

---

① 佚名. 致教育学会 [J]. 教育学报, 1936 (1)：1—2.
② 佚名. 本校教育研究会之巨著——教育丛刊已出版问世 [N]. 河南大学校刊, 1934-02-22-02.

续表

题目	作者	题目	作者
中学训育的实施	丁志刚	民众教育的意义及其历史	张宗义
中国乡村教育失败及今后应有之准备	陈陈轩	一般学生考试失败之原因	郜秉钧译
优生之理论及其实施	张松林	教育与人生	胡安洲

如上，河南大学教育研究会出版的《教育丛刊》涉及到教育学研究的多个维度，既有中国教育史、教育哲学、教育社会学等教育学分支学科的探讨，也有国外教育学说的介绍，还有优等生、学生考试失败原因探析等教育实践问题的探讨。此后，随着教育学会的不断发展，其所设出版部也不断发展，如燕京大学教育学会成立了专门的出版委员会，下设著述、专页、教育消息、通讯、校对五组，专门编纂和发表教育稿件。① 同时，燕京大学《教育学报》还形成了专门的稿约，要求了来稿的字数、来稿期限等。②

（五）创办民众夜校，以提升民众素质和服务社会

大学教育系科的教育学会除积极推进教育学术探讨、出版教育期刊以及深入教育实践外，从扫除文盲、为当时社会上失学和失业青年提供学习机会等考虑出发，各大学教育学会还成立了民众夜校，致力于借助会员的力量服务于扫盲教育、成人教育，为大学社会服务职能的实现和社会教育推广贡献一己之力。

四川大学教育研究会附设的民众夜校"招收成人儿童两组学生，每日午后七至九授课两小时，书籍笔墨等费，概由学校置备云"③。浙江大学教育学会"每学期例有民众夜校之组织，以谋附近失学民众之补习。成立迄今，业已三届。成绩斐然，素为社会所称誉"④。之江大学教育学会"对民众教育之推广，素具热忱"，考虑到"本校附近徐村居民甚众，且多不识字，所以决定在该村创立一民众夜校，一方面是为乡民谋福利，另一方面是本会会员想为

---

① 裴时英. 燕京大学教育学会出版委员会会则 [J]. 教育学报，1940（5）：311—313.
② 佚名. 致教育学会 [J]. 教育学报，1936（1）：1—2.
③ 佚名. 教育研究会附设民众夜学校 [J]. 四川大学周刊，1934（32）：11.
④ 佚名. 教育学会主办之民众学校日臻完善 [J]. 浙江大学校刊，1934（168）：1711.

社会上尽点义务"。之江大学教育学会所成立的民众夜校为纯粹的义务性质,一切开销均由该会负担。同时,该会还确定了相应的教学法,即:"(一)了解个性,以便因材施教;(二)对劣等生行个别教学,对优等生给补充教材;(三)采用'兴味教育'和'设计教学';(四)留意学生学习的方法和自习机会,出校后都能自己阅读;(五)讲解务须浅显、简要、实用,利用学生环境,多举实例故事等;(六)教学目的以最经济的时光和精力,获最大的效果。本校教室布置,坐位是半圆形,墙壁四周贴常识调查、识字图书及时事卫生图书,一方面可以使乡民由书报得到知识,一方面使他们可以有美满的环境,使他们视学校为可爱的地方。"① 福建协和大学为推进战时民众夜校,曾由教育学会、青年会、农村改进同志会三团体联合筹办邵武城区民众夜校,借以培植民力协助政府抗战。经过一周多的筹建,将办学地点附设在汉美小学校内,课程分为国文、算术、音乐、常识等四科。为配合校方的社会教育推广计划,福建协和大学教育学会还于1939年3月开设民众学校,大力从事扫盲工作。② 厦门大学教育学会于1938年发起战时教育工作推行委员会,编制了《战时民众训练课程纲要》等,通过会员的努力,联合民众,借以推行战时教育工作,努力"造就抗战阵线的生力军和战时所需的经济人才、技术人才以及具有抗战理想与行动一致的全般大众、造就发扬中国本位文化的干部人才"③。

总之,民众夜校成为大学教育学会服务社会、实施社会教育的一种重要形式,使得大学和大学教育学会服务社会、推广社会教育更加具体、规范和明确,也使得大学的职能更加多元,受教育对象向成人、青年多重开放,同时通过教育学会会员的参与、实践,还成为教育系学生、教育学会会员锻炼教育教学技能的实习场所,可谓一举多得。

---

① 佚名. 教育学会附设徐村民众夜校创立经过及其概况[J]. 之江校刊,1933(56):20—22.

② 孙秀玲. 近代中国基督教大学社会服务研究[M]. 济南:山东人民出版社,2013:168.

③ 厦门大学校史编委会. 厦大校史资料(第二辑)[M]. 厦门:厦门大学出版社,1988:153.

此外，大学教育系科教育学会还成为教育系师生、新生和旧生聚集以及不同大学教育系科教育学会交流的载体，他们会定期开茶会、联欢会，以联络新旧生间、师生间、不同学会成员间的情感。四川大学教育研究会曾在皇城文学院开秋季大会，"欢迎新会员，计到会新会员方面有李惟远先生，教育系第七班同学十余人，旧会员方面有刘绍禹、黄方刚、朱寿人诸先生，及旧同学五十余人，颇极一时之盛，开会时除由主席致欢迎词外，对于会务整理研究方法，亦有种种议决，并提议联络此间华西协和大学教育研究会，双方合作，从事四川教育问题之研讨"①。浙江大学教育学会为联络师生感情，增进师生情谊，"将由师生轮流做东，举行联欢会。计分教职员、四、三、二、一各年级，共五组"，分别做东道主。同时，各大学教育系科教育学会之间还会互动，浙江大学教育学会与之江大学教育学会举行联合大会，开会互动交流之余同时举行郊游，实现不同学校教育学会成员间的交流。②

四、20 世纪上半叶中国大学教育系科教育学会的作用

民国时期，在大学的鼓励和支持下，从凝聚学生、切磋和交流教育学术以营造校园学术研究氛围，组织学生赴外调查以接触教育实践等出发，大学教育系科相继成立了教育学会。对于当时教育学会应发挥的作用，有人持否定态度，指出武汉大学"差不多每系有个学会，但这只是一种假场面，除了每学期两次茶话会以外，再也没有一点工作，只是'学生'的集会而已，此外实在找不出'学'的因素。虽然哲学教育学会每期出刊一册《哲学与教育》，……也不过点缀点缀罢了"③。该学生指出了武汉大学哲学教育学会的流于形式以及学生和教师间的疏离。但不容否认的是，教育学会通过茶话会、出版教育期刊以及邀请名人演讲等活动，确实发挥了一个学术研究的组织在联络新、旧生并实现教育学术切磋交流，通过教育期刊传播教育学术以及培养教育学术人才等方面应起的作用。

---

① 佚名. 教育研究开秋季大会详情［J］. 四川大学周刊，1934（7）：9.
② 佚名. 教育学会筹办民众夜校并产生新职员举行联欢大会［J］. 浙江大学校刊，1934（187）：2060—2061.
③ 伯钧. 武大学生的生活［J］. 独立评论，1936（186）：12.

（一）教育学会是影响教育学术人才的窗口

王承绪先生曾参加浙江大学教育学会，于1935年当选为教育学会主席，曾负责学会附办杭州民国日报副刊《教育园地》的编辑工作，并撰写文章。同时，他还组织各类学术活动以及积极开展民众教育工作。① 潘懋元先生在厦门大学教育系读书期间，曾担任教育学会会长，分在卢梭组，经常组织阅读和讨论卢梭的《爱弥儿》，对以后的教学生涯产生了较大影响。② 因此，大学教育系科成立的教育学会是教育系学生组成的科学共同体，他们探讨、交流着共同的教育学术知识，参加读书交流、编辑和出版、调查等活动，这些教育学术知识和活动熏染、影响着教育学会的成员，进而有助于教育学知识的代际传播，也为其走出校门后的教学、研究、交际、组织等奠定了基础。

（二）教育学会是推动学生自主、自治的平台

1920年，第六届全国教育会联合会通过《学生自治纲要》，指出："欲期全国学生人人有共和国民之资格，以各学校实施学生自治为基本。盖学生自治所以发展青年天赋之本能，养成其负责与互助之习惯。其方法，在练习团体自治。其宗旨，在发挥民治精神。"③ 教育学会作为学术性质的学生组织，也是学生自治、自我管理的组织。教育学会的主席、各分支部门的负责人和成员均是学生，学生借助教育学会这一平台各自分工、共同筹划、自我管理，教育学会的主席负责学会的整体事务，各股的股员分别负责编辑、交际、会计等不同事宜。可以说，学生在教育学会这一组织中，有较强的自主性，可以自由思考和自主筹划学会的事宜，被赋予了更多自治的权利和自由。

（三）教育学会是实现学生学术自由的平台

蔡元培对北京大学的改革最突出的贡献，是提出并践行"兼容并包、思

---

① 吴世勇. 王承绪学术思想研究 [M]. 广州：广东高等教育出版社，2018：229—230.
② 韩延明. 潘懋元教授纪事年表 [M]. 厦门：厦门大学出版社，2015：11.
③ 《中国教育事典》编委会. 中国教育事典·中等教育卷 [M]. 石家庄：河北教育出版社，1994：970.

想自由"的大学理念。这种思想自由和学术自由也在教育学会中有所体现。学生通过参加教育学会首先实现了学生自治，而学生自治有利于进一步保障学生的学术自由和参与学术的责任感。民国时期，各大学教育系科的教育学会大都办有教育学术期刊，也鼓励成员在所办的教育学术期刊中发表论文，自由表达自己的学术观点和发表演讲心得。通过教育学会给予学生的学术自治，加之教育学术期刊的编辑出版，使得教育学会的成员可以实现学术自由和形成学术争鸣，推动教育学术知识的交流、传播和保存。

（四）教育学会是师生情感和学术交融的纽带

詹姆斯·杜德斯达指出："当校友们被问及真正可重视的大学教育是什么的时候，他们几乎从未提到过课程或学程中的科目，这些东西在期末和毕业以后很快就消失了。相反，他们记得的是参加过的社团，所遇到的老师和同学以及他们所结交的友谊。"[1] 教育学会组织的老生和新生之间的联谊活动、教师和学生之间的联谊和见面会、座谈会，将教育系全体成员聚集在一起，有助于消除新生的陌生感，增加与老生、老师之间的情感交流。同时，教育学会是一个组织机构健全、规章制度明晰的学术性质的学生组织，会定期举办各种活动。新生通过参加教育学会，参与本学会的各种活动，明晰了本学会的相关制度，有助于内化本组织的文化和校园文化，从而更好地适应大学生活。

五、余论

综上所述，20世纪上半叶中国大学教育系科学生所成立的教育学会秉承"研究教育学术、调查教育问题"的宗旨，既体现了大学是研究高深学问的场所，彰显了大学为社会服务的职能，也为大学教育系科学生的课外生活注入了活力，成为他们研究教育学术、调查教育实践、积累教育经验的微型学会组织，以及影响他们发展的重要平台。同时，大学教育系科的教育学会是教

---

[1] [美] 詹姆斯·杜德斯达. 21世纪的大学 [M]. 刘彤，译. 北京：北京大学出版社，2005：64.

师和学生课外沟通、联络感情和交流学术的平台之一,有助于改善疏离的师生关系。总之,大学教育系科的教育学会作为一种微型学会组织,形成了一种独特的育人模式,推动了学生的全面发展,同时也借助其思想文化传播的优势,更好地推动了大学校园精神文化的多层次发展。

20世纪上半叶大学教育系科成立的教育学会,其宗旨和具体活动的开展给予了我们一定的启发和思考。具体如下。

首先,大学教育系科必须重视学生学术社团的成立和发展。毋庸置疑,大学生自发组织的学生社团,在大学生发展和校园文化建设中发挥着重要作用,有助于丰富大学生的业余生活,为学生提供自我展示的平台,也可以为校园文化传播做出相应的贡献。20世纪上半叶大学教育系科的教育学会对大学教育系科学生的学习和生活产生了一定影响,使得大学教育系科学生课余生活充实,可以于课余时间共同探讨和交流教育学术、参与教育实践以及密切师生关系、强化师生交流等。当前,各大学也成立了一些学生社团,兴趣爱好型社团比例较高,理论学习型社团比例严重不足。[1] 因此,为了更好地推动大学教育系科研究、传播和交流教育学术,必须要加强学生学术社团的建设,更好地发挥学术社团推动学生研究、交流教育学术的功能,使教育学术社团成为影响大学教育系科学生学习和研究教育学术、接触教育实践的另一个窗口。

其次,大学教育系科的学生学术社团必须要明确定位、明确职责。大学教育系科的教育学术社团作为大学教育系科学生自己成立的组织,如果要有条不紊地运行,前提是必须出台相应的章程,健全教育学会的人员设置,明确其分工和职责,制定合理的标准。20世纪上半叶大学教育系科的教育学会出台了会章,明确了成员人数等,学会还下设总务、研究、出版等不同部门,在教育学术研究和教育学术调查的宗旨引导下,合理组织读书会、学术讲演、出版期刊、调查和实践等各种活动,进而提升了学生的教育学术研究和实践能力。当前,各大学教育系科组建的学生学术社团也必须明确其教育学术研究的宗旨和定位,健全组织的管理机制,明确社团成员人数,对其规模进行

---

[1] 顾超,李青励. 试析高校社团组织建设的多维向度[J]. 江苏高教,2016(2):141.

适当控制，形成完整的规划，加强教育学会成员的培养和培训，保证教育学术社团的质量，以此更好地实现教育学会的文化传承和传播功能。同时，大学教育学会还需要形成稳定的社团活动，主要为会务活动、出版活动、调查和实践活动、讲座等各种活动。通过这些稳定的社团活动锻炼大学教育系科学生的教育学术研究和教育实践能力，为其今后发展奠定相应的根基，进而为学科发展、国家发展培育更多可塑之才和后备军。[①]

最后，大学教育系科的学生学术社团必须要加强教师的指导。大学教育系科的学生学术社团是学生的组织，主要依托学生来组织、筹划，因此必须给予学生更为广阔的发展空间。但以学生为主，并不意味着忽视和否定教师的指导作用。20世纪上半叶大学教育系科的教育学会成立的原因之一，便是更好地发挥大学教育系科教师的教育学术研究引领作用，密切教育系科的师生关系，实现教育学术和情感的双向沟通。如北京大学教育学会邀请樊际昌、黄建中、高仁山、刘廷芳等担任指导，大夏大学教育学会邀请张耀翔、鲁继曾、邰爽秋等担任顾问。据此，大学教育系科成立学生学术社团还必须充分发挥教师的指导作用，邀请大学教育系科或是其他学科的教师担任活动指导，使其成为大学教育系科学生学术社团发展的智囊团，进而实现学术和情感的双向互动。

---

① 申国昌，赵凯. 民国时期高等师范学校学生日常交往研究[J]. 现代大学教育，2020（6）：82.

东吴大学教育学会留影

沪江大学教育学会会员参观工部局小学留影

第七章　20世纪上半叶中国大学教育系科的教育期刊

我国大学办学术期刊，最早可以追溯到教会大学在中国的设置及其创办的综合性学术期刊，如圣约翰大学的《约翰声》等。① 步入民国时期，尤其是20世纪20年代以后，各大学开始依托各个系科及其成立的学会创办和出版学术期刊，如燕京大学教育学会主办的《教育学报》、大夏大学史地学会主办的《史地知识》等。其中的成员以大学各系科或系科中成立的学会的师生为主。通过大学系科师生共同创办不同学科的学术期刊，逐步形成了一种以刊物为载体的学术人才培养模式，学生或尝试编辑不同学科的刊物，或在期刊中发表自己的研习成果，不仅有利于师生间的学术交流，扩大学生的学术视野，而且提升了学生对学术研究之兴趣，对于青年学子走上学术研究道路起到了重要的作用。②

其中，大学教育系科和下设的教育学会、教育研究会出版了专业性较强的教育期刊，使得教育学会和教育期刊互为促进、相辅相成。大学教育系科

---

① 章开沅，马敏. 社会转型与教会大学 [M]. 武汉：湖北教育出版社，1998：338.
② 程文标. 近代史学期刊的兴起与史学人才的培养 [J]. 历史教学问题，2010(6)：92—98.

教育学会以创办教育学期刊、展示教育学研究成果为目的，而教育学期刊的创办又促进了教育学会的发展。① 此外，大学教育系科及其下设的教育学会也形成了一种以教育学术刊物为载体的教育学术人才培养模式，借助教育期刊刊载大学教育系科师生的教育学术研究成果，增强了师生间的学术交流，扩大了学生的学术视野，提升了学生对教育学术研究的兴趣。同时，作为大学教育系科师生教育学术研究成果的重要载体之一，民国时期大学教育系科的教育学术期刊与大学教育系科的发展轨迹、教育学科的发展紧密联系在一起，成为研究大学教育系科及其教育学会活动的珍贵资料。并且，大学教育系科所办教育学术期刊体现了教育学科发展的基本要求，可以窥见大学教育系科师生的教育学术研究成果，具有较高的研究价值。

一、20世纪上半叶中国大学教育系科创办教育学术期刊的缘起

（一）教育学的引进与中国教育学发展和教育实践改革的需要

随着"西学东渐"热潮的推进，教育学通过《教育世界》被引进。在这一过程中，国人逐渐意识到教育学的发展必须要适应中国的国情，一味地引进西方的教育学并不能适应中国的发展。以此出发，大学教育系科作为中国教育学发展的主阵地，其办教育学术期刊的目的之一，就在于通过刊发大学教育系科师生的教育学术研究成果，增加其教育学术探讨的机会，并使其真正站在中国的立场上，用科学的方法去研究中国教育学，进而以自身努力推动中国教育学的发展并改进中国教育实践。如中央大学教育学院所办《教育季刊》指出："我们出版这个季刊的用意就是想继续发表我们研究的结果和对于教育问题的意见的。……从前我们只知道模仿外国的教育制度和输入外国的教育学说，……此后我们应该用科学的方法抱客观的态度去研究教育的问题，以谋改进中国的教育。……我们采用外国的学说和制度应该以中国的问题为中心。"② 大夏大学教育学会所办《教育季刊》指出："我们因鉴于目前

---

① 程文标. 近代史学期刊的分类、特点及其影响 [J]. 重庆社会科学，2011 (3)：79.
② 韦悫. 卷头语 [J]. 中央大学教育学院教育季刊，1930 (1)：1—2.

中国教育界对于教育探讨工作的缺乏,同时又感到此项工作更应从科学的实验中找出各种问题在各时期所得的答案,我们愿负起这重大的使命……我们以后希望多发表关于研究方法及实验教育的论文,而少刊载理论方面的文章。"[1] 该校社会教育研究会所办《社会教育季刊》指出,该刊致力于"研究社会教育理论,介绍社会教育实施方法,冀以一得之愚,供诸社会"[2]。可见,在教育学被引进后,大学教育系科所办教育学术期刊出于传播西方教育理论,推动"教育学中国化""教育学科学化",为中国教育实践提供指导而逐渐兴起、发展。

(二) 大学思想自由的确立与大学教育系科师生的努力

蔡元培在执掌北京大学时,明确提出"思想自由、兼容并包"的办学方针,认为"大学教员所发表之思想,不但不受任何宗教或政党之拘束,亦不受任何著名学者之牵掣"[3]。蔡元培积极倡导并践行的思想自由的办学方针,使北京大学重视学术研究的氛围逐渐形成,这也深刻影响了其他大学校长,使得思想自由理念在中国大学中生根发芽。中国大学思想自由理念的确立、大学师生学术研究成果的自由交流,要求大学中要有一块属于师生的发表学术研究成果的阵地,这进一步催生了大学中学术研究期刊的诞生。大学教育系科的教育期刊,也由于在大学思想自由理念的浸润下,加之校方的支持、大学教育系科师生的努力而得以创办。岭南大学教育学会所办《南大教育》复刊所需印刷经费,经"本校第十九次校务会议议决补助",获得经费"国币二百万元,用表提挈之意"[4]。沪江大学教育学会所办《沪大教育》得以继续刊行,端赖于"林卓然博士之指导与各会员之努力进行,故经济与稿件方面,均已有着落"[5]。燕京大学《教育学报》在抗战期间得以刊行,离不开"学报

---

[1] 寰. 卷首语 [J]. 大夏大学教育季刊, 1931 (1): 2.
[2] 邰爽秋. 发刊词 [J]. 大夏大学社会教育季刊, 1937 (1): 1.
[3] 唐钺, 朱经农, 高觉敷. 教育大辞书 (上) [M]. 上海: 商务印书馆, 1930: 42.
[4] 佚名. 校务会决定补助《南大教育》复刊经费 [J]. 岭南大学校报, 1947 (66): 2—3.
[5] 佚名.《沪大教育》继续刊行 [J]. 沪大周刊, 1933 (7): 18.

执笔的诸位先生和同学，他们都肯于百忙中，共襄斯举，玉成此事"，且为学报征稿，积极招募广告，使得《教育学报》可以"短期内收到较多有价值而富趣味的材料"，也解决了办刊中面临的经费困难等问题，最终促成《教育学报》如期出版。① 同时，燕京大学校长司徒雷登曾撰《致教育学报》一文，积极肯定教育学会出版的《教育学报》，指出："我深信这一期的学报，它的分量，必能充分的够得上前几期所发表的那样高的标准。"②

（三）共同切磋教育研究和形成教育学术研究互助合作的平台

大夏大学教育系科所办的《教育研究通讯》指出，当前我国教育科学研究事业发展中主要有两点不足："第一，各方研究的团体或个人都是埋头实干，声气不通，因此在研究的工作上，往往重复缺漏，并且缺乏切磋商讨的机会；第二，各专门学者，居多重视自己的研究工作，对于研究方法的介绍，却少注意，致使一般教育界——尤其是小学教师们——感觉到有研究之心而不知从何处下手的痛苦。同人有鉴于此，爰特编行本刊。"以此出发，该刊致力于"介绍研究教育之方法与技术，各大学教育院系及个人之研究计划，并国内外教育研究消息，藉以指示研究教育科学之途径，期成为全国教育研究之通讯网"③，使得全国各教育学术团体或个人可以互助合作，并为中小学教师进行科学研究等的指导。光华大学所办的《教育学报》指出："教育学报者，吾光华大学教师及同学组织教育学会研究教育学之所得，业而刊之，名之曰报是也。"④ 周学章指出，燕京大学所办的《教育学报》"负有结合同学共同为教育努力的使命"，联络和团结燕京大学教育系的学生，共同"助推教育这个大汽机"。⑤ 辅仁大学所办的《教育与心理》指出，该刊创办目的在于促进师生交流，共同讨论，质疑问难，互相切磋，并培养学生自动自学自励之精神等，旨在"提倡研究兴趣、练习发表能力、训练合作之精神"，探讨中

---

① 佚名. 编后余谈［J］. 教育学报（北京），1938（3）：148.
② 司徒雷登. 致教育学报［J］. 教育学报（北京），1940（5）：1.
③ 邰爽秋. 发刊词［J］. 教育研究通讯，1936（1）：1.
④ 佚名. 教育学报序［J］. 教育学报（上海），1929（1）：2.
⑤ 周学章. 卷头语［J］. 教育学报（北京），1936（1）：2.

国教育的现状。

由前述可见，大学教育系科办教育学术期刊的原因之一就在于，对内可以为大学教育系科师生提供交流研讨的平台、锻炼学生写作能力，对外可以向教育界发出声音，为中国教育学研究者提供共同切磋和交流的阵地，① 使教育学研究者、各大学教育系科师生之间可以互助合作，并为中小学教师提供教育研究的学理指导。此外，大学教育系科办教育学术期刊的原因还在于，为教育学会会员发表心得提供平台，使其了解会史。《大夏大学教育学会会刊》指出，出版会刊的原因就在于，为该会会员提供"发表研究心得底园地"，并"将本会的历史作一总报告，俾会员诸君知承前启后责任之重大，而知所奋勉，为本会多多努力"。②

（四）近代办刊业的发展和新文化运动后学生办刊的兴起

20世纪上半叶，出版法律、法令的颁布，新兴知识分子出于自身文化追求和文化兴趣，以及对报刊业社会作用的全新认识，进一步推动了我国报刊事业迅速发展。③ 出版事业日盛，综合性期刊、文学期刊、教育期刊、妇女期刊等各种类型不同的期刊应运而生，影响深广。其中，《教育杂志》《中华教育界》等教育期刊，对大学教育系科所办教育学术期刊起到了借鉴和示范作用。不仅如此，"五四"运动中民主、科学理念的倡导，加之"新文化运动"以及《新青年》等期刊的进一步影响，国内宣传新思潮的刊物逐渐增加。④ 在这些新兴刊物中，大学生所办的刊物也因校方的支持、大学生表达思想的愿望日益增强等而逐渐兴起，数量较多，涉及到学术研究、文艺娱乐等不同种类的期刊。20世纪20年代末到30年代初期，"在青年学生中仍然存在一些人不屈服于环境压迫，不甘于寂寞，总是要表达改革社会，改革学校的愿望"，这进一步推动了大学教育系科办教育学术期刊数量的激增，这些

---

① 吴永贵. 中国期刊史·第二卷（1911—1949）[M]. 北京：人民出版社，2017：7.
② 佚名. 编后 [J]. 大夏大学教育学会会刊，1934（1）：125.
③ 李昕烨. 民国时期的边疆研究期刊：出版缘起、基本样态与历史价值 [J]. 出版发行研究，2021（9）.
④ 周葱秀，涂明. 中国近代文化期刊史 [M]. 太原：山西教育出版社，1999：107.

教育学术期刊致力于"给研究教育的同学一个发表的园地",注重"目前教育的一般实际情形和如何改良教育制度的方法"。[①] 如成都大学教育研究会于1929年编辑出版《现代教育》,主要栏目包括论著、译述、研究、调查、讲演、附录等,其办刊范式深受近代办刊范式的影响,致力于促进我国教育事业的发展,并对教育心理学及教育学术进行积极探讨。可见,伴随着近代办刊业的不断发展、"新文化运动"的深入影响以及大学生进行教育学术研究的愿望日益加深等,大学教育系科创办的教育期刊在这一时代背景中得以兴起和发展。

二、20世纪上半叶中国大学教育系科所办教育学术期刊的基本样态

20世纪上半叶,为推动教育学术研究,大学教育系科开始创办教育期刊。总体而言,大学教育系科所办教育期刊自20世纪二三十年代开始由少到多逐渐增加、繁荣,至抗战结束后开始衰落。通过检索"晚清、民国期刊全文数据库"及"大成老旧刊全文数据库"、《全国中文期刊联合目录(1833—1949)》(书目文献出版社,1981年)、《南京大学图书馆馆藏中文报刊目录》(南京大学图书馆,1989年)等,在搜集原始期刊文献、分类目录索引的基础上,经梳理与筛选,确定"20世纪上半叶中国大学教育系科所办教育期刊名录"(见表7-1)。因数据库收录信息遗漏及其他因素,表7-1统计或存有一定疏漏。

表7-1 20世纪上半叶中国大学教育系科所办教育期刊名录

序号	刊名	刊期	出版机构	办刊时间	出版地
1	教育旬刊	旬刊	安徽大学教育学社	?	安庆
2	教育季刊	季刊	安徽大学教育学社	1930.6	安庆
3	教育新潮	旬刊	安徽大学教育学社	1931.11—1936.12	安庆
4	教育新潮	月刊	安徽大学哲学教育学会	1947	安庆
5	教育周刊	周刊	安徽大学教育学社	19?—1936.5	安庆
6	北大教育学会年刊	年刊	北京大学教育学会	1929.?	北京

---

① 佚名. 编者的话[J]. 沪大教育,1941(1): 48.

续表

序号	刊名	刊期	出版机构	办刊时间	出版地
7	教育丛刊	月刊	北京高师教育学会	1919.12	北京
8	实际教育	月刊	北京高师实验教育研究社	1920.10—1921.11	北京
9	教育与社会	月刊	北京高师教育与社会杂志社	1920.4	北京
10	新教育	?	北京高师实验教育研究社	19?	北京
11	平民教育	半月	北京师范大学平民教育社	1920.12—1924.1	北京
12	教育声	不定	北京师范大学云南教育研究会	1922.?—1931.10	北京
13	北京师范大学研究院教育科学门专刊	不定	北京师范大学研究院教育科学门	1922.?	北京
14	教育周报	周刊	北京师范大学教育革新社	1924.3—1924.6	北京
15	师大教育丛刊	季刊	北京师范大学教育学会	1930.4—1933.?	北京
16	现代教育（民国日报副刊）	周刊	北京师范大学现代教育周刊社	1932.2—1933.3	北京
17	教育短波	旬刊	北京师范大学教育短波社	1934.10	北京
18	现代教育（益世报副刊）	?	北京师范大学	1935.5—1937.6	北京
19	教育丛刊	不定	中国大学哲学教育系	1931.6	北京
20	现代教育	年刊	成都大学教育研究会	1929.4—1931.1	成都
21	现代教育周刊	周刊	成都大学教育研究会	1929.12	成都
22	教育季刊	季刊	成都高等师范教育研究会	1925.10—1926.5	成都

续表

序号	刊名	刊期	出版机构	办刊时间	出版地
23	西南教育	月刊	成都师范大学教育研究会	1927.4—1928.4	成都
24	大夏大学教育季刊	季刊	大夏大学教育科	1927.6	上海
25	教育建设	不定	大夏大学教育学院同学会	1929.6—1933.3	上海
26	教育研究	月刊	大夏大学师专科同学会	1931.?—1934.?	上海
27	大夏大学教育学会会刊	不定	大夏大学教育学会	1934.1	上海
28	教育研究通讯	月刊	大夏大学教育学院	1936.5—1936.12	上海
29	社会教育季刊	季刊	大夏大学社会教育研究会	1937.1—1937.4	上海
30	教育丛刊	?	东南大学教育科	?	南京
31	教育汇刊	季刊	东南大学高等师范教育研究会	1921.3—1926.6	南京
32	教育汇刊	半年	东南大学教育研究会	1923.12	南京
33	幼稚教育	不定	东南大学儿童教育社	1927.1	南京
34	福建协和大学教育学会会刊	?	福建协和大学教育学会	1943.?	福州
35	协大教育季刊	季刊	福建协和大学教育学会	1940.12—1942.3	福州
36	教育与心理	半年	辅仁大学教育科学研究会	1934.3	北京
37	教育学期刊	半年	复旦大学教育学系系友会	1933.1—1934.7	上海
38	教育论文摘要	月刊	复旦大学教育学系	1937.1—1937.5	上海
39	教育学报	不定	光华大学教育学会	1929.12	上海
40	教育季刊	?	开封中山大学教育研究会	1929.3	开封

续表

序号	刊名	刊期	出版机构	办刊时间	出版地
41	教育周刊	周刊	河南大学教育研究会	1932.3—1933.10	开封
42	教育丛刊	?	河南大学教育研究会	1934.2	开封
43	湖大教育学会期刊	?	湖南大学教育学会	1931.1	长沙
44	教育丛刊	年刊	湖南大学教育学会	1931.12—1934.2	长沙
45	沪大教育	年刊	沪江大学教育学会	1933.6—1934.6	上海
46	华西教育季报	?	华西协和大学教育系	1923.3—1940.3	成都
47	循循	?	华西协和大学教育研究会	1933.5	成都
48	华西教育研究通讯	不定	华西协和大学教育研究所	1943.12—1944.10	成都
49	教育与建设	?	华西协和大学教育系	19?	成都
50	华西教育研究	不定	华西协和大学教育研究所	1943.12—1944.10	成都
51	教育评坛	不定	暨南大学教育系	19?	上海
52	铎声	不定	暨南大学教育学会	19?	上海
53	暨南大学教育季刊	季刊	暨南大学教育学院	1930.9—1931.6	上海
54	教育与生活	月刊	暨南大学教育与生活社	1932.12—1933.7	上海
55	教育创造	?	暨南大学教育学院同学会	1933.?	上海
56	华侨教育	?	暨南大学师范科同学会	19?—1932.?	上海
57	南大教育	半年	岭南大学教育学会	1935.5—1937.4	广州
58	教育汇刊	季刊	南京高师教育研究会	1921.3	南京

续表

序号	刊名	刊期	出版机构	办刊时间	出版地
59	齐大教育	半月	齐鲁大学教育学会	1928.?	济南
60	教育与心理	半年	清华大学教育心理学系	1928.5	北京
61	教育季刊	季刊	山西大学教育学会	1934.1—1934.7	太原
62	教育学报	?	圣约翰大学教育学会	1947.?	上海
63	教育半月刊	半月	四川大学教育研究会	1936.1—1949.1	成都
64	四川大学师范学院院刊	半年	四川大学师范学院	1944.7	成都
65	教育丛报	季刊	武昌师大教育学术研究会	19?—1923.?	武汉
66	哲学与教育	半年	武汉大学哲学教育学会	1932.6—1937.6	武汉
67	勷勤大学师范学院季刊	季刊	勷勤大学师范学院	1934.5—1934.11	广州
68	教育学术研究会杂志	季刊	武昌高师教育学术研究会	1920.7—1922.10	武汉
69	厦门大学教育学院院友	?	厦门大学教育学院	1931.10	厦门
70	教育季刊	季刊	燕京大学教育学会	1931.6	北京
71	教育学报	年刊	燕京大学教育学会	1935.3—1941.9	北京
72	教育通信	?	浙江大学教育学会	19?	杭州
73	教育期刊	?	浙江大学教育学会	19?	杭州
74	浙江大学教育周刊	?	浙江大学教育学会	1928.4—1929.7	杭州
75	教育研究	月刊	中山大学出版部	1923.2—1948.9	广州
76	教育研究	月刊	中山大学教育研究所	1928.2—1948.9	广州

续表

序号	刊名	刊期	出版机构	办刊时间	出版地
77	新教育	?	中山大学新教育杂志社	1933.1	广州
78	中等教育	月刊	中山大学师范学院中等教育辅导委员会	1942.11—1944.3	广州
79	中山大学师范学院院刊	?	中山大学师范学院	1943.1—1944.4	广州
80	教育汇刊	?	中央大学教育学院	1929.3—1933.?	南京
81	中央大学教育学院教育季刊	季刊	中央大学教育学院	1930.2	南京
82	中央大学教育学院院闻	?	中央大学教育学院	1931.12	南京
83	教育研究汇刊（实验教育）	双月	中央大学	1933.2—1937.6	南京
84	教育与中国	季刊	中央大学中国教育社	1933.5—1936.3	南京
85	现代教育	月刊	中央大学现代教育月刊社	1933.9—1934.1	南京
86	教育丛刊	半年	中央大学师范学院	1933.11—1940.5	重庆
87	学友通讯	季刊	中央大学教育学系	1936.?	南京
88	教育心理研究	季刊	中央大学教育心理学部	1940.3—1945.6	重庆
89	心理教育实验专篇	不定	中央大学教育学院教育实验所	1934.2—1939.6	南京
90	教育心理研究	季刊	中央大学师范研究所	1940.3	重庆

由上表 7-1 可知，民国时期大学教育系科所办的教育学术期刊在办刊时间、地域分布、期刊内容等方面呈现出如下相应特征。

（一）办刊时间：集中于20世纪二三十年代

1900年至1918年，大学教育系科并没有创办教育学术期刊。1919年至1926年期间，大学教育系科所办教育学术期刊开始出现，最早可见北京高师教育学会于1919年12月所办的《教育丛刊》。这一时期，大学所办教育系科数量相对较少，仅有北京高师、南京高师、成都高师教育系科创办了教育学术期刊。可见，大学教育系科办教育学术期刊的步伐与大学教育系科发展的步伐大体同步，即在大学教育系科的萌芽阶段、产生阶段，教育期刊也随之从零开始发展。步入20世纪30年代至1937年，随着国民政府教育部相继颁布《大学组织法》《大学规程》等，要求大学设置教育学院，使得大学教育系科设置数量于此时激增，也使得其下设的教育学会数量急剧增加。出于为教育学会成员提供发表教育学术研究成果的平台等目的，各大学教育系科所办的教育学术期刊数量急剧增加，且呈现一所大学教育系科办多种刊物的现象急剧增加的局面。这一时期，大学教育系科所办教育学术期刊有35种，占总量的38.9%。1938年至1949年，大学教育系科所办教育学术期刊数量受全面抗战等因素的影响而式微。同时，与民国时期的《教育杂志》《中华教育界》等教育学术期刊存续时间长等不同，限于大学教育系科中办刊人员的变动、办刊经费的不稳定、办刊经验不足、稿源不稳定等因素影响，使得大多大学教育系科所办教育学术期刊存在存续时间较短、出版周期不稳定的现象。如东南大学教育科所办《教育汇刊》，初为季刊，又改为半年刊，后又改为季刊；成都大学教育研究会所办《现代教育》，初为双月刊，后改为年刊，存续时间仅两年；中央大学中国教育社所办《教育与中国》初为月刊，后改为季刊，存续时间仅三年；中山大学所办《教育研究》等存续时间相对较长的教育学术期刊，也存在办刊中间暂时停刊或合并刊发等情形。

（二）办刊地域：集中于北京、上海、南京

从办刊地域上看，大学教育系科所办的教育学术期刊分布相对集中，主要分布于北京、上海、南京三地，分别占总数的20%、18.9%、14.4%。大学教育系科所办教育期刊分布地域与当时大学教育系科分布地域成正相关，

这与这些地区经济发达、条件较为优越等有关。其中，北京的北京师范大学、燕京大学、辅仁大学，以及上海的大夏大学、光华大学等校的教育系科均创办了教育研究期刊。可见，我国大学教育系科所办教育学术期刊呈现地域分布集中局面。此后，全面抗战期间，大学教育系科所办教育学术期刊的分布地还由北京、上海、南京等中心地区向重庆、福州等地转移。同时，民国时期我国大学教育系科分布省份较为全面，至少50%的省份分布有大学教育系科，① 而办教育学术期刊的却仅有安徽、河南、江苏、广东、福建、浙江、四川、湖北、湖南、山西等为数不多的省份，我国大学教育系科所办教育学术期刊呈现地域分布不均衡的局面。此外，我国大学教育系科所办教育学术期刊呈现院校分布不均衡的情形，大学教育系科实力较为雄厚的院校教育学术期刊数量较多，如大夏大学、中山大学、中央大学等校教育学术期刊数量较多，安徽大学、河南大学等校教育学术期刊数量较少。

（三）期刊内容：教育理论和教育实践并举

大学教育系科发行的教育学术期刊大多以研究教育理论、指导教育实践为宗旨，突出了教育学术期刊的研究性，重点在于对国外教育学的译介、推动中国教育学发展以及发挥对中国教育实践的指导作用。北京高师所办的《教育丛刊》指出，该刊以"批评本国现时教育的劣点及调查各地教育现状，介绍国外最新的教育学说，建议今后本国教育上各种革新的计划"② 为主要宗旨，刊发了《杜威学校与社会之进步》《职业教育问题的研究》《北京国立学校"教育经费独立"运动经过情形纪要》等文。四川大学教育研究会所办《教育半月刊》在交流学术和促进同人联络的宗旨指导下，欢迎"关于教育理论之研究、实际问题之讨论，与实际资料之调查报告"③，以此刊载有《从教育上的一个矛盾说到教师的本身》《中学生课外阅读兴趣的研究》等文，力图呈现小学生及婴幼儿的心理教育常识，报告四川大学教育研究会工作动态。

---

① 侯怀银，李艳莉. 民国时期教育系科的分布及其特征 [J]. 高等教育研究，2011 (10).

② 佚名. 发刊词 [J]. 教育丛刊，1919 (1)：1.

③ 佚名. 本刊投稿简则 [J]. 教育半月刊，1939 (10).

沪江大学教育学会所办《沪大教育》同样致力将大学教育系科师生的教育学术研究所得贡献于社会，以此出发，该刊主要以研究各类学校教育问题、介绍国外教育概况为主。燕京大学教育学会所办《教育学报》指出，该刊致力于在国家危难之际肩负起教育救国的重任，研讨教育上的各方面问题，介绍有益于国内教育的外国教育事业及方法，团结同学共同为教育努力。围绕办刊主旨，《教育学报》刊发内容涉及到中国古代教育制度、教育方法，中国中小学教育实质问题，国外中小学教育制度及教育方法。

大学教育系科所办的教育学术期刊以自办发行和委托发行为主。如四川大学教育研究会所办《教育半月刊》，其发行者为四川大学教育研究会编辑部，代售者为成都祠堂街北新书局；燕京大学所办《教育季刊》，其编辑者、发行者均为燕京大学教育学会。此外，大学教育系科所办教育学术期刊还会推出许多优惠让利政策加以促销。比如四川大学教育研究会的《教育半月刊》零售为四分，预定半年十册为四分；燕京大学《教育季刊》，其零售价为每期大洋二角，全年定价则为大洋八角，邮费也包含在内。

表7-2　各大学教育系科所办部分教育期刊栏目一览表

学校	创办刊物	创刊目的及栏目
南京高师	教育汇刊	1921年3月创刊，第5期起由东南大学高等师范教育研究会编印。该刊以研究教育学术，介绍教学方法为主要宗旨。
北京师大	师大教育丛刊	该刊以"介绍国外教育的最新思潮，批评本国现时教育及调查各地教育现状，建立本国教育今后各种革新的计划"为主要宗旨。
大夏大学	教育学会会刊	该会感到一些会员对于该会的历史不太了解，遂决定出版该刊，以"将本会的历史作一总报告，俾会员诸君知承前启后责任之重大，而知所奋勉，为本会多多努力"。同时，出版该刊也是为该会会员提供"发表研究心得底园地"。
	社会教育季刊	该刊旨在研究社会教育理论，介绍社会教育实施方法，供从事社教者有所参考。内容有社会教育行政、农村教育、少儿社会教育、儿童救济事业、国外社教人员的训练概况。

续表

学校	创办刊物	创刊目的及栏目
光华大学	教育学报	该刊主要内容为有关教育问题的国内著作以及外国译著,并刊登学校调查、参观及视察报告等。
沪江大学	沪大教育	该刊以"联络感情,砥砺学行,致力于教育事业,培养服务精神,并以研究所得贡献于社会"为宗旨,研究各类学校教育问题。
燕京大学	教育学报	该刊编辑赋予其结合同学,共同为教育努力的使命。该刊研究中国古代教育制度、教育方法,特别是孔子教育学说,也探讨中国当代中小学教育实质问题。
辅仁大学	教育与心理	该刊旨在"提倡研究兴趣、练习发表能力、训练合作之精神",探讨了中国教育的现状,对中学训育问题、民众教育、职业学校教育等发表了论述。
岭南大学	南大教育	该刊刊载的文章以研究教育学中的教学方法、心理学、教育制度、教育理论和教育史等为主,同时旁及当时教育发展状况和该校教育学同人的回忆。
成都大学	现代教育	1929年4月在成都创刊,该刊以促进我国教育事业的发展为目的,主要内容是对教育心理学及教育学术诸问题进行的探讨。
四川大学	教育半月刊	1936年1月创刊,以"在交流学术和教学经验,复兴教育、改革教育、建设教育,以促进同人间精神的、友谊的联络"为主要宗旨。该刊十分注重教育学术理论的研究,并刊登有关教学实际问题的调查报告、教育短评等。
武汉大学	哲学与教育	刊物以登载关于哲学教育与心理学的作品为宗旨,以求关注现代哲学视阈下教育学与心理学间的双向互动;该刊设有固定的栏目,具体包括"哲学""心理""教育"和"专载"等栏目。

三、20世纪上半叶中国大学教育系科所办教育学术期刊的历史价值

大学教育系科所办教育学术期刊,因出版周期短、传播速度快、流通范

围广、信息量大等优点，可以及时、迅速地将国内外教育学术研究成果呈现于大众，有力地推动了西方教育学的传播，也为中国教育学的发展、中国教育实践的改革提供了平台。

（一）开启大学教育系科办教育刊物先声，是洞悉其教育学术研究成果的窗口

第一，开启了我国大学教育系科办教育学术期刊的先声，是当前大学教育系科需要重视的史料。20世纪上半叶大学教育系科的教育学术期刊虽然仅是大学教育系科师生所办，致力于为师生、教育研究者提供发表教育观点的平台，且受限于时代环境等影响，使得刊物办刊时间短、质量等有一定欠缺，却开启了大学教育系科办教育学术期刊的先声，我国大学教育系科办教育学术刊物自此开始。同时，20世纪上半叶大学教育系科所办教育期刊与这一时期大学教育系科及其教育学术社团的发展命运和发展轨迹紧密相联，是研究20世纪上半叶中国大学教育系科发展史的珍贵史料，也是当前大学教育系科所需要珍视和继承的重要传统。不仅如此，民国时期大学教育系科所办教育学术期刊还刊登有关教学实际问题的调查报告，涉及不同省市地区的民众教育、社会教育、职业教育、基础教育等各级各类教育，也成为研究近代中国教育实践的重要史料之一。

第二，洞悉20世纪上半叶大学教育系科师生和中国教育学人教育学术研究成果的窗口。20世纪上半叶大学教育系科所办教育学术期刊刊发了大量大学教育系科师生的学术研究成果，成为洞悉其教育学术思想的重要素材，有助于审视和分析当时中国大学教育系科师生教育学术研究的重点，成为梳理大学教育系科师生教育学术研究发展脉络的中介。不仅如此，20世纪上半叶大学教育系科所办教育学术期刊汇聚了一批中国教育学人在此刊发论文，以中山大学所办《教育研究》为例，聚集了许崇清、庄泽宣、崔载阳、陶行知、梁瓯第、雷沛鸿、阮镜清等教育学人的文章，光华大学所办的《教育学报》聚集了廖世承、董任坚、陈科美、陈一百、张耀翔、谢循初等的文章，四川大学所办《教育半月刊》聚集了张敷荣、邓胥功等的文章，也有助于进一步审视20世纪上半叶中国教育学人的教育学术研究成果，再现以及总结其教育学术思想。

(二) 形成以教育学术期刊为载体的人才培养模式，助力于教育学术人才培养

20世纪上半叶，大学教育系科的培养目标之一为培养教育研究人才，这也使得大学教育系科所办教育学术期刊受此培养目标的指引，加之其依托于大学教育系科这一研究教育学的学术机构，使得编辑与发行教育学术期刊成为大学教育系科师生的主要工作之一。其中，大学教育系科所办教育学术期刊的编辑人员、部分撰稿人员主要为学生，大学教育系科教师则主要承担指导、修改学生论文等职责，形成了大学教育系科师生共同编辑发行教育学术期刊，以教育学术期刊为载体研习教育学术的教育学术人才培养模式。以河南大学教育研究会所办《教育丛刊》为例，该刊1934年第1期共发表了二十五位河南大学教育研究会会员的论文，如许梦瀛《教育哲学上的人格问题》、朱锡仁《民众教育范围的商榷》、李秉德《新教育之哲学基础（译文）》、张建奎《周代教育》等，也刊发了郑若谷《教育社会学之来历》、黄增祥《测验运动在教育哲学上之评价》等三位河南大学教育系教师的论文。[①] 可以说，大学教育系科所办教育学术期刊，因集大学教育系科学生自己编辑、撰文、接受教师指导等为一体，为培养新型的、专业的教育学术研究队伍提供了"公共空间"。[②]

大学教育系科所办教育期刊形成以刊物为载体的全新的人才培养模式，提供了教育学术研究的"公共空间"，通过刊发大学教育系科师生的研究成果，有助于促成大学教育系科师生之间、不同大学教育系科之间的教育学术讨论风气，进一步强化了大学教育系科的学术研究气氛，深化了大学教育系科的教育学术研究。同时，通过不同教育学术观点的呈现，还有助于不同教育学术流派之间的竞争和交流，为中国现代教育学术研究建构了不可或缺的交流平台，也提升了大学教育系科学生的教育学术研究兴趣，扩大了研究视

[①] 李春雷. 史学期刊与中国史学的现代转型——以20世纪二三十年代为例[J]. 史学理论研究，2005 (1)：97.

[②] 郭戈. 教苑随想录[M]. 开封：河南大学出版社，2005：147.

野,裨益于青年学子走向教育学术研究道路。前述提及的李秉德以及王承绪等我国知名的教育学家,在河南大学教育系、浙江大学教育系等求学期间,先后在《教育丛刊》《教育论文摘要》《教育学报(北京)》等大学教育系科所办刊物发表论文,继而又在《教育杂志》等刊物发表论文。随着文章的发表,更加坚定了其从事教育学术研究的信心。① 因此,大学教育系科所办教育学术期刊因之助力于教育学术人才培养,直接推动了大学教育系科后续研究力量的更新、充实以及发展。

(三)西方教育学"东渐"的学术平台,助力于中国教育学发展

戈公振曾指出:"自报章之文体行,遇事畅言,意无不尽。因印刷之进化,而传布愈易,因批判之风开,而真理乃愈见。所谓自由博爱平等之学说,乃一一输入我国,而国人始知有所谓自由、博爱、平等。故能于十余年间,颠覆清社,宏我汉京,文学之盛衰,系乎国运之隆替。"② 毋庸置疑,近代报刊起到了传播和交流中西思想的重要作用。20世纪上半叶大学教育系科所办教育期刊也在传播西方教育学方面起到了重要作用。当然,20世纪上半叶大学教育系科所办教育期刊更感模仿和借鉴西方教育学过甚,致力于从中国实际出发,积极推动中国教育学的发展。

一方面,民国时期大学教育系科所办教育刊物,成为洞悉西方教育学和教育实践的窗口。20世纪上半叶,我国教育学的形成呈现先仿日本后仿美国的路径,模仿、借鉴和传播西方教育学成为中国教育学发展中不可回避的话题之一。大学教育系科所办的教育期刊也对借鉴、传播西方教育学形成了一定认识,指出不能因为抄袭、模仿就忽视西方教育学说的引进和传播。因此,大学教育系科所办教育期刊在其介绍和传播西方教育学的办刊宗旨的引导下,通过刊发相关论文推动了西方教育学的传播。如光华大学教育学会所办《教育学报》1929年第1期设有"译文"板块,刊登了《美国实验学校》《美国教育哲学》《詹姆士教育论》《自由教育与宣传的冲突》等文;中山大学教育

---

① 吴世勇. 王承绪学术思想研究[M]. 广州:广东高等教育出版社,2018:21.
② 戈公振. 中国报学史[M]. 北京:中国新闻出版社,1985:146.

学系所办《教育研究》1936年第68期刊登了杜威、蒙台梭利等西方教育学家画像,并对杜威、蒙台梭利等人的教育学说进行了传播。同时,大学教育系科所办教育期刊还对美、德、日等国家的职业教育、小学教育等各级各类教育进行介绍,复旦大学教育系所办《教育论文摘要》中刊载了王承绪的《波兰教育鸟瞰》、罗廷光的《德国之青年训练》、陈友松的《最近英俄教育之主要趋势》以及《英国成人教育及其组织》等,力图使国人了解西方教育实践的近况,并为我国教育实践提供借鉴。

另一方面,20世纪上半叶大学教育系科所办教育刊物关注中国教育学科的发展,为中国教育学科发展添砖加瓦。沪江大学教育学会所办《沪大教育》指出:"吾人须知我国提倡教育数十年,成效殊鲜,其弊病全在侈谈主义,抄袭他人陈法。往岁国联调查团批评我国教育太'美国化',然其建议似近'欧洲化'。实则此后我国教育,不应'美国化',亦不应'欧洲化',贵能采用科学方法,努力实验,以求适合国民生活与社会需要之'中国化'教育。"[①] 鉴于我国教育学和教育发展中过于模仿和抄袭西方,教育学研究者也指出必须根据中国国情进行教育学术研究,直面中国教育传统和教育实践。20世纪上半叶大学教育系科所办教育学术期刊亦在此方面起到了积极作用,以河南大学教育研究会所办《教育丛刊》、光华大学教育学会所办《教育学报》以及燕京大学教育学会所办《教育学报》为例,刊发了《周代教育》《古学制考》以及廖泰初的《中国教育研究的回顾与前瞻提要初稿》等文,通过完善中国教育学的研究内容和研究对象,思考中国教育学发展的过去和未来,充实了中国教育学的学科体系,助推中国教育学发展。

(四)构建教育理论和实践的桥梁,有助于为中国教育实践改革提供学理支持

正如20世纪上半叶大学教育系科所办教育期刊的出版宗旨所言,其除致力于教育理论的探讨、推动中国教育学发展以及传播西方教育学说外,还旨在成为教育理论和教育实践沟通和互动的桥梁。

---

① 刘湛恩. 发刊词 [J]. 沪大教育,1933(创刊号).

一方面，各大学教育系科所办教育期刊刊发了对中国教育实践问题的探讨，旨在为教育实践提供学理支撑和理论指导。武汉大学哲学教育学会所办《哲学与教育》刊载有《中国现行教育之失败及其原因》《今后女子教育的途径》《中国大学教育的改造》等，河南大学教育研究会所办《教育丛刊》刊发了《中国乡村教育失败及今后应有之标准》《西北教育之回顾与前瞻》等，四川大学教育研究会所办的《教育半月刊》同样如此，刊载了《对于川省市教育视导主任制度的希望》《民众补习教育之我见》《小学"课堂讨论"的技术》《峨眉县教育经费来源之调查》等。这些文章剖析了中国各级各类教育实践、女子教育、边疆教育等中存在的问题，并对形成的原因以及今后如何发展进行相应的思考、分析，发表观点并提出建议，为中国教育实践改革出谋划策。

另一方面，各大学教育系科所办教育期刊还密切关注和走进教育实践，通过刊发相关文章力图向读者呈现中国教育实践的真实情形。光华大学教育学会所办《教育学报》刊发了《学校调查报告》《南京中学参观报告》《幼稚园半日记》《晓庄中心茶园参观报告》以及陈科美的《我国的教育宗旨》等，燕京大学教育学会所办《教育学报》亦刊载了《本市之中学校长：三年来各校长资历之分析（附表）》《定县乡村小学的一瞥（附表）》《燕京大学教育学系乡村建设组工作报告》等，四川大学教育研究会编辑发行的《教育半月刊》刊载有《峨眉县教育经费来源之调查》《四川膳食习俗与学生健康》等，均是有关教育教学实际问题的调查报告。这些深入实践的教育教学报告，既有助于时人了解不同省市地区的真实的教育教学情况，可以作为其进行教育研究的实证资料，也成为我们当前了解20世纪上半叶教育教学实践的珍贵史料。

当前我国许多大学教育系科办有教育学术期刊，据2019年的统计，在拥有教育学科教学科研实体机构的165所大学中，47所大学拥有75种教育专业期刊，且一些教育学科实力强劲的大学，更是率先形成了一定规模的教育期刊集群，形成大学教育系科和教育学术期刊良性互动的发展模式，推动了中国教育学科的不断发展。[1] 不容忽视的是，当前大学所办的教育学术期刊

---

[1] 罗雯瑶，江波. 学科建设与学术期刊协同发展——以我国大学教育学科及教育期刊为例[J]. 苏州大学学报（教育科学版），2020（4）：12.

因时代变迁、期刊的专业化发展和编辑队伍的专业化等因素影响，已经与 20 世纪上半叶大学教育系科所办教育期刊形成一定差异。但是，20 世纪上半叶大学教育系科办刊物的经验和传统需要当前大学教育学术期刊予以继承。同时，20 世纪上半叶大学教育系科积极鼓励学生自己创办教育学术刊物，成为教育学术期刊的参与者、编辑和主要撰稿人，积极发表教育学术研究成果，坚定其从事教育学术研究的兴趣，进而形成依托于教育学术期刊的教育学术人才培养模式等合理经验，需要当前我国大学教育系科所办教育学术期刊予以汲取，为大学教育系科学生提供更多呈现和交流教育学术研究成果的机会，推动大学教育系科后续研究力量的充实和长远发展。

光华大学所办《教育学报》

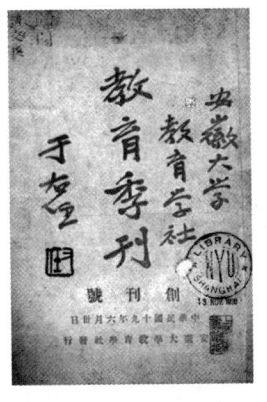

安徽大学所办《教育季刊》

沪江大学所办《沪大教育》

四川大学所办《教育半月刊》

第八章　20世纪上半叶中国大学教育系科发展的个案

1902年，京师大学堂师范馆的创建，是我国师范教育的肇端。1904年1月，《奏定优级师范学堂章程》颁布后，各省相继设置独立的优级师范学堂。民国政府成立后，于同年9月颁布了《师范教育令》，将优级师范学堂改为高等师范学校。此后，民国政府教育部在全国划定了六大师范区，并在每一区设一所高等学校，即北京高师、南京高师、武昌高师、广东高师、成都高师、沈阳高师六所高等师范学校，内设预科（1年）、本科（3年）、研究科（1或2年）。由此，民国初期的高等师范院校由清末优级师范学堂发展而来。1922年11月，《学校系统改革令》公布后，除北京高等师范学校改为北京师范大学外，其他五所高等师范学校均并入或改为综合性大学。[①] 至此，我国仅有北京师范大学一所师范类大学，且仅有北京师范大学一所师范类大学设置教育系科，使得大学教育系科共同存在于师范大学、综合性大学之中。就此，本章主要对20世纪上半叶我国师范大学、国立大学、私立大学、教会大学四种不同类型的大学教育系科进行个案研究，主要截取北京师范大学教育系科、中央大学教育系科、大夏大学教育系科以及华中大学教育系科的设置和发展

---

① 顾明远. 教育大辞典（第2卷）[M]. 上海：上海教育出版社，1990：5.

进行阐述。

一、北京师范大学教育系科的设置和发展[①]

(一) 北京师范大学教育系科的发展阶段

北京师范大学教育系科在1937年前的发展可以分为以下两个阶段。第一，北京高师教育科阶段（1915—1924）。此时在北京高师校长陈宝泉的努力和经费的注入下，1915年北京高等师范学校设立教育专攻科，1920年设立教育研究科。第二，北京师范大学教育系阶段（1924—1937）。这一期间，1930年北平师范大学教育科学门成立，目的在于"养成学生独立研究教育实际问题之能力，使卒业后，无论在教育行政机关或各级学校服务，均能作研究及实验工作，以谋教育效率之增进"[②]。第一年招收二十人，卒业仅三人。1931年7月北平大学女子师范学院并入北平师范大学，下设教育学院、文学院、理学院及研究院。1935年，北京师范大学教育系成立"小学教育通讯研究处"，负责解答全国小学教育界提出的问题。

(二) 北京师范大学教育系科的发展特征

1. 培养任务逐渐全面

北京高师于1915年设立教育专攻科，其目的主要"在输入德国教育学说，以振奋国人教育思想"。此后，1920年设立的教育研究科"招收高师、专门学校或大学预科卒业生，肄业二年给予学士学位"，主要是为进行"专业训练"。1924年北京师范大学教育系设立目的主要是"对于吾国所需之各项教育人才，予以专业训练"，旨在培养学生三种能力："A. 在学校或教育行政机关担任教育行政职务之能力；B. 在中等学校担任一种普通科目及教育各种科目之能力；C. 对于各种教育实际问题有独立解决之能力。"

[①] 本部分根据李建勋《教育学院概况及其计划》（《师大月刊》1932年第1期）一文写成。

[②] 许椿生，等. 李建勋教育论著选[M]. 北京：人民教育出版社，1993：150.

2. 课程设置逐渐全面，必、选修结合

李建勋在《教育学院概况及其计划》一文中对 1925 年至 1933 年的必修科目和选修科目进行了统计，并对这些科目进行了分析。

表 8-1　1925—1933 年北京师范大学教育学院开设课程一览表

年度	必修课程	选修课程
1925—1926 年	教育概论、教育史、教育心理、中国教育行政、中等教育、儿童及青年心理、教育哲学、体育游戏	道德学、社会学、学校管理、各国教育行政、变态心理、实验心理、逻辑学、小学教育、乡村生活及乡村教育、课程论、图书馆管理法、应用心理学、认识论、心理学史、近世学制变迁史、数学逻辑、学校演戏指导
1926—1927 年	社会学、教育概论、教育及心理测验、普通教学法、中国教育行政、儿童及青年心理、近代教育原理	社会学、心理学、教育的英文、教育及心理测验、哲学概论、学校管理、变态心理、动物心理、中等教育、逻辑学、西洋哲学史、近代教育思潮、小学教育、乡村生活及乡村教育、生理心理、陈述心理、近世学制变迁史、逻辑学史、科学方法与教育
1927—1928 年	教育史、教育统计、教育及心理测验、普通教学法、哲学概论、学校管理、儿童及青年心理、教育哲学、近代教育原理	教育概论、哲学概论、学科心理、社会心理、变态心理、实验心理、西洋哲学史、近代教育思潮、小学教育、乡村生活及乡村教育、社会问题、近世学制变迁史、西洋道德学史
1928—1929 年	道德学、教育概论、教育史、教育心理、普通教学法、中国教育行政、实验心理、儿童及青年心理、教育社会学、心理分野	社会心理、师范教育、教育社会学、文化与教育、艺术教育、中国哲学、学校管理、学科心理

续表

年度	必修课程	选修课程
1929—1930年	道德学、心理学、教育概论、教育的英文、教育史、教育心理、教育及心理测验、普通教学法、哲学概论、中国教育行政、学务调查、各国教育行政、学科心理、中等教育、儿童及青年心理、教育哲学、参观与实习、教育社会学、现代文化、科学概论	教育统计、学校管理、社会心理、实验心理、师范教育、小学教育、图书馆管理法、文化与教育、工作学校要义、艺术教育、中国教育思想史、中国哲学、特殊儿童、教育公文程式
1930—1931年	心理学、教育概论、教育的英文、教育史、教育心理、教育统计、教育及心理测验、普通教学法、中国教育行政、学校管理、学务调查、各国教育行政、中等教育、师范教育、教育哲学、参观与实习、论文研究、现代文化、科学概论	道德学、哲学概论、学校管理、社会心理、儿童及青年心理、逻辑学、教育社会学、乡村生活及乡村教育、图书馆管理法、文化与教育、工作学校要义、艺术教育、训育论、生理心理、西洋道德学史、中国哲学、现代哲学、特殊儿童、实验教育、高等统计、德国教育思潮
1931—1932年	生物学、道德、社会学、心理学、教育概论、教育的英文、教育史、教育心理、教育统计、教育及心理测验、普通教学法、哲学概论、中国教育行政、学校管理、学校卫生与健康教育、学务调查、各国教育行政、学科心理、社会心理、变态心理、动物心理、实验心理、中等教育、师范教育、儿童及青年心理、教育哲学、参观及实习、论文研究	逻辑学、西洋哲学史、公民教育、幼稚教育、教育社会学、现代文化、近代教育思潮、小学教育、小学教育实际问题、乡村生活及乡村教育、民众教育、课程论、图书馆管理法、高等伦理学、文化与教育、工作学校要义、系统心理、科学概论、艺术教育、教学视察、社会问题

续表

年度	必修课程	选修课程
1932—1933年	生物学、道德学、社会学、心理学、教育概论、教育的英文、教育史、教育心理、教育统计、教育及心理测验、普通教学法、哲学概论、中国教育行政、学校管理、学校卫生与健康教育、学务调查、各国教育行政、学科心理、社会心理、变态心理、动物心理、实验心理、中等教育、师范教育、儿童及青年心理、教育哲学、参观及实习、论文研究	逻辑学、西洋哲学史、公民教育、幼稚教育、教育社会学、现代文化、近代教育思潮、小学教育、小学教育实际问题、乡村生活及乡村教育、民众教育、课程论、图书馆管理法、高等伦理学、文化与教育、工作学校要义、系统心理、科学概论、艺术教育、教学视察、中国教育思想史、训育论、社会问题

[本表根据李建勋《教育学院概况及其计划》(许椿生，等. 李建勋教育论著选［M］. 北京：人民教育出版社，1993：133—139)，截取了1925年至1933年北京师范大学教育系课程。]

由上，北京师范大学教育系课程具有以下特点。

首先，课程由必、选修两部分组成，且注重学生基础学科的学习，如生物学、道德学、社会学、心理学等学科都是教育系学生选修和必修的科目。

其次，注重实践课程的注入。北京师范大学教育系科在注重教育基本理论课程开设的同时，也增加了时代、社会需要的实践课程，如小学教育实际问题、乡村生活及乡村教育、民众教育、工作学校要义、教学视察等课程。

再次，教育系科的课程历年变化较大，直到1931年开始才稳定。李建勋指出："科目总数逐次增加，本系科目自1924年至1928年度增减无定，1929年度突然增加，较1928年度几多至二倍，1930年度后虽稍增加"，但是"各科目之重要性难定"。[1]

最后，与《师范学院教育学系必修科目表》及20世纪上半叶我国引入的教育学科相比，北京师范大学教育系科所开设的课程比较全面，大体按照当

---

[1] 许椿生，等. 李建勋教育论著选［M］. 北京：人民教育出版社，1993：132.

时教育部规定课程开设，且涵盖了大部分当时引进的教育学科。

3. 教师学历较高，以留美学生为主

李建勋在《教育学院概况及其计划》一文中指出，教育系历年之教员共八十二人，教授十六人，讲师六十六人。就教育系教授的学历程度而言，"但就教授论之，得有博士学位者四人，硕士学位者十人，学士学位者一人，无学位者一人"。教授有博士学位者占总数的25%，教授有硕士学位者占总数的62.5%，教授的整体学历是比较高的。就教育系教授的留学情况来看，"各教授俱系留学国外者，其中留学美国者十二人，留学英国者三人，留学日本者一人"。教授留学美国者占总人数的75%，占较高比例，教授留学英国者占总人数的18.75%，教授留学日本者占总人数的6.25%。可见，北京师范大学教育系科教师学历较高，均系留学者，且以留学美国者居多。

二、中央大学教育系科的设置和发展

民国初期，我国教育系科主要集中于高等师范学校之中，国立、省立这样的综合性大学设置教育学科的很少。随着"高师改大"运动，一批高等师范纷纷改为国立或省立综合性大学，这使得国立、省立综合性大学开始设有教育学系、教育学院，如成都高等师范学校于1924年改为国立成都大学，并于当年设立教育系。此后，国民政府教育部于1929年7月26日公布《大学组织法》，进一步明确了各类大学"分科改称学院，并于文、理、法、农、工、商、医原有七学院而外加一教育学院"[①]。1929年8月14日公布的《大学规程》进一步明确"大学教育学院或独立学院教育科分为教育原理、教育心理、教育行政、教育方法及其他各学系。此外，大学各学院或独立学院得分别附设师范、体育、市政、家政、美术、新闻、图书馆学、药学及公共卫生等专修科"[②]。可见，在国家政策的推动下，国立综合性大学教育系科得以建立并发展，承担了引进、传播教育学，培养教育学术人才等重任。如前，据1934年、1947年的中国教育年鉴，设置教育系科的国立综合性大学有山

---

① 周邦道，等. 第一次中国教育年鉴（丙编）[M]. 上海：开明书店，1934：11.
② 周予同. 中国现代教育史 [M]. 上海：上海良友图书印刷公司，1934：204.

东大学、中山大学、中央大学、四川大学、北京大学、武汉大学、浙江大学、暨南大学等校，此处在分析国立综合性大学教育系科时主要截取当时的全国最高学府——中央大学作为个案进行展现。

(一) 中央大学教育系科的发展阶段

中央大学教育系科的发展可以划分为四个阶段。第一，南京高师教育科阶段（1918—1921）。1918年，南京高师添设了教育专修科，1921年南京高师并不招生，并在学生毕业后并入东南大学。第二，东南大学教育科阶段（1921—1927）。1921年，东南大学成立，南京高师的四个专修科改归大学，本科仍由高师办理。东南大学教育科由教育专修科和体育专修科组成，下设心理系、教育系、体育系。1923年，南京高师并入东南大学，教育科设教育、体育、心理、乡村教育等四系。第三，中央大学教育学院阶段（1927—1937）。院长分别为郑晓沧、韦悫、孟宪承、程其保。教育学院由东南大学教育科和江苏省立第四师范附属艺术专修科合并改组而成。教育学院除原有的教育学系和体育专修科外，教育学系分为教育心理、教育行政和教育社会三个学系，同时增设师资科、艺术专修科、卫生教育科。教育学院后将教育行政系和教育社会系合并为教育学系。第四，中央大学师范学院阶段（1937—1949）。遵照国民政府教育部的指令，教育学院改为师范学院，院长为徐养秋、艾伟、许恪士、孙本文、张士一、邵鹤亭等。

(二) 中央大学教育系科的发展特征

1. 培养目标根据需求而进行调整

东南大学成立后，我国正处在欧美教育思潮影响较甚、民众素质普遍偏低的时期，教育系、心理系即与体育系合组为大学的教育科，以培养教育人员、研究教育学、推广教育事业。国民政府教育部在1929年颁行的《大学组织法》规定"研究高深学术，养成专门人材"。较多大学"依据此项规定之含义，并参酌现实社会之需要"，确定了三项培养目标。中央大学时期正处于我国大学普遍重视学术研究和培养实用人才的时期。中央大学教育学院教育学系的培养目标根据研究和社会需要，确定为"培植教育研究人员、养成师范学校及中学师资、养成教育行政人员"。此后，伴随着中等学校师资的缺乏和国家对师范教育的重视，中央大学师范学院以培养中等教育师资为目的。

2. 课程设置实行必、选修结合

1920年9月，南京高师采用"选科制"，学程分教育学、心理学两系，凡教育科学生须选择共同必修之普通学程、共同必修的专修学程、选修的主系学程、选修的辅系学程、任选学程。中央大学教育学院时期，课程设置上除医学院都是必修课外，各学院都分必修和选修两种。必修课有全校公共必修、分组必修、全院共同必修和主系必修四种。全校"公共必修课"初为三门十六学分。"分组必修课"共分五组，甲组有国学、外国文、东方文学、西方文学；乙组有社会、历史、政治、经济、法律、商业；丙组有哲学、数学、心理学、教育学；丁组有地学、生物、人类学、生理卫生、农艺；戊组有物理、化学、工程。文、理、法、教育学院的学生必须从以上五组中各选一门，合计学分要在三十个以上。此外，各学院均有"共同必修课"，各学系则设有"主系必修课"等，一百二十八个学分的大体分配是：（1）全校公共必修十二个学分；（2）分组必修三十学分；（3）各院必修二十五学分；（4）主系必修不等，一般四十学分；（5）辅系必修为十五学分；（6）任意选修若干，使总学分在一百二十八个以上。之前教育学院的课程都是自行设置，1938年12月国民政府教育部颁发了《大学共同必修科目表》，接着又颁布了《各院系共同必修科目表》，责成各大学从1941年起，按国民政府教育部统一科目开课，实行全国统考。中央大学严格执行国民政府教育部规定，要求学生必须按开课顺序修满一百三十六学分以上始得毕业。

3. 教师留学生居多，教授比例渐增

南京高师、东南大学教育科时期的教师有郭秉文、陶行知、俞子夷、郑晓沧、姜琦、朱君毅、孟宪承、廖世承、陆志韦、陈剑脩、程其保、陈鹤琴、凌冰、艾伟、程湘帆、汪懋祖、赵叔愚、卢颂恩、张信孚等。其中，在国外获博士、双硕士者八人，获硕士学位者七人，获学士学位或学习者五人，无留学经历及档案不全者十一个人，外籍教师二人，留学人员及外籍教师占比66.7%。

中央大学教育学院全院教师四十五人，其中教授、副教授十二人。先后在教育学等系执教的学者有张士一、沈履、郑晓沧、韦悫、孟宪承、艾伟、高君珊、王凤喈、陈鹤琴等。教育学系教师留学比例较高,上述列举的郑晓沧、韦悫、孟宪承、艾伟等均留学美国。这一时期,教授、副教授占教师总数的 26.7%。到了中央大学师范学院时期,全院教师八十五人,教授、副教授三十六人,占教师总数的 42.35%。此外,中央大学教育系科的学术水平也较高,如出版了《新教育》等杂志,向全国传播了杜威的思想,成立了研究生院等,学生管理也较严格,实行学分制。

三、大夏大学教育系科的设置和发展

在民国初期自由平等观念影响下,民国政府逐步放开私人兴办大学的权力。1912年颁布的《大学令》第二十一条明确规定"私人或法人亦得设立大学"[①]。此后,《私立大学规程》《私立大学及专门学校立案条例》等专门针对私立大学的政策法令相继颁发。可以说,20世纪上半叶颁布的关于私立大学的系列政策法令,为其迅速成长提供了良好的政策环境。其中,厦门大学、大夏大学、大同大学、复旦大学、光华大学、中华大学等均是此时由个人举办的私立大学,也多于创办之初或之后设置有教育系科,如厦门大学、大夏大学等均是成立之初便设置有教育系科。此处主要选取被誉为"中国的哥伦比亚大学"的大夏大学的教育系科为例,阐释私立大学教育系科的设置和发展。

(一)大夏大学教育系科的发展阶段

1924年厦门大学学潮之后,厦门大学教授欧元怀、王毓祥、傅式说等九人应厦门大学离校学生的请求为使其得以继续学业,在上海筹组了私立大夏大学。大夏大学从1924年成立之初就商定设文、理、教育、商、预五科。大夏大学教育系科的发展划分为四个阶段。第一,教育科阶段(1924—1929)。这期间,大夏大学于1925年5月增添了高等师范专修科及附属中学。1928年,大夏大学第一种教育研究的刊物——《教育季刊》出版。第二,教育学

---

① 大学令 [J]. 中华教育界,1913 (2):31.

院阶段（1930—1944）。大夏大学教育科于1930年遵照国民政府教育部令改称教育学院，教育科主任改为教育院长。这一时期，大夏大学教育学院有了进一步发展，这主要表现在以下几方面：（1）增加或调整学系，这一时期大夏大学增设社会教育系（1930年）、职业教育系（1937年）；（2）出版杂志，大夏大学教育学院发展至1938年已有出版物《教育建设》《教育研究通讯》《教育学会会刊》《社会教育季刊》等；（3）举办抗日讲座；（4）增加各种研究室，这一时期，大夏大学教育学院有教育行政研究室、教材研究室、社会教育研究室、心理仪器研究室、心理实验室、电化教育实习室、教育电影放映室。第三，文学院中设教育学系阶段（1945—1947）。抗战胜利后，大夏大学迁回上海原址，遵照国民政府教育部关于大学在文学院下设教育学系的规定而在文学院中设教育学系。第四，重设教育学院阶段（1947—1949）。1947年9月22日大夏大学开学，教育学院恢复。教育学院下设教育学系、社会教育系、教育心理系。1949年教育学院注册学生为365人，居于全校注册人数第三。

（二）大夏大学教育系科的发展特征

1. 培养目标注重学术性和社会应用性相结合

罗亮畴在《大夏教育学院与中国教育——为纪念立校十七周年作》一文中指出，本校教育学院，不特是重学理的灌输，更重在实际知识的传讯，与技能的训练，使能躬行实践，学以致用，这是本校教院的卓异的精神。[①] 陶愚川在《教育学系之现在与将来》一文中指出，教育学系今后至诚无息的完成下列各项重要任务：培育专业精神、加强学科训练、重视研究工作、推行社会服务。大夏大学教育系科的培养目标主要是针对培养学生的学术精神、强化学生的研究能力以及加强学生的社会实践能力而展开的，但是特别强调学生实践能力的培养。[②]

---

① 罗亮畴. 大夏教育学院与中国教育——为纪念立校十七周年作［J］. 大夏周报，1940（10）：23.

② 陶愚川. 教育学系之现在与将来［J］. 大夏周报，1947（1）：16.

2. 课程设置多样、面向实践，注重必、选修相结合

以 1947 年第一学期大夏大学教育学院各系开办学程为例，设置的课程有：心理及教育测验、西洋教育、教育概论、中国教育史、普通心理、比较教育、社会教育概论、初等教育、图书馆学、学校调查、社会心理学、犯罪心理学、普通教学法、中等教育、发展心理、师范教育、教育统计、电化教育、成人学习心理、小学教材及教法、教育行政、普通心理学、教育心理、教学实习。1947 年第二学期教育学院各系开办课程：教育概论、西洋教育史、普通心理、变态心理、发展心理、教育视导、小学各科教材及教法、乡村教育、课程论、社会教育事业、图书馆学、幼稚教育、课外绘图、教育生物学、中国教育史、训导原理及实施、教育心理、社会心理、心理卫生、国民教育、教育哲学、教育研究法、教育社会学、比较教育、教学实习、教育图示法、儿童心理。①

将 1947 年大夏大学教育学系课程设置对照 1939 年国民政府教育部颁布的《师范学院教育学系必修科目表》、1946 年国民政府教育部颁布的《大学科目表》以及 20 世纪上半叶中国形成的教育学科可以看出，大夏大学教育学系课程设置具有以下特点：首先，大夏大学教育系的课程遵照国民政府教育部规定由共同必修课和教育学系的课程组成，教育学系课程由必修课和选修课两部分组成，陶愚川就曾指出大夏大学教育学系课程的开设都是遵照国民政府教育部颁行的《大学科目表》办理的；② 其次，大夏大学教育系的课程占 20 世纪上半叶中国引进的教育学科的 50% 左右，几乎涵盖了当时主要的教育学科；再次，大夏大学教育系课程设置比较全面，既不失自己的个性，又根据社会和学生的需求很好地融合了这两个科目表的要求，开设了比较广泛的教育学类课程；最后，大夏大学教育系课程设置注重面向实践，社会教育、乡村教育、教育视导、女子教育、职业教育、性教育、电化教育等课程的设置体现了大夏大学教育学系注重理论联系实践，让学生学"活学问"的思想。

---

① 各院系开班学程 [J]. 大夏周报，1948（14）：25.
② 陶愚川. 教育学系之现在与将来 [J]. 大夏周报，1947（1）：17—18.

3. 教师队伍以国外留学生为主

一所大学的发展需要优秀教师的支持。担任大夏大学校长、教育科主任的欧元怀指出:"一个大学虽有赖于物质,亦当添醴饱学专家领导研究,并拟出版各种学术上的刊物。"① 大夏大学教育系科的发展也与优秀教师队伍的支持密不可分。大夏大学教育学系的教授大多有留学经历,教授的学历层次也较高,从教授的最终学历来看,硕士比例约为 45.7%,博士比例约为 28.6%。教授的留学经历使得他们可以融汇中西知识。这并不意味着大夏大学教育科在聘请教师时一味迷信留洋学生。大夏大学注重教师学历的同时,更注重教师的学识和品性。正是在一支优秀的教师队伍的支持下,大夏大学教育系科得到了较好的发展。

4. 生源稳定,占学校总人数比例较高

学生人数一定程度上反映了大夏大学教育系科的力量。依据《大夏周报》,大夏大学教育学院在校学生数多居于全校的前二、三名,1938 年秋位居全校第一名,据此可以看出教育系科的力量是比较雄厚的。

表 8-2 大夏大学各学院在校学生人数表(单位:人)

年份 院别	1930 年 (春、秋)	1931 年秋	1932 年秋	1938 年秋	1947 年春
文学院	241、157	145	142	70	223
理学院	59、88	107	115	84	335
教育学院	126、216	221	264	140	233
商学院	56、85	125	155	71	628
法学院	75、270	287	324	135	1101
高师(师范专修科)	202、239	272	231	104	

(注:此表依据《大夏周报》六周年纪念季刊第 363 页、第 7 卷第 120 页、第 8 卷第 85 页、第 9 卷第 119 页、第 15 卷第 10 期第 6 页、第 24 卷第 5 期第 15 页编制而成。)

5. 教学管理严格且不失灵活

---

① 欧元怀. 新年三愿 [J]. 大夏周报,1947(5):2.

教学管理的出发点就是为了协调和充分发挥教学过程的各个环节的作用，从而使得教学质量有所提高，保证人才的培养质量。大夏大学的教学管理是比较严格的，制定了较为详尽的学业成绩评定原则、严格的考试制度，并实施了导师制更好地管理学生。首先，学业成绩评定原则主要依据学分来衡量；① 其次，实行严格的考试制度，考试基本形式有四：小考、临时、学期考试、会考；② 最后，实行导师制。大夏大学于1929年4月5日开始施行导师制，比国民政府教育部公布纲要推行导师制早六年。导师制的指导主要有学术讨论、专题研究、职业指导和困难问题咨询等几项。大夏大学教育系通过导师制的实行，密切了师生间的关系，更好地促进了学生的发展。

6. 学生活动注重理论和实践有机统一

大夏大学教育系科的学生活动比较丰富，既有学术方面的活动，也有锻炼其实践能力的活动。大夏大学教育科成立了教育研究室等研究机构，教育研究室为有志于教育学术研究的学生提供书籍等资料阅览。此外，教育科还经常举办征文活动，旨在促进学生的发表能力，培养其写作兴趣。为了使学生将理论与实践相结合，大夏大学教育系还提倡大学生参加各种课外实践活动。教育学院进行的实践活动比较多，如教育学会参观松江各教育机关、邰院长带领教育行政系赴昆山参观地方教育行政、教育心理系的同学诊察有"儿童问题"的儿童、社会教育系的同学主办上海广播电台通俗教育讲座、教育行政系的同学参与沪郊教育调查等。这种课外实践活动促进了理论与实践的良好沟通，锻炼了学生的能力。

四、华中大学教育系科的设置和发展

教会大学是欧美各类教会团体在近代中国设立的高等教育机构，也是中国土地上最早出现的现代高等教育机构。教会大学的创办时间可以追溯到19世纪70年代，主要目的是培养中国的传教人员，以扩展教会势力。到1919年，已完全具备本科设置的基督教教会大学有十三所，分别是东吴大学、圣

---

① 王毓祥，傅式说. 十年来之大夏大学［J］. 大夏周报，1934（8、9期合刊）：219.
② 王毓祥，傅式说. 十年来之大夏大学［J］. 大夏周报，1934（8、9期合刊）：220.

约翰大学、之江大学、华西协和大学、华中大学、金陵大学、齐鲁大学、华南女子大学、金陵女子大学、沪江大学、岭南大学、燕京大学、福建协和大学。[①] 近代中国教会大学大多设置有教育系科，而教育系科也是其建立较早的系科之一。如前提到的华中大学、金陵大学、东吴大学、沪江大学、岭南大学、齐鲁大学、燕京大学均设置有教育系科。下面以华中大学为例，阐释教会大学教育系科的设置和发展。

(一) 华中大学教育系科的发展阶段

鉴于华中地区所有的教会大学规模较小且水平不高，1921年的《伯顿报告》明确了在华中地区建立一所规模较大的教会大学。经过多次会议商讨，会议通过了华中大学于1924年开学的详细计划，并决议在文华大学所在地筹办华中大学。1924年10月2日，华中大学经过改革重组后举行了开学典礼，成立之初即设有教育系。1929年，华中大学在政局变动之后重新开学，开始设置文、理、教育学院。1931年10月24日，国民政府教育部同意具有文、理、教育学院的华中大学以"大学"级别注册。此后，华中大学教育学院始终不断调整和发展，彰显自己的特色，培养了一批教育学术人才。

据此，华中大学教育系科的发展可以划分为四个阶段。第一，初期筹备阶段（1924—1930）。华中大学于1924年成立之初就设有教育系。1929年9月，华中大学在动荡之后终于重新开学，由文、理两科扩充为文、理、教育学院。1930年，华中大学教育学院下设的主修专业为管理学、教育哲学以及心理学，辅修专业为管理学、教育哲学、心理学、体育教育。第二，正式立案阶段（1931—1937）。1931年11月24日，国民政府教育部委任视察员在华中大学检查。嗣后，圣诞节前夕，国民政府教育部下发的注册批文中批准拥有文学院、理学院和教育学院三个学院的华中大学以"大学"的级别注册。华中大学正式立案后，教育学院继续发展，合并、扩充了教育学系，增强与基督教中学的协作关系，增加研究会、合唱团和实习基地。此时教育学院有

[①] 金以林. 近代中国大学研究（1895—1949）[M]. 北京：中央文献出版社，2000：97—103.

教育学会和专门讲座，以研讨教育学，增进教育理论等为宗旨。第三，西迁喜洲阶段（1938—1945）。1938年9月下旬，华中大学在桂林开学，后又迁往喜洲，仍设文、理、教育学院。第四，重返武汉阶段（1946—1951）。1946年，华中大学返回武昌，设文学、理学以及教育学院。其中，教育学院下设教育学系、音乐组，并于1947年增加教学系和体育组。教育学院院长和教育系主任仍为黄溥。

（二）华中大学教育系科的发展特征

1. 培养目标以培养中学师资为主

1931年华中大学立案之初，教育学院报告明确指出其目标在于"为成为初中和高中的教师提供全面而精确的训练，使其能胜任任何中学，尤其是能满足教会学校或是同中国基督教会有良好关系学校的需要"。培养师资和为基督教中学服务一直成为教育学院努力的方向。[1] 1932年，黄溥担任教育学院院长后，鉴于我国高等师范或师范大学太少，不足以养成中等学校师资和行政人员，且由于大学毕业生毕业后大多从事教育事业，但是受过师资训练的极少，他撰文指出教育学院要发挥其重要作用就必须担负"培养中等学校师资之使命"和"逐个研究和改革种种教育问题的使命"。[2] 这一提法既考虑到了我国的实际情况，又凸显了该校教育学院的一贯培养特色。1936年，黄溥又拟定了《华中大学教育学院十年发展规划（1936—1946）》，明确指出办理教育学院的主要目的是"培养和训练教育理论和教育实践方面的人才，特别培养中学教师及行政管理人员，进行教育和心理学方面的研究，通过华中基督教教育促进会加强华中地区基督教中学的力量，增强教会、学校、社区使用音乐进行教育的能力"[3]。这一目标一直成为华中大学教育学院正规化后的

---

[1] School of Education Central China College [B]. 武汉：华中师范大学档案馆（案卷号62）.

[2] 黄溥. 教育学院在大学课程中之地位与使命 [J]. 中华基督教教育季刊，1934（10）：26—30.

[3] 华中大学. 华中大学教育学院十年发展规划（1936—1946）（英文版）[B]. 武汉：华中师范大学档案馆（案卷号59）.

纲领和努力方向，它既彰显了该校在基督教教育中所占的重要位置，也深切考虑到了当时中学师资普遍缺乏的现实问题。

2. 课程设置面向实践，必修、选修相结合

华中大学教育学院成立之后，教育原理系、教育心理系、教育行政系、教育方法系均作为其下设学系存在过，音乐系和体育组也曾作为其辅修系存在。本文主要对1931年的教育原理系、教育心理系、教育行政系，1933年的教育方法系以及1935—1936年的教育系所开设的课程进行整理和分析，如下表8-3所示。

表8-3　华中大学教育学院各学系课程开设表

学系	开设课程
教育原理系（1931年）	必修：教育原理、参观教学、中国教育史、中国现行教育制度、实习教学、教育原理及方法概论、中学各科课程教授法、品格教育、西洋教育史、教育心理学。 选修：教育测量及统计、中等教育原理、教育哲学（讨论班）。
教育心理系（1931年）	必修：普通心理学、教育心理学、社会心理学、心理卫生、中国现行教育制度、中国教育史、教育测验及统计、中等教育原理、中学各课程教授法、实习教学。 选修：宗教心理学、品格教育。
教育行政系（1931年）	必修：中国现行教育制度、比较教育、中国教育史、实习教学、教育原理及方法概论、中学各科课程教授法、公私立学校行政、乡村教育行政。 选修：学校视导、课程编制及实施、教育测验及统计。[①]
教育方法系（1933年）	教育原理、教育概论、实习教学、中等教育之原理及问题、宗教学及教学法、中学各科课程教学法、中国教育史、西洋教育史、教育社会学、教育哲学。

---

① 华中大学. 私立武昌华中大学一览（中华民国二十年度）[B]. 武汉：华中师范大学档案馆（案卷号57）.

续表

学系	开设课程
教育系 （1935—1936年）	教育概论、中国教育史、教育原理、教育社会学、品格教育、教育哲学、宗教教育视导、宗教教育概论、宗教学校管理、中等学校视导、中等教育方法、比较教育、教育视导、中国现代教育、课程编制、统计学基础、教育评价与统计、英语特殊教授法、地理特殊教授法、中文特殊教授法、生物特殊教授法、化学特殊教授法、物理特殊教授法、历史特殊教授法、音乐特殊教授法、研究问题、教学实习。①

华中大学教育学院各学系开设课程具备什么特征？仅根据课程名称分析难免有"画地为牢"之限。因此，此处同样结合了1939年《师范学院教育学系必修科目表》和20世纪上半叶中国引进的教育学科进行对比，归纳其特征，发现具备以下特点。

首先，开设课程主要按照国民政府教育部规定，由共同必修课和教育学系课程组成，后者又由必、选修组成。同时，将这些开设课程名称逐年累计统计，可以发现这些课程大致占国民政府教育部要求开设科目的69.2%，因此，华中大学教育学院课程设置在很大程度上还是紧扣国民政府教育部课程设置的要求的。

其次，开设课程总数占20世纪上半叶中国引进和形成的教育学科的47.5%，不难看出，华中大学教育系科的课程设置还是较为全面的。

再次，注重开设特色课程。华中大学教育学院还根据本校基督教教育的性质开设有"院本课程"，如宗教教育概论、品格教育、宗教教育视导、宗教学校管理、宗教学及教学法，这些课程既是本校，又是本学院的特色课。

最后，强调设置实践课程。参观实习、中学各科教授法等课程的课时数在总学时中占据较高比例，其中"参观教学"课时有一个学期，教学实习则从第二学年到第四学年均开设，目的在于"在中学课室内实际与该课室教师

---

① 华中大学. 私立武昌华中大学（1935—1936）[B]. 武汉：华中师范大学档案馆（案卷号56）.

练习教学，直接受其指导"①。这些课程的设置既满足了培养中学师资的需求，又体现了华中大学教育系科注重理论与实践相连，注重学生专业技能提升的理念。

3. 教师队伍以外籍教师和留学生为主

一所大学，不谓有大楼，谓有大师也。可见，师资质量的高低是高等学校赖以发展的生命线。华中大学教育系科一直重师资建设，吸纳优秀人才到校任教。教育学院教师大致有三个来源：国外差会委派来的教师，如复初会派来的薛世和夫妇、伦敦会派来的安德生夫妇；学校自己广纳各方贤才而招聘来的教师，如心理系的胡毅博士；学校自己培养的优秀毕业生是另一来源，如吴再兴、李辉祖等。其中，前两个来源占据较大比例，学校培养的则比例较小。这些教育教学素养极高的教师对于推动华中大学教育系科的发展起到了重要作用。此外，华中大学教育系科的中国籍教师有留学经历的高达90%，唯一一位没有留学经历的中国籍教师吴再兴，1948年也在学校董事会基金的支持下，留学美国哥伦比亚大学师范学院。不仅如此，华中大学教育系科教师的学历也较高，取得硕士学位的占36.36%，博士学位的占22.72%。正是在中西合璧、高学历教师的支撑下，华中大学教育系科得到了较大发展。

4. 在校生人数稳定

在校生人数能够体现和衡量一个学校的办学水平和办学质量。表8-4显示了1930—1949年教育学院在校学生人数及占全校总人数的比例。

表8-4 1930—1949年华中大学教育学院在校学生人数及占在校学生总人数比例表

年份（年）	教育学院在校生人数（人）	全校在校生总人数（人）	比例（%）
1930—1931	5	98	5.10
1931—1932	10	147	6.80
1932—1933	36	198	18.18
1933—1934	23	—	—

---

① 华中大学. 私立武昌华中大学概况[B]. 武汉：华中师范大学档案馆（案卷号54）.

续表

年份（年）	教育学院在校生人数（人）	全校在校生总人数（人）	比例（%）
1934—1935	49	256	19.14
1935—1936	18	1288	1.40
1936—1937	30	-	-
1937—1938	82	375	21.87
1938—1939	30	271	11.07
1939—1940	23	-	-
1940—1941	23	179	12.85
1941—1942	27	280	9.64
1942—1943	23	280	8.21
1943—1944	-	284	-
1944—1945	20	387	5.17
1945—1946	26	540	4.81
1946—1947	43	831	5.17
1947—1948	97	1007	9.63
1948—1949	108	1041	10.37

（注：此表依据多份档案制成，教育学院学生数据根据 President's Report for the Year、1931年学生名册、1932年学生名册、1933—1938年华中大学学生名册、1938—1943年华中大学学生名册、1944—1947年华中大学学生名册、1947—1951年华中大学学生名册编制而成，案卷号分别为 63、322、323、519、520、521、522；全校学生总数引自章博《以质取胜——华中大学办学特色研究》一文中"华中大学历年学生与教职工人数统计表（1930—1950）"。）

从表8-4可以看出，华中大学教育学院在校生人数较为稳定，占全校学生比例也大致为8%—20%之间，这与华中大学讲求学生质量而非数量有密切关系。此外，1937年、1948年至1949年是华中大学教育学院在校学生数的两个顶峰期，这与全面抗战前后社会环境相对较为安定有关。1930年到1937年和1938年到1947年，华中大学教育学院在校学生相对较少，这显然受到了办学初期生源无法保证、战争影响导致学生就学困难等方面因素的影响。

5. 教学管理制度规范且严格

教学管理主要通过一系列规范和各方力量的有效协调而最终促成教学质量的提升，它对人才质量提升有着重要意义。华中大学在基督教教义的指导下，制定了一系列易于操作的、比较严格的教学管理制度，其中包括严格的考试制度、学分制、导师制等。

第一，严格的考试。华中大学教育学院遵循本校制定的严格的考试制度，教育学院的学生必须参加中期考试和毕业考试。其中，中期考试是指学生读完四个学期的课程后必须要参加统一考试，国文、英文以及三门主修课全部及格才可升级；毕业考试则是学生在四年课程全部修习完成之后进行整体考核，及格才可以毕业。因为中期考试和毕业考试的双向监控，很多学生在毕业前惨遭淘汰，而最后能顺利毕业的都是较为优秀的学生。

第二，规范的学分制。华中大学教育学院通过学分制来评定学生四年应修习的总分数，每一门课程的学分划定不同，如英语、中文的学分分别为二、一，而教育学、心理学的学分为三；同时，各个年级的学分要求也不同，一年级学生应修二十学分、二年级学生为十八至二十一学分、三年级和四年级的学生均为十五学分。[①] 通过学分，可以约束学生必须上满相应的课程，也是核定学生毕业与否的依据之一。

第三，导师制。华中大学教育学院实行导师制，这既是一种促进学生发展、增进师生关系的有效方法，又与国民政府教育部推行导师制的要求相吻合。具体来说，导师制的要求有：一、二年级的学生有生活和一般业务导师，每个导师分管十五六个学生，主要为新生解决面临的问题和增进师生情谊；三、四年级的导师为专业导师，主要负责学生的专业学习和了解学生思想。[②] 导师制的推行对学校和教师及时把握学生思想动态和生活状况，了解学生的真切感受，使学生接受导师人格熏染，加强师生间互相交流和切磋，以及促成教师的因材施教有着重大意义。

---

① Department of Education-School of Education［B］. 武汉：华中师范大学档案馆（案卷号 197）.

② 华中大学. 校长报告书 1934—35（英文版）［B］. 武汉：华中师范大学档案馆（案卷号 63）：7.

6. 学生学术、实践、康乐活动多重组合

华中大学教育学院的学生活动比较丰富，既有学术方面的活动，也有锻炼其实践能力的活动。在学术活动方面，华中大学教育学院成立了教育学会，该会办有教育月刊、教育资料室，均由学生担任编辑和管理员。为进一步提升学生的学术素养，该会还创办了生活小组、开办各种讲座和讨论会。通过学生在学术中和本院教授密切联络，锻炼了其学术和研究能力。[①] 在实践活动方面，教育学院成立了教育实验学校，在喜洲时期还有五台学校，这些学校成为学生的实践基地，推动了学生实践能力的养成。学生还会经常参观学校和教育厅，积极开展社教等工作，密切了与社会的关系。除关于学识熏陶、技能锻炼方面的活动外，教育学院还注重学生的康乐活动，他们经常参加歌咏团、排球队、话剧社等活动和基督教活动。通过学术能力、实践能力以及生活能力的养成，促进了学生多元素质的发展。

7. 立足本位，多途径服务中学

华中大学教育学院不局限于校园内封闭办学，还积极加强与中学的协作或衔接工作，为中学教师提供多种形式的在职培训、举办各种会议，具体如下。

第一，中学教师在职培训。为提高中学教师的教学技能，华中大学教育学院开设了研究班、讲座、教师协会。其中，研究班要求学员必须具备两年以上教学经验，入学通过大学普通考试，且最少修习教育课程三十学分才可获得证书。此外，教育学院为中学教师举办不定期的专题讲座、课程学习、教师协会以及函授。其中，函授在当时属于较为先进的做法，它要求申请函授的教师每年十二月第一个星期六举行一次考试，成绩在五十五分以上、曾受过师范训练者编为甲组；乙组为未受师范训练者，以四十五分以上为乙组。甲组指定书目有《明日之学校》《设计教学法》，乙组有《教育中的兴趣与努力》《新学制小学各科教学法》。考试编组后将研读课程寄给各教师并通知考试题目，使教师有时间充分研究。此法对于激励教师增强教育理论素养有重

---

① 佚名. 教育学会活动迈进数步 [J]. 华中通讯, 1949 (6)：9.

大意义。①

  第二，为中学组织各种会议。1932年，中学教育讨论第一届会议由华中大学举行，主席是教育学院李清濂先生。此后，中学教育讨论会计划两年召开一次。华中大学举办此会议，使得中等教育围绕一般和实践问题进行讨论，密切了彼此之间的关系，也实现了信息间的交流。此外，华中大学教育学院利用地势之便，还为武汉地区的中学举行了校长会议等。可以说，华中大学教育学院不仅将自己视为培养学生的教学机构，也使得自己更为开放而成为与中学联系的中介桥梁。

---

① 黄溥. 黄溥学术论著选［M］. 武汉：华中师范大学出版社，2011：633.

第九章 20世纪上半叶中国大学教育系科的反思及启示

20世纪上半叶中国大学教育系科从萌芽、产生、形成到发展，逐渐实现了培养目标的多元化、课程设置的标准化和正规化、师资队伍的高素质化以及教育学术人才培养的"从无到有"等。作为教育学知识生产和更新的主阵地，大学教育系科也推动了教育学的发展。总结历史经验，指向未来发展。回顾20世纪上半叶中国大学教育系科发展之路之后，我们更需要对其发展中的经验、教训等进行总结、反思，明晰大学教育系科发展中取得的成绩和存在的问题，这有助于当前大学教育系科更好地借鉴经验和规避不足。

一、20世纪上半叶中国大学教育系科的作用和地位

20世纪上半叶，大学教育系科作为教育学术人才培养的主阵地，通过培养目标的明确、课程设置的调整等，为教育学术人才培养的多元化、科学化、专业化等做出了重要贡献，也奠定了当前大学教育系科发展的基础。

（一）实现了教育学术人才培养的"从无到有"

中国传统学术按照经、史、子、集为代表的"四部之学"分类，并没有形成相应的分门别类的专业性人才培养体制，更没有专门的教育学术人才的

培养机构。随着西方文化的传入和新式学堂的建立,"四部之学"向理、工、农、医、文、法、商"七科之学"转变,"四部之学"所涵盖的知识基本退缩到了"文"科之下。在这一转型过程中,教育学也开始成为师范学校、大学的学科之一。当然,清末高等师范学堂中的教育学科还只是作为一门公共学科,其主要目的并非培养专门的教育学术人才。到了民国时期,随着教育学科的不断发展,尤其是高等师范学校、各类大学开始设置教育系科,专门的教育学术人才培养开始"从无到有"。以南京高等师范学校为例,1921年7月,"南京高等师范学校教育专修科首届毕业生三十七人,分赴十一省担负教育学科教师、教务主任、训育主任和省的教育行政工作"。北京高师从教育专攻科到教育专修科再到教育研究科,培养出一大批包括常道直、王卓然、薛鸿志等在内的专门研究教育学术、从事教育实际工作的教育学术人才。因此,20世纪上半叶大学教育系科的设置实现了我国教育学术人才培养的"从无到有"。

(二) 明确了教育学术人才培养目标的多元化

20世纪上半叶大学教育系科设置后逐步形成了多元化的培养目标,并注重一定的培养特色。具体来说,综合大学教育系科产生之前,高等师范学校教育系科最初主要承担师资养成、教育学说的传播任务;之后由高等师范学校改组的大学和新设置的大学教育系科逐渐增加,如北京高师改为北京师范大学后,其培养目标在此前解决师资问题的基础上,扩展为研究教育学术的专门人才和教育行政人员的培养。1933年9月28日,李建勋在北京师范大学研究所的开学典礼上明确强调,研究所是为训练教育之专门人才及研究教育问题而设,而教育的专门人才主要包括教育行政的专门人才及教育实验的专门人才。前者鉴于"中国教育的材料非常繁多,但是未曾整理,这都是因为教育行政人员未曾受过专门的训练";后者则是因为"近代的教育已走向科学的道路,一切理论均需要实验的证明方可为信,所以实验工作在教育上占有重要位置"。暨南大学教育学系的培养目标为研究教育学术,造就教育行政人才,培养中等学校师资,以适应国内及海外华侨教育之需要。由此可见,20世纪上半叶大学教育系科的主要培养目标定位为:"第一,养成师范学校及中学师资；第二，养成教育行政人员；第三，培植教育研究人员。"同时，大学教育系科在考虑培养三类教育人才的基础上，还根据学校特色"因校制宜"，师范大学尤为注重师资养成，教会大学还会在一定程度上凸显宗教特色，综合性国立大学侧重学术研究，而私立大学更为强调实用性。以北京师范大学为例，教育系的毕业生以中等学校教员最多，比例达30%以上，中等学校行政人员次之，约为24%，大学教员及行政人员又次之，教育行政机关人员最少。① 因此，在多元化培养目标的定位下，大学教育系科为我国当时教育事业的发展做出了一定贡献。

（三）推动了教育学术人才培养体制的逐步完善

20世纪上半叶大学教育系科因存在于各类大学之中，与传统人才培养最大的区别在于按照学系来组织教学，进行专业教育，传递专门知识，培养专门人才。因此，20世纪上半叶中国大学教育系科通过相应的课程配置，中西合璧的教育学师资队伍，推动了教育学术人才培养体制的逐步完善。就当时大学教育系科的课程设置来看，随着20世纪上半叶大学教育学科的引进，仿照西方大学教育学院的课程设置，当时大学教育系科的课程大体涵盖了引进的教育学科的各个类别，且形成了必修课和选修课、公共课和专业课、理论课和实践课等多重课程。同时，初步形成了符合中国本土实际的乡土教育等教育学课程。就大学教育系科的学系设置来看，当时大学教育系科设置有教育行政系、教育心理系等不同学系，培养的教育学术人才也因下属学系不同，形成了分门别类和更为细化的人才培养模式。就专门的教育学师资配置来看，当时大学教育系科师资由留学归来的学者和本土教育系科的毕业生构成。无论是留学派还是本土派，大多数是专攻教育学的，以其专门知识指导在读学生。

（四）初步形成了教育学术人才的学术共同体

20世纪上半叶中国大学教育系科作为一个集聚教育学术人才，生产教育

---

① 李建勋. 教育学院之概况及其计划 [J]. 师大月刊，1932 (1)：13.

专门知识的机构，它在培养教育学术人才的同时，还发挥了将教育学术人才凝聚到一起，形成教育学术人才共同体的作用。具体来说，一方面，大学教育系科通过学系、学科，以"有形学院"的形式提供了同一大学教育系科师生、生生交往的平台，有助于教育学术共同体形成。另一方面，20世纪上半叶大学教育系科创办了多种教育学术期刊，如大夏大学所办《教育季刊》、北京师范大学所办《师大教育丛刊》等。同时，大学教育系科还组织了以学生为主体的教育学会，如大夏大学成立的教育学会以及武汉大学成立的哲学教育学会等。这些共同体组织形成了大学教师和学生共同办刊物的新型人才培养模式，又将不同大学教育系科的教育学术人才凝聚在一起。总之，20世纪上半叶大学教育系科作为培养专门教育学术人才的阵地，又以其创办教育学术期刊、组织教育学会等凝聚性活动，推动了教育学术人才学术共同体的初步形成。

（五）推动了中国教育学的发展和国外教育学的传播

如前所述，20世纪上半叶大学教育系科的教师大多为留学归国的学者，成为中西教育学沟通和交流的中介和桥梁。大学教育系科教师通过编译出版西方教育学的著作，在《教育杂志》《中华教育界》等教育期刊以及大学教育系科所办的教育期刊中介绍西方教育学，推动了西方教育学的传播，也使得国人了解了实用主义教育哲学、道尔顿制等西方教学法等，开阔了国人的视野，也使得中国教育学发展有可以借鉴的基础。此外，大学教育系科的教师不止停留于做国外教育学传播的"搬运工"，针对国外教育学不能很好地解决中国教育的实际问题，大学教育系科教师指出："中国的教育必须是中国的，必须是中国教育者自己研究出来的，深闭固拒固然是不可能的，东抄西袭也是徒劳而无功的。"[①] 大学教育系科教师通过关注中国教育实践问题，出版自编的教育学论著，积极推动了中国教育学的发展。

（六）奠定了当前大学教育系科发展的基础和分布格局

20世纪上半叶中国大学教育系科发展中形成了师范大学、综合性大学两

---

① 刘天予. 我们应当自反的一个重要问题 [J]. 现代教育, 1929 (1): 7.

种大学教育系科并存的发展模式，这为当前大学教育系科所继承和发展。当然，1949年后，我国在借鉴和仿照苏联教育模式的基础上，调整了大学教育系科的发展模式，开始效仿苏联模式而使得大学教育系科基本集中设置在师范院校，综合大学的教育系科或合并、或独立、或取消设置。虽然如此，这些大学教育系科却成为调整后的大学教育系科发展的基础。以华东师范大学教育系科为例，在吸收大夏大学教育系科的主要师资的基础上，还吸收了光华大学等校教育系科的师资力量等。此外，北京大学、河南大学、山西大学等综合性大学教育系科于20世纪七八十年代后相继恢复，也吸收了20世纪上半叶各大学教育系科发展中的传统、经验和师资等。不仅如此，20世纪上半叶中国大学教育系科的培养目标、课程设置、教育期刊等也为当前大学教育系科所借鉴，其分布格局也成为当前大学教育系科分布的基础。

二、20世纪上半叶中国大学教育系科发展中存在的问题

在肯定20世纪上半叶中国大学教育系科发展中取得的成绩的同时，我们也必须清楚审视其存在的问题，以为当前大学教育系科在发展中规避这些问题提供借鉴。

（一）过分模仿美国模式

中国高等师范学校是模仿日本培养师资的高等学校模式而建立的，大学教育系科则是模仿美国大学教育学院的模式建立的。学者介绍最多的是美国模式，钟道赞在介绍大学教育学院指导程序时就"介绍美国潘雪佛尼亚大学教育学院之指导程序于左，以备主办高等教育当局之研究"[①]。大学教育系科的课程、教材、教学管理等几乎照搬美国模式，"其中各学程的内容也多抄自美国。……各校用外国教本的比用本国文教本的要多得多"[②]。虽然此后中国的师资培养呈现高等师范学校和大学教育系科"双轨制"，但是在模仿美国模式时，高等师范学校及其培养师资的功能被忽视，师范类大学也仅剩下北京

---

① 钟道赞. 大学教育学院之指导程序[J]. 教育与职业，1935（169）：661.
② 庄泽宣. 大学教育学系课程问题[J]. 教育杂志，1935（1）：216.

师范大学一所。之后由于"分系专科训练和教育专业训练分了家,于是中等学校的合格师资遂大感缺乏"[①]。这种不利局面使得师范学院开始设置并使得师范教育得到了发展,但是大学教育系科的发展并没有受到阻碍,美国模式还是很大程度地影响了20世纪上半叶的中国大学教育系科。

(二) 名称和隶属关系多样

1912—1913年"壬子癸丑学制"规定高等师范学校分为预科、本科、研究科三级而促使高等师范学校开设教育研究科,教育系科的名称有教育专修科、教育专攻科、教育补修科等。1929年7月26日,国民政府教育部公布的《大学组织法》规定,大学分科改称学院,并于文、理、法、农、工、商、医原有七学院而外加一个教育学院;1929年8月14日,国民政府教育部颁行的《大学规程》规定,大学没有设置教育系科的得在文学院下设。这使得大学中教育系科名称转为教育学院、教育学系、教育系、哲学教育系、社会教育系等多种名称,并多以教育学院或文学院下设教育系的形式存在;1938年,国民政府教育部颁布了《师范学院规程》,有些大学教育系科的名称改为师范学院,有的教育系科则以隶属于师范学院的形式存在。20世纪上半叶我国大学教育系科的名称和隶属关系并不统一、较为多样。从教育系科和所在院校的隶属关系上看,教育系科或隶属于高等师范学院,或隶属于综合大学;从教育系科在综合大学的设置上看,教育系科或单独设置,或隶属于大学文学院。

(三) 分布地区、院校不均

20世纪上半叶中国大学教育系科最先产生于高等师范学校。在1922年"高师改大"运动和1929年的《大学组织法》《大学规程》等法令颁行后,教育系科主要存在于综合性大学,全国仅有北京师范大学一所师范类大学设置教育系科。1938年,国民政府教育部颁布《师范学院规程》使得独立师范学院教育系科得到迅速发展,但综合性大学教育系科并没有因为《师范学院规

---

① 高觉敷. 大学教育学院改制问题 [J]. 教育杂志,1938 (10): 17.

程》的颁行而受到影响。总体而言，20世纪上半叶我国大学教育系科的分布呈现时间、地区和院校的差异。我国大学教育系科数量增加、分布区域增大，一些边远地区开始设置教育系科，但是主要仍集中在发达地区。院校分布上则呈现综合大学和师范学院"二元"分布，仍以综合性大学为主。

（四）职能定位有所偏颇

综合大学教育系科产生之前，高等师范学校教育系科最初主要承担师资养成、教育学说传播的任务，之后由高等师范学校改组的大学和新设置大学教育系科的任务逐渐增加。20世纪上半叶我国大学教育系科的任务比较全面，均注重"第一，养成师范学校及中学师资；第二，养成教育行政人员；第三，培植教育研究人员"[1]。当然，20世纪上半叶我国大学教育系科职能定位也存在不同类型大学教育系科培养目标重复等问题。赵轶鹿指出，大学教育学院或教育学系的学生，除学系以教育科目为主系外，还需要选修数种辅系的科目，准备将来在中学中担任教课，使得"大学教育学院或教育学系和师范大学竟变成一个样了"[2]。陈礼江指出，"大学教育系的办理情况及社会的实际需要，深觉得中国大学教育系的任务实在有重新估定的必要"。他指出，"据作者所知，他们大抵是偏于教育学科专门人才的训练方面；虽有些也从事教育理论及方法的研究工作，但为数不多"。针对这一情况，陈礼江指出大学教育系科应承担"教育人才的训练，内又分为（甲）中等学校各种学科教员，（乙）教育学的教员，（丙）地方教育行政人员及（丁）民众教育人员（二）直接研究实验事业和（三）推广工作"[3]。许椿生则针对这种大学教育系科存在的任务指出，"（一）普通大学教育学系的目标不是中学教师及教育科教师的训练，这种训练应由负有训练师资使命的师范大学及师范大学的教育学系来代替。（二）普通大学教育学系的目标不是教育行政人员的训练，这种训练的责任应由专设的训练机关来担负。（三）普通大学教育学系的目标是

---

[1] 许椿生.大学教育系之课程[J].师大月刊，1935（20）：64—66.
[2] 赵轶鹿.大学教育系和师范大学是一样的吗？[J].文化与教育，1934（37）：10.
[3] 陈礼江.大学教育系任务的商榷[J].教育杂志，1935（4）：179—185.

教育研究及实验"①。

（五）课程设置全面但杂乱

20世纪上半叶我国大学教育系科根据本校实际情况和国民政府教育部颁行的《大学科目表》来设置本系的课程，设置较为全面且必、选修相结合。大学教育系科开设的课程有教育生物学及实验、教育概论、教育统计、中国教育史、西洋教育史、教育行政、教育心理学、心理及教育测验、普通教育学、中等教育、国民教育、教育社会学、比较教育、训导原理及实施、教育研究法、教育哲学、幼稚教育、师范教育、职业教育、公民教育、乡村教育、中学各科教学法、学校卫生、社会教育概论、教育原理、妇女教育、性教育、教育视导、特殊教育、学科心理、学校调查、边疆教育、小学各科教材及教法、课程论、学校财政、教育思潮、电化教育等。这些课程几乎涵盖了我国引进的教育学科种类。

当然，一些学者也指出了大学教育系科课程存在的问题。梁瓯第指出大学教育系科课程"既无所谓一般陶冶，也无所谓专精研究"②；张士一指出教育学系课程在训练方法上的缺点之一就是"重知识的获得，而轻技术的娴习"③；许椿生就其所调查的29所大学教育系科的课程，指出"各校课程的南辕北辙""课程未能完全符合目标"④；不仅如此，"全国国立、省立、私立的大学教育学系共有29系，而他们的课程有的相差很远，有的更设立辅系，相同的课程也编排在不同的年级，并且同一课程分量也不相同"⑤。针对这一问题，一些学者指出"大学教育系课程应努力体系化以及定整化"，并且"将课程内容分为四大类，第一类为基本修养类；第二类为专业训练；第三类为担任科目类；第四类为技能修养类"。这四类课程内容应根据学生的实际需要

---

① 许椿生. 大学教育学系之课程 [J]. 师大月刊, 1935 (20): 67.
② 梁瓯第. 大学课程与行政组织 [J]. 教育研究, 1935 (61): 99.
③ 张士一. 大学教育学系的课程问题 [J]. 教育丛刊, 1935 (1): 27—32.
④ 许椿生. 大学教育学系之课程 [J]. 师大月刊, 1935 (20): 67.
⑤ 李冕群. 关于大学教育学系的方针和设施 [J]. 教育研究, 1936 (68): 80.

来安排，大学教育系的课程修改"可采取'向外伸张'及'向内吸收'两办法"。①

三、 20世纪上半叶中国大学教育系科发展的启示

历史是当下的前身，当下是历史的延伸。通过回顾20世纪上半叶中国大学教育系科的发展历程，审视其培养目标、课程设置、师资队伍等，我们不仅要清晰地把握其发展脉络，还要在此基础上对其进行反思，从而为中国当今大学教育系科的发展起到借鉴作用。

（一）大学教育系科要重视发展模式的构建

20世纪上半叶，中国大学教育系科的发展模式经历了从学习日本模式到学习美国模式的变迁。清末民初，我国高等师范学校是模仿日本在高等师范学校培养师资的模式而建立。1921年以后，我国大学教育系科则是模仿美国在大学教育学院培养师资、养成教育学术人才的模式建立并发展的。中国大学教育系科在借鉴美国、日本模式的基础上，加之国人的不断吸收和创新，形成了自己的发展模式。同时，不同类型的大学教育系科发展模式也颇具特色。目前各种类型大学教育系科面临着生存方面的挑战，究竟怎样定位自己的发展模式也成为学者探讨较多的主题。因此，大学教育系科在定位自己的发展模式时必须从以下几方面努力。

一方面，建立符合国情的大学教育系科的发展模式。伴随着改革开放，我国国际交流更甚于之前。中国大学教育系科既需要不断与国外交流，借鉴外国先进经验，还需要在交流中注重结合本国实际情况，不能盲目搬、抄国外大学教育系科的发展模式，必须在交流和学习中有所创新，秉着中国立场不放弃，针对中国自己的国情和需要构建中国自己的大学教育系科发展模式。

另一方面，建立符合院校特色的大学教育系科发展模式。目前中国大学教育系科的发展模式主要以师范大学、综合大学、师范学院三类模式存在。大学教育系科应针对本地、本校实际建立符合自身特色的发展模式。具体而

---

① 刘亦常. 从中学教员资格说到大学教育系[J]. 湖南大学季刊, 1936 (1): 13—15.

言，师范大学应凸显师资培训的主要功能，辅以教育研究功能，综合大学则应利用本校多学科优势加强教育研究，促进教育学科群的形成，独立教育学院则应强化教育调查、教育实验等任务。

（二）大学教育系科要重视合理分布和布局

总体而言，20世纪上半叶中国大学教育系科的分布在时间、地区和院校方面呈现差异。中国大学教育系科数量增加、分布区域增大，一些边远地区开始设置大学教育系科，但主要仍集中在发达地区，院校分布呈现综合大学和师范学院"二元"分布。当前，我国高等学校教育系科因教师教育转型政策、教师教育发展需求、普通高等学校的分布和类型定位等因素的影响，其分布呈现出地域分布全面但不均衡的特点。高等学校教育系科主要分布在综合院校、师范院校、公办本科院校、省属院校。[①] 中国大学教育系科究竟如何分布，是教育系科发展中一个亟须解决的问题。据此，我们应该从以下几方面努力。

第一，大学教育系科的分布经验需合理继承和创新。对于20世纪上半叶大学教育系科的分布，其中可资借鉴的经验我们应予以吸收，如注重在西部等偏远地区设置大学教育系科，推动大学教育系科的地区均衡分布发展。由于国情不同，我们也应结合实际进行创新，注重大学教育系科分布过程中的资源整合优势。

第二，国家必须对大学教育系科的分布进行合理调控。国家要根据社会需求对如何设置大学教育系科进行规定，制订出大学教育系科分布的标准，防止大学教育系科过分集中于同一地区、同类院校等。据此，我们应切实推进"中西部高校综合实力提升工程"和"中西部高校基础能力建设工程"等，并依据各地区、各省份教育实际制订恰当的大学教育系科设置比例，促进东、中、西部大学教育系科的协调、健康发展。

第三，国家应对大学教育系科进行评估。大学教育系科的分布不应是静

---

① 侯怀银，田英. 当前我国高校教育系科分布研究 [J]. 高等教育研究，2016 (6)：45—49.

态的分布，还必须根据相应的评估指标进行合理评价、定期整合。据此，国家应组织专门人员制订相应的评估指标体系，开展对既有和新设大学教育系科的质量评估工作，促进中国大学教育系科合理分布。

（三）大学教育系科要重视在大学中地位的确立

从 1902—1904 年的"壬寅癸卯学制"规定设立优级师范学堂和开设教育学类课程，到 1922 年"壬戌学制"规定大学校可以设立教育科，再到 1929 年《大学组织法》和《大学规程》规定大学设置教育学院、文学院下设教育系的发展历程中不难看出，我国大学教育系科逐渐实现了制度化，大学教育系科的地位有所提升。一些大学教育系科的学生数居于首位，开展的教育实验等也为大家认可。即使如此，仍有一些学者不承认教育学科专门研究的必要性，认为没有学过教育学依然可以教好书、办好学校，不承认教育系科的地位，甚至不赞成大学内设置教育系科。

中国当今大学教育系科的地位也处在两难困境，尤其是一些综合性大学对其教育学院、高等教育研究所等机构进行了不同程度的调整或撤裁。这与这些综合性大学中，教育学科规模较小、整体的发展水平不高、势头较弱以及综合性大学新设的教育学科排位并不靠前等有一定关系。但是我们不能因此就降低甚至否定大学教育系科的地位。我们要提升大学教育系科地位，就必须保障大学教育系科的专业性和独立性。在提升大学教育系科地位时，我们需要把握以下三点。

第一，大学教育系科必须承担起养成师资的专门使命，这一使命不是其他院系所能替代的。我国大学教育系科是伴随着师范教育的兴起而出现并建立的，当今大学教育系科的存在也是与师范教育息息相关的。大学教育系科要提升自己的地位就必须加强师资训练功能。大学教育系科在发挥师资训练功能时也不可一味贪多，应根据社会所需做出选择，或定位于基础教育某一阶段的师资训练，或定位于某一阶段某一学科的师资训练等。

第二，大学教育系科应加强教育学学科建设。教育系科是教育学科赖以生存的组织，学科建设是教育系科生存的灵魂。20 世纪上半叶我国大学教育系科的学科结构较为全面，既有教育学、教育史这类基础学科，也有社会教育、民众教育、教育财政学等应用学科。反观当今大学教育系科的学科结构则较为单一，主要偏重于基础学科，应用学科的建设还没有得到足够的重视，如社会教育、民众教育等应用学科不复存在。大学教育系科要谋求自己的地位，就必须注重重建教育学术研究传统，同时兼顾基础和应用学科的建设。

第三，大学教育系科的学科建设还应加强"跨学科"合作。教育学发展具有鲜明的跨学科性，应具备跨学科研究的理论自觉与价值诉求。[①] 因此，大学教育系科作为教育学学科发展的学术组织和制度保障，在推动教育学学科建设中不能仅注重教育学自身的学科建设，还应将研究视野放置到与教育学科发展相关学科的建设，实现大学教育系科中教育学学科的"跨学科"合作。

（四）大学教育系科要重视确定名称和隶属关系

生存环境对于大学教育系科更好地发挥它的学科功能、明确发展方向以及自身定位有着至关重要的意义。大学教育系科究竟应该隶属于何种类型的院校？在院校中应该是一个独立院系还是从属于其他院系？20世纪上半叶中国大学教育系科的名称和隶属关系并不统一、较为混杂。从教育系科隶属院校类型上看，或隶属于高等师范学校，或隶属于综合性大学；从教育系科在综合性大学中的设置上看，教育系科或单独设置，或隶属于综合性大学下设的文学院中。这种生存环境一定程度上不利于大学教育系科的发展。

目前，我国设置教育系科的院校有综合性大学、师范类大学、师范学院等多种；大学教育系科的名称繁多，有教育学院、教育学部、教育科学学院、教育技术学院、教师教育学院等多种名称。仔细分析这些名称便可看出，它们均承担了师资养成和培训、科学研究的功能，众多机构共存难免会存在重复建设、资源浪费、秩序混乱的问题。大学教育系科的隶属关系改革是一项长期的工程，一直以来我们对大学教育系科的改革总是"另起炉灶"或"修修补补"，没有从大学教育系科发挥的功能和其所处的社会环境进行考虑，更

---

① 安涛，周进. 学科与跨学科：教育学发展的双重逻辑[J]. 教育理论与实践，2019（4）.

没有一个完善的理论进行指导，这也是我们今后进行大学教育系科隶属关系改革时需要规避的问题。

在处理大学教育系科的隶属关系和名称时，我们必须把握以下三点。第一，大学教育系科首先必须独立存在，独立发挥培养师资和专业养成的功能。第二，教育系科不能简单地隶属于某种院校。我们不能以其脱胎于师范学院并一直存在于综合性大学为理由，为教育系科隶属于这类院校正名和辩护。有学者指出应建立独立的教育学院对大学教育学院、师范大学教育学院等进行整合，建立配套的学校机构、研究机构。这种方案究竟是否可行还需要进行论证。第三，不同类型院校的大学教育系科应体现出不同的特色和模式。教育系科隶属于综合大学就应利用综合大学的学术研究优势，隶属于师范大学就应该体现出专业基本技能训练的优势。

（五）大学教育系科要准确定位职能

大学教育系科对自身职能定位的清晰度和落实度，直接对人才培养、科学研究、学科建设和系科的长远发展以及声誉产生影响。大学教育系科的职能定位明确地回答了大学教育系科是什么、应该干什么这两大基本问题，也反映大学教育系科在人才培养、社会责任等方面的目标追求。[①] 当今我国大学教育系科在职能定位上存在一些问题，一些大学教育系科培养任务较多，一些大学教育系科则不能结合实际来确定培养任务。如教育行政人员这一培养目标由于机构精简、选聘机制变化而使得其存在意义较小，教育学术研究人员和师资培养两大任务由于培养方式等问题，使得一些学生既无法专门学习一门知识成为教师，同时也不能适应社会需要。培养中学各种学科教师这一目标则体现不出知识优势。这种不利局面使得大学教育系科的存在屡遭质疑，面临一定生存压力。

当前，大学教育系科的职能必须重新加以定位，在保障师资培训功能的同时还应顺应时代潮流，严格依据学科发展、社会需求以及本地、本校实际

---

① 韦凤彩，阳荣威. 世界一流教育学院使命陈述研究——基于39所世界一流教育学院使命文本的分析［J］. 比较教育研究，2022（5）：46.

来定位和调整自己的培养任务。① 具体而言为以下几点。

第一，强化师资养成、培训的基本功能。师范大学应明确定位具体阶段的师资培训，不可一味贪多。综合大学应承担全校教育类课程教学研究任务，辅助和指导全校师范生的养成。此外，大学教育系科还可以承担教师继续教育等培训职能。以此，大学教育系科通过师资培养职能的定位，致力于成为高素质教师的培养基地。

第二，发展学术，推动知识创新和杰出人才培养。当前，世界一流大学教育学院均重视教学与科研的卓越发展，努力打造全球教育的标杆，强调培养杰出人才，致力于培养行业的领军人物，注重推动知识创新，追求引领的国际地位。因此，大学教育系科在"走出去"的同时，还必须重视教学、科研，积极进行教育学术研究，培养教育研究人员和教育学科的领军人物、未来的教育家。

第三，走入实践，指导学校建设，与社会沟通。大学教育系科应秉承公平公正的服务理念，丰富大学教育系科对社会的贡献，利用自身的学科、能力、理论研究优势，走入实践，积极开展社会教育、职业教育等。同时，大学教育系科还应加强与中小学的联系，为他们出谋划策，帮助他们更好地定位发展路径。此外，大学教育系科还可以通过专家咨询、参与政府决策等方式加强与社会的沟通，成为教育决策的思想库，通过自身的积极作为影响公共政策和改善社区生活。

（六）大学教育系科要科学合理设置专业

高等学校的专业是社会分工、学科知识和教育结构三位一体的组织形态，其中，社会分工是专业存在的基础，学科知识是专业的内核，教育结构是专业表现形式。三者共同构成高校人才培养的基本单位。在此不难发现，学科与专业二者具有内在的统一性。20世纪上半叶，我国大学教育系科根据学科发展和社会需求设置了教育行政系、社会教育系等学系以及电化教育专修科

---

① 侯怀银.关于教育系在综合大学发展的若干问题思考［J］.集美大学学报，2003（1）：69.

等。目前，我国大学教育系科培养目标需要重新定位，与之相应专业设置也需要根据学科发展和社会需求进行调整。大学教育系科的专业设置必须依据以下两点进行。

一方面，教育学专业要依据学科设置。教育学学科是专业设置的基础和依托，学科分类是专业设置的主要依据之一。目前我国教育学科通过分化、交叉等已经形成一个庞大的学科群，大学教育系科的专业设置必须根据学科门类进行设置、调整，注重根据教育学的学科更新、发展来更新专业设置。同时，我国大学教育系科进行专业设置时，还必须考虑专业设置的独特性，避免重复设置和过于集中于某个专业的设置，造成专业设置的不平衡。

另一方面，教育学专业还必须依据社会需求进行设置。专业是为社会培养高级专门人才服务的，专业设置不能只依据学科发展，还必须具备市场意识，充分考虑社会需求并做出相应回应，提升大学教育系科的生存能力，这关系到大学教育系科的生存和未来发展之路。目前我国社会环境发生深刻的变化，"终身教育""终身学习"等口号的提出，都要求大学教育系科的专业设置要考虑到这些变化，不能再因循守旧，需要设置与时俱进的专业，以拓宽大学教育系科的生存和发展空间。[①]

（七）大学教育系科要合理设置课程

大学教育系科培养人才最主要是通过课程来实现，教育系科课程设置合理与否直接影响学生的发展。正如20世纪上半叶一些学者指出大学教育系科课程比较混乱、呆板，中国当今大学教育系科也在一定程度上存在这一问题，课程内容陈旧、没有特色、设置不全面等。许椿生针对大学教育系科课程存在的问题，提出："教育学系的课程的内容不应如中小学之课程有一定的规定。课程科目的增减要多赋弹性。"[②] 黄溥认为："教育学院在大学课程中之地位与使命。纯靠他能否满足今日社会的一种需要，现在我们中国社会里，

[①] 王枬. 全国高校教育系科现状调查研究［J］. 华东师范大学学报（教育科学版），1999（3）：49.

[②] 许椿生. 大学教育学系之课程［J］. 师大月刊，1935（20）：68.

对于教育一方面的需要，可分为两种：一种属实际的；一种属研究的。"[①] 目前中国大学教育系科课程设置虽然较为全面，但特色不足、实践性课程缺乏等问题一直没有得到解决。因此大学教育系科课程设置应针对问题做到以下几点改变。

第一，课程设置富有弹性，体现特色。中国大学教育系科应在统一课程标准之下有选择地开设，由于教育系科存在院校、地区不同，在课程设置上必须结合实际情况富于弹性。综合性大学由于其多学科优势应注重学术研究课程的设置，在师资训练功能上应逐步形成"3＋1"或"4＋1"课程模式，即教育系学生应在其他专业学习3或4年之后再到教育系学习1年，[②] 强化教育学和教育教学理论；师范大学以及处于师资较为缺乏的西部地区的师范院校，则应强化其师资训练课程的设置，充分发挥师资培训功能。

第二，课程设置层次鲜明。当今大学教育系科的课程过于注重基本修养、专业养成课程的开设。对于师资培训功能的课程则一定程度上弱化了。大学教育系科的课程在保证全面、必选修结合的基础上应针对任务所需，开设理论类课程、实践类课程、所教科目课程、技能类课程四者相结合课程，[③] 当然这四种不同课程应根据大学教育系科所处院校性质、地区不同以及社会需求等而有所侧重和调整。

第三，加强实践课程设置。当今中国大学教育系科课程设置中主要是学科课程，偏向理论研究，面向实践的课程较为缺乏。教育系科还需要针对学生实践能力的提升多开设一些实践课程，如社会教育、民众教育、职业教育等课程，使学生理论和实践能力双向提升。此外，实践课程中的实习环节在一定程度上流于形式，应针对学生就业单位的多样性，选择多样化的实习单位，并结合学生兴趣自主选择实习单位，实现宽口径实习模式。

---

① 黄溥. 教育学院在大学课程中之地位与使命［J］. 中华基督教教育季刊，1934（10）：28.

② 郭芬云. 综合大学教育系科课程结构改革的回顾与前瞻［J］. 中国高教研究，2001（11）：84.

③ 王守恒，周兴国. 新世纪高师院校教育系科改革的若干问题［J］. 安徽师范大学学报（人文社会科学版），2001（2）：279.

（八）大学教育系科要重视教师队伍的建设

清末优级师范学堂教育学课程的教习和民国初年高等师范学校教育科的教师绝大多数是留学日本高等师范学校的学生。此后伴随着一批留美学生归国，大学教育系科的教师绝大多数均为留学美国归来者，其中不少毕业于美国哥伦比亚大学师范学院。整体来看，20世纪上半叶中国大学教育系科教师队伍中留学生占有很大比例。此外，就其学历来看，20世纪上半叶中国大学教育系科教师队伍中博士比例也较高。当然，当时大学教育系科也不完全迷信留学生、博士，也非常注重其学识。20世纪上半叶中国大学教育系科教师队伍还较为注重走出校园，带领学生参与实践，如大夏大学的邰爽秋院长就组织教育学院的学生深入到上海郊区进行教育实验，推广普及教育。

当前，中国大学教育系科教师队伍的素养亟须提高，具体可以从以下三点努力。首先，大学教育系科教师应通过攻读博士、出国深造等提升学识素养。我们大学教育系教师队伍的素质正在逐渐提高，但是出国深造、汲取国外先进理论知识的教师人数较少。大学教育系科应加强教师学历提升，派遣教师出国深造。其次，大学教育系科的教师应走出大学校园，带领学生参与实践。教育是一门实践性较强的学科，一味地局限于校园之中有碍于教师视野开拓，也不能锻炼学生的实践能力。大学教育系科的教师不仅应注重自身素养的提升，还应带领学生走出校园，参与到广泛的社会实践当中。在师生共同参与社会实践活动中做到理论与实践相沟通。最后，大学教育系科教师应密切与学生的交流，做到既教书又育人。大学教育系科中教师的学识、实践能力是其教书、发展的前提，他们在此基础上还应加强与学生的联系，如通过师生联谊会、座谈会、例会等形式感染学生。

结　语

俄国著名教育家乌申斯基曾指出："如果现在大学里有医学系甚至有财经系，而没有教育系，那么这只能表明，直到现在人对他的身体和荷包的健康的珍惜还是甚于对他的精神的健康的珍惜，他对后代的物质财富的关心，超过对他们的优良教育的关心。"[①] 在乌申斯基看来，教育系的目的是研究人和人性的一切表现及其在教育艺术上的专门应用。可以说，大学教育系科作为教育学学科成长和发展的阵地，对教育学学科的发展影响较大，也体现出人们对教育的关心乃至是对人类自身、后代的关心。

20 世纪上半叶我国大学教育系科基于师资培训、教育学的引进和传播以及留学生的助力等而产生、形成、发展，形成了在师范大学和综合性大学中并存的格局，成为当前大学教育系科发展的基础。审视 20 世纪上半叶中国大学教育系科的发展历程以及课程设置、师资队伍等重要组成部分，可以发现大学教育系科发展逐渐系统化、科学化，为教育学术人才培养、教育学的传播和发展等做出了一定贡献。当然，也可以发现，20 世纪上半叶大学教育系科还存在课程设置重复、过分仿照美国模式等问题，这也成为当前大学教育

---

① 转引自吴式颖. 外国教育史教程[M]. 北京：人民教育出版社，1999：410.

系科发展中需要规避的地方。

纵观国内现有的研究，对大学教育系科的研究很少，已有的研究也多是对大学教育系科的个案研究和我国大学教育系科的改革研究，对20世纪上半叶大学教育系科这一当前大学教育系科发展的源头涉及较少，这不利于我们更好地正视当前大学教育系科发展的传统，总结不同院校大学教育系科发展中形成的特色。中国大学教育系科要形成真正的、独特的发展模式，还需要在总结、汲取20世纪上半叶中国大学教育系科发展经验的基础上，结合时代需求而更新、发展。当前，在"双一流"建设背景下，一些综合性大学教育系科被裁撤、调整，这与20世纪上半叶大学教育系科被一些学者不认同、不认可有着一定程度的相似。面对时代、学科发展的挑战，简单地裁撤、调整大学教育系科能解决问题吗？我们似乎更应该思考如何提升大学教育系科的发展地位，这也可以从20世纪上半叶大学教育系科发展过程中寻找答案。总之，在日益突出构建中国特色的大学、大学教育系科发展模式的今天，我们必须正视传统、总结经验、规避不足，让20世纪上半叶中国大学教育系科的发展经验成为当前大学教育系科可以借鉴的思想资源。

从20世纪上半叶中国大学教育系科发展研究这一题目的确定，到相关古籍和近代资料的搜集、整理、分析，再到本书的构思和写作，直到本书的成型，都倾注了笔者对于大学教育系科史浓烈的研究兴趣。然而，由于本人能力有限和古籍资料掌握得不够全面，本书还存在一定不足。相信在今后的学习和研究中，本书一定会更加完善！

参考文献

一、史料类

1. 光华大学. 私立光华大学章程［M］. 上海：光华大学，1926.

2. 大夏大学. 大夏大学一览［M］. 上海：大夏大学，1928.

3. 复旦大学. 复旦大学一览［M］. 上海：复旦大学，1929.

4. 辅仁大学. 辅仁大学一览［M］. 北京：辅仁大学，1930.

5. 暨南大学. 暨南大学一览［M］. 上海：暨南大学，1930.

6. 北京大学. 北京大学文学院课程一览［M］. 北京：北京大学，1932.

7. 武汉大学. 武汉大学一览［M］. 武汉：武汉大学，1933.

8. 国民政府教育部高等教育司编. 二十一年度全国高等教育统计［M］. 南京：国民政府教育部高等教育司，1932.

9. 国民政府教育部高等教育司编. 二十二年度全国高等教育统计［M］. 南京：国民政府教育部高等教育司，1933.

10. 国民政府教育部高等教育司编. 二十三年度全国高等教育统计［M］. 南京：国民政府教育部高等教育司，1934.

11. 周邦道，等. 第一次中国教育年鉴［M］. 上海：开明书店，1934.

12. 安徽大学. 安徽大学一览［M］. 安徽：安徽大学，1935.

13. 光华大学. 光华大学一览［M］. 上海：光华大学，1935.

14. 沪江大学. 沪江大学一览［M］. 上海：沪江大学，1935.

15. 燕京大学. 燕京大学一览［M］. 上海：燕京大学，1936.

16. 山西大学. 山西大学一览［M］. 太原：山西大学，1937.

17. 田培林，等. 第二次中国教育年鉴［M］. 上海：商务印书馆，1948.

18. 国立社会教育学院. 国立社会教育学院概况［M］. 苏州：国立社会教育学院，1948.

19. 舒新城. 中国近代教育史资料（三册）［M］. 北京：人民教育出版社，1981.

20. 陈学恂. 中国近代教育大事记［M］. 北京：人民教育出版社，1981.

21. 北京师范大学校史编写组. 北京师范大学校史（1902—1982 年）［M］. 北京：北京师范大学出版社，1982.

22. 李友芝，等. 中国近现代师范教育史资料（第 2 册）［M］. 出版社不详，1983.

23. 朱有瓛. 中国近代学制史料［M］. 上海：华东师范大学出版社，1986.

24. 朱斐. 东南大学史（1902—1949）［M］. 南京：东南大学出版社，1991.

25. 璩鑫圭，等. 中国近代教育史资料汇编（学制演变）［M］. 上海：上海教育出版社，1991.

26. 潘懋元，刘海峰. 中国近代教育史资料汇编（高等教育）［M］. 上海：上海教育出版社，1993.

27. 璩鑫圭，等. 中国近代教育史资料汇编（实业教育·师范教育）［M］. 上海：上海教育出版社，2007.

28. 李森. 民国时期高等教育史料汇编［M］. 北京：国家图书馆出版社，2014.

29. 李景文，马小泉. 民国教育史料丛刊［M］. 郑州：大象出版社，2015.

30. 王建领. 国立西北联合大学档案史料选编［M］. 西安：西北大学出版社，2018.

二、著作类

1. 王克仁，余家菊. 中国教育辞典［M］. 上海：中华书局，1928.

2. 舒新城. 近代中国教育史料［M］. 上海：中华书局，1928.

3. 陈翊林. 最近三十年中国教育史［M］. 上海：太平洋书店，1930.

4. 罗廷光. 师范教育新论［M］. 上海：南京书店，1933.

5. 周予同. 中国现代教育史［M］. 上海：上海良友图书印刷公司，1934.

6. 丁致聘. 中国近七十年来教育记事［M］. 上海：国立编译馆，1935.

7. 梁瓯第. 战时的大学［M］. 汉口：战时文化出版社，1938.

8. 罗廷光. 师范教育［M］. 重庆：正中书局，1940.

9. 许椿生，等. 李建勋教育论著选［M］. 北京：人民教育出版社，1993.

10. 周谷平. 近代西方教育理论在中国的传播［M］. 广州：广东教育出版社，1996.

11. 田正平. 留学生与中国教育近代化［M］. 广州：广东教育出版社，1996.

12. 陆有铨. 躁动的百年——20 世纪的教育历程［M］. 济南：山东教育出版社，1997.

13. 李华兴. 民国教育史［M］. 上海：上海教育出版社，1997.

14. 杜成宪，等. 中国教育史学九十年［M］. 上海：华东师范大学出版社，1998.

15. 吴式颖. 外国教育史教程［M］. 北京：人民教育出版社，1999.

16. 叶澜. 教育研究方法论初探［M］. 上海：上海教育出版社，1999.

17. 金林祥. 20 世纪中国教育学科的发展与反思［M］. 上海：上海教育出版社，2000.

18. 熊明安，周洪宇. 中国近现代教育实验史［M］. 济南：山东教育出版社，2001.

19. 刘捷，谢维和. 栅栏内外——中国高等师范教育百年省思［M］. 北京：北京师范大学出版社，2002.

20. 郑金洲，瞿葆奎. 中国教育学百年［M］. 北京：教育科学出版社，2002.

21. 叶澜. 二十世纪中国社会科学·教育学卷［M］. 上海：上海人民出版社，2004.

22. 田正平. 中外教育交流史［M］. 广州：广东教育出版社，2004.

23. 宋恩荣，等. 中华民国教育法规选编［M］. 南京：江苏教育出版社，2005.

24. 孙宏云. 中国现代政治学的展开：清华政治学系的早期发展（1926—1937）［M］. 北京：生活·读书·新知三联书店，2005.

25. 张雪蓉. 美国影响与中国大学变革（1915—1927）——以国立东南大学为研究中心［M］. 北京：华龄出版社，2006.

26. 庞青山. 大学学科论［M］. 广州：广东教育出版社，2006.

27. 侯怀银. 中国教育学问题发展研究——以 20 世纪上半叶为中心［M］. 太原：山西教育出版社，2008.

28. 侯怀银. 中国教育学之路［M］. 合肥：安徽教育出版社，2009.

29. 陈志科. 留美生与中国教育学［M］. 天津：南开大学出版社，2009.

30. 彭小舟. 近代留美学生与中美教育交流研究［M］. 北京：人民出版社，2010.

31. 项建英. 近代中国大学教育学科研究［M］. 上海：华东师范大学出版社，2012.

32. 杨建华. 20 世纪中国教育期刊史论［M］. 杭州：浙江工商大学出版社，2012.

33. 陈瑶. 美国教育学科构建的开端［M］. 杭州：浙江教育出版社，2015.

34. 郑玉玲. 高等院校学科建设探析［M］. 北京：中国中医药出版社，2015.

35. 舒新城. 我和教育——三十五年教育生活史（1893—1928）［M］. 北京：知识产权出版社，2016.

36. 王应宪. 现代大学史学系概览（1912—1949）［M］. 上海：上海古籍出版社，2018.

37. 赵卫平，张彬. 浙江大学教育学院院史［M］. 杭州：浙江大学出版社，2019.

38. 蔡磊砢. 学堂兴 师道立：北京大学教育学科溯源（1902—1949）［M］. 北京：

商务印书馆，2021.

39. 钱景舫. 传承——华东师范大学教育学科发展之卓越事迹［M］. 上海：华东师范大学出版社，2021.

40. ［美］约翰·布鲁贝克. 高等教育哲学［M］. 王承绪，等译. 杭州：浙江教育出版社，1987.

41. ［美］华勒斯坦，等. 学科·知识·权力［M］. 刘健芝，等译. 北京：生活·读书·新知三联书店，1999.

三、期刊类

1. 高等师范学校规程［J］. 中华教育界，1913（6）.

2. 师范教育令［J］. 中华教育界，1913（2）.

3. 蒋梦麟. 高等学术为教育之基础［J］. 教育杂志，1918（1）.

4. 南京高等师范学校概况［J］. 新教育，1919（1）.

5. 郭秉文. 十年度之高等教育［J］. 新教育，1922（2）.

6. 吴家镇. 大学教育之历史观［J］. 晨光，1922（2）.

7. 常乃惪. 师范教育改造问题［J］. 教育杂志，1922（学制课程研究号）.

8. 邓萃英. 北京师范大学开校感言［J］. 教育丛刊，1923（203）.

9. 庄泽宣. 中国的大学教育［J］. 清华周刊，1926（纪念号增刊）.

10. 王昭旭. 十八年的河南大学教育概况［J］. 河南教育，1929（10）.

11. 邱椿. 师大教育学系课程标准［J］. 师大教育丛刊，1931（4）.

12. 徐则敏. 中国大学教育的现状［J］. 中华教育界，1931（1）.

13. 李建勋. 天津河北省立女子师范学院调查报告［J］. 师大教育丛刊，1932（3）.

14. 李建勋. 教育学院之概况及其计划［J］. 师大月刊，1932（1）.

15. 教育系发刊"教育园地"［J］. 浙江大学校刊，1932（114）.

16. 孟真. 教育崩溃之原因［J］. 独立评论，1932（9）.

17. 教育学院概况［J］. 厦大周刊，1932（17）.

18. 国立中央大学教育学院各系科课程标准［J］. 中央大学教育丛刊，1933（1）.

19. 萧自强. 中国近代各大学发展史略［J］. 教育学期刊，1933（1）.

20. 省立教育学院革新计划［J］. 湖北教育月刊，1933（4）.

21. 黄溥. 教育学院在大学课程中之地位与使命［J］. 中华基督教教育季刊，1934（10）.

22. 王毓祥，傅式说. 十年来之大夏大学［J］. 大夏周报，1934（8—9）.

23. 赵轶鹿. 大学教育系和师范大学是一样的吗？［J］. 文化与教育，1934（37）.

24. 谢树英. 近年来中国大学教育之趋向 [J]. 光华大学半月刊, 1935 (9—10).

25. 梁瓯第. 大学课程与行政组织 [J]. 教育研究, 1935 (61).

26. 许椿生. 大学教育系之课程 [J]. 师大月刊, 1935 (20).

27. 钟道赞. 大学教育学院之指导程序 [J]. 教育与职业, 1935 (169).

28. 庄泽宣. 大学教育学系课程问题 [J]. 教育杂志, 1935 (1).

29. 张士一. 大学教育学系的课程问题 [J]. 教育丛刊, 1935 (1).

30. 刘亦常. 从中学教员资格说到大学教育系 [J]. 湖大学刊, 1936 (1).

31. 李冕群. 关于大学教育学系的方针和设施 [J]. 教育研究, 1936 (68).

32. 隐松. 本校教育系课程标准草案 [J]. 湖南大学季刊, 1936 (3).

33. 林卓然. 沪江大学文学院之一瞥 [J]. 天籁, 1936 (2).

34. 徐国榮. 我国大学教育的检讨 [J]. 师大月刊, 1937 (32).

35. 钟鲁斋. 教育科学研究之史的演进及其最近趋势 [J]. 中华教育界, 1937 (24).

36. 陈东原. 师范学院之历史的使命 [J]. 教育通讯, 1938 (30).

37. 陈礼江. 大学教育系任务的商榷 [J]. 教育杂志, 1935 (4).

38. 高觉敷. 大学教育学院改制问题 [J]. 教育杂志, 1938 (10).

39. 廖泰初. 中国教育学研究的新途径——乡村社区的教育研究 [J]. 教育学报, 1938 (3).

40. 廖泰初. 中国教育研究的回顾与前瞻提要初稿 [J]. 教育学报, 1940 (5).

41. 教育学院用书 [J]. 教育杂志, 1940 (1).

42. 罗亮畴. 大夏教育学院与中国教育——为纪念立校十七周年作 [J]. 大夏周报, 1940 (10).

43. 高践四. 抗战以来的江西省立教育学院 [J]. 教育杂志, 1940 (1).

44. 黄翼. 抗战前之浙大教育系 [J]. 浙大校刊, 1941 (101).

45. 华中大学. 抗战以来的华中大学 [J]. 教育杂志, 1946 (1).

46. 欧元怀. 王故校长与思群堂 [J]. 大夏周报, 1947 (4).

47. 欧元怀. 新年三愿 [J]. 大夏周报, 1947 (5).

48. 陶愚川. 教育学系之现在与将来 [J]. 大夏周报, 1947 (1).

49. 各院系开班学程 [J]. 大夏周报, 1948 (14).

50. 甄铭. 介绍国立社会教育学院 [J]. 西北文化, 1947 (1).

51. 赵廷为. 教育学术研究的重要性 [J]. 教育杂志, 1948 (4).

52. 国民政府教育部. 师范学院规程 [J]. 浙江省政府公报, 1949 (25).

53. 李继之. 谈谈教育系的改革问题［J］. 天津师大学报，1984（5）.

54. 雷尧珠. 试论我国教育学的发展［J］. 华东师范大学学报（教育科学版），1984（2）.

55. 甘治湘. 论教育学发展阶段的划分［J］. 教育研究，1984（9）.

56. 叶澜. 关于加强教育科学"自我意识"的思考［J］. 华东师范大学学报（教育科学版），1987（3）.

57. 霍益萍. 中国近代高等师范教育发展史略（1902—1949）［J］. 高等师范教育研究，1989（1）.

58. 陈元晖. 中国教育学七十年［J］. 北京师范大学学报（社会科学版），1991（5）.

59. 周谷平. 近代西方教育学在中国的传播及其影响［J］. 华东师范大学学报（教育科学版），1991（3）.

60. 孙喜亭. 中国教育学近50年来的发展概述［J］. 教育研究，1998（9）.

61. 瞿葆奎. 中国教育学百年（上）［J］. 教育研究，1998（12）.

62. 瞿葆奎. 中国教育学百年（中）［J］. 教育研究，1999（1）.

63. 瞿葆奎. 中国教育学百年（下）［J］. 教育研究，1999（2）.

64. 郑金洲. 我国教育系科发展史略［J］. 华东师范大学学报（教育科学版），1999（4）.

65. 叶澜. "面向21世纪教育系科改革研究与实践"结题总报告［J］. 华东师范大学学报（教育科学版），2000（3）.

66. 侯怀银. 中国教育学史学科建设初探［J］. 教育理论与实践，2000（2）.

67. 侯怀银. 20世纪上半叶教育学在中国引进的回顾与反思［J］. 教育研究，2001（12）.

68. 郭芬云. 综合大学教育系科课程结构改革的回顾与前瞻［J］. 中国高教研究，2001（11）.

69. 黄济. 20世纪中国教育学科的发展［J］. 北京师范大学学报（社会科学版），2000（1）.

70. 侯怀银. 20世纪上半叶中国教育学发展的基本历程［J］. 山西大学学报（哲学社会科学版），2002（6）.

71. 侯怀银. 20世纪上半叶中国学者对教育学学科独立性的研究［J］. 教育研究，2003（4）.

72. 侯怀银. 关于教育系在综合大学发展的若干问题思考［J］. 集美大学学报，2003（1）.

73. 李喜所. 辛亥革命时期学术文化的变迁［J］. 史学集刊，2003（1）.

74. 黄兴涛，胡文生. 论戊戌维新时期中国学术现代转型的整体萌发——兼谈清末民初学术转型的内涵和动力问题［J］. 清史研究，2005（4）.

75. 郭戈. 抗战前河南大学教育学系教育教学情况研究［J］. 河南大学学报（社会科学版），2005（6）.

76. 项建英. 试论近代教会大学教育学科的师资［J］. 浙江师范大学学报（社会科学版），2005（5）.

77. 肖朗，项建英. 近代教会大学教育学科的建立与发展［J］. 高等教育研究，2005（4）.

78. 项建英. 民国时期综合性大学教育学科论略——以中央大学、北京大学为个案［J］. 高教探索，2006（5）.

79. 瞿葆奎，郑金洲. 中国教育学科的百年求索［J］. 教育学报，2006（2）.

80. 肖朗，项建英. 近代高等师范学校教育学科的建立与发展——以北高师和南高师为中心［J］. 华东师范大学学报（教育科学版），2006（1）.

81. 项建英. 论近代学制与大学教育学科的发展［J］. 江苏高教，2007（3）.

82. 项建英. 近代中国私立大学教育学科的建立与发展［J］. 高教探索，2007（2）.

83. 项建英. 论近代中国大学教育学科设置模式嬗变［J］. 江苏高教，2009（3）.

84. 项建英. 教育"科学化"运动与近代中国大学教育学科的发展［J］. 现代大学教育，2009（5）.

85. 张小丽. 北高师教育专攻科的历史境遇［J］. 教育学报，2010（4）.

86. 侯怀银，李艳莉. 大夏大学教育系科的发展及启示［J］. 华东师范大学学报（教育科学版），2011（3）.

87. 侯怀银，李艳莉. 民国时期教育系科的分布及其特征［J］. 高等教育研究，2011（10）.

88. 孔又专，张楚廷. 论我国综合性大学教育学科的发展［J］. 国家教育行政学院学报，2011（7）.

89. 项建英. 近代中国大学教育学科设置的四种模式［J］. 华东师范大学学报（教育科学版），2012（2）.

90. 包水梅. 美国研究型大学教育学院的发展路径及其启示——以哈佛、斯坦福、哥伦比亚大学为例［J］. 高教探索，2013（3）.

91. 喻永庆. 近代大学教育学科发展研究——以东南大学教育科为例［J］. 高教发展与评估，2014（2）.

92. 斯日古楞. 抗战前国立大学教育学科建制考［J］. 内蒙古师范大学学报（教育科学版），2015（7）.

93. 斯日古楞. 论中国近代国立大学教育学科建制的影响因素［J］. 高教探索，2015（2）.

94. 肖朗，孙岩. 20世纪美国综合性大学教育学科的发展——以哥伦比亚大学和芝加哥大学为考察中心［J］. 现代大学教育，2015（1）.

95. 侯怀银，田英. 当前我国高校教育系科分布研究［J］. 高等教育研究，2016（6）.

96. 李艳莉，侯怀银. 华中大学教育系科的发展及启示［J］. 教育研究与实验，2016（5）.

97. 侯怀银，李艳莉. 民国时期大学教育系科变迁研究［J］. 中国教育科学，2016（3）.

98. 许刘英. 近代中国大学教育社会学课程设置之演变——基于学术史的考察［J］. 苏州大学学报（教育科学版），2017（2）.

99. 王洪才. 教育学：危机、重建与回归——关于教育学在综合性大学发展中地位的思考［J］. 大学教育科学，2018（3）.

100. 侯怀银，李艳莉. 综合性大学教育学科在中国：历程、现状和未来［J］. 国家教育行政学院学报，2019（6）.

101. 张小丽. 国立北平师范大学教育研究所的历史境遇［J］. 教育学报，2019（5）.

102. 孙岩. 讲座·学说·学科：美国大学教育学科创建的历史经验与启示［J］. 现代大学教育，2020（2）.

103. 罗雯瑶，江波. 学科建设与学术期刊协同发展——以我国大学教育学科及教育期刊为例［J］. 苏州大学学报（教育科学版），2020（4）.

104. 刘海峰，袁浪华. 综合性大学教育学科的发展与作用［J］. 高等教育研究，2020（5）.

105. 孙邦华，郭松. 理想与现实之间：燕京大学教育学科初期创办史论［J］. 教育文化论坛，2020（2）.

106. 苏林琴. 综合性大学教育学科发展的生态学考察［J］. 教育研究，2020（2）.

107. 刘来兵，冯露. 中华大学教育系科建设的历史考察［J］. 山东高等教育，2021（4）.

108. 吕春辉. 复旦大学教育学系的历史变迁与图景［J］. 复旦教育论坛，2021（6）.

109. 刘复兴，李清煜. 从延安走出来的教育学科与教育学院［J］. 中国人民大学教育学刊，2021（4）.

110. 张小丽. 蒋梦麟与国立北京大学教育学系［J］. 当代教育与文化，2021（3）.

111. 张小丽. 乱局中的变与不变：20世纪20年代国立北京大学教育学系的史实考论［J］. 现代教育论丛，2021（3）.

112. 李云鹏. 一流教育学院是如何建成的？——基于哈佛大学教育研究生院的百年省思［J］. 外国教育研究，2021（4）.

113. 张小丽. 中国教育学科的制度起点："尚德制"的北高师教育专攻科［J］. 教育史研究，2022（1）.

四、硕博论文类

1. 李艳莉. 20世纪上半叶中国大学教育系科变迁研究［D］. 太原：山西大学硕士论文，2012.

2. 杜晓娟. 美国芝加哥大学教育系百年变迁研究（1894—2001）［D］. 成都：四川师范大学硕士论文，2014.

3. 田英. 21世纪初中国大陆教育系科分布研究［D］. 太原：山西大学硕士论文，2015.

4. 刘静. 抗战期间国立中央大学师范学院研究［D］. 南京：南京大学硕士论文，2017.

5. 张欢欢. 湖南大学教育系科的发展与反思（1912—1953）［D］. 长沙：湖南大学硕士论文，2017.

6. 刘泽. 教育学在中国大学的存在研究［D］. 太原：山西大学硕士论文，2019.

7. 谢必容. 燕京大学教育系乡村教育实验研究（1937—1941）［D］. 长沙：湖南师范大学硕士论文，2020.

8. 赵家俊. 北极阁下育师心：国立东南大学与中央大学教育学科（1921—1937）人才培养模式研究［D］. 南京：南京大学硕士论文，2020.

9. 张一帆. 国立中央大学教育学系教师群体研究（1928—1949）［D］. 南京：南京师范大学硕士论文，2020.

五、外文类

1. Baldwin, Bird T.. Communications and Discussions: Practice Schools in University Departments of Education［J］. Journal of Educational Psychology, 1911（8）.

2. Ralph W. Tyler. The Role of University Departments of Education in the Preparation of School Administrators［J］. The School Review, 1946（8）.

附录1 20世纪上半叶中国大学教育系科大事记①

1902年 清政府颁布《钦定京师大学堂章程》，规定师范馆课程第一年教育学修习教育宗旨，第二年教育学授教育之原理，第三年教育学授教育之原理及学校管理法，第四年教育学是实习。

1903年 清政府颁布《奏定初级师范学堂章程》。学科程度章第二种第一节规定，初级师范学堂完全科科目分十二科：一、修身，二、读经讲经，三、中国文学，四、教育学，五、历史，六、地理，七、算学，八、博物，九、物理及化学，十、习字，十一、图画，十二、体操。

1904年1月 清政府正式颁行《奏定学堂章程》，内含《优级师范学堂章程》。根据《章程》规定，优级师范学堂开设"教育"通习科目，具体设教育理论、教育史、各科教授法、学校卫生、教育法令、教授实事练习。

1906年 《学部订定优级师范学堂选科简章》颁行。据《简章》规定，本科通习科目有教育学、学校制度及管理法等。

1907年 金陵大学设文科、师范科、国语科及附属中学。

同年，天津大学开办师范科。

1912年 金陵大学设置师范专修科。

5月15日 南京临时政府教育部令改京师优级师范学堂为北京高等师范学校。

9月28日 南京临时政府教育部颁布《师范教育令》，其中包括了高等师范学校的各种纲要。

1913年1月 南京临时政府教育部公布《大学规程》，规定大学依《大学令》第二条规定，分为文科、理科、法科、商科、医科、农科、工科。大学之文科分为哲学、文学、历史学、地理学四门，哲学门分为中国哲学类和

---

① 本附录主要根据《第一次中国教育年鉴》《第二次中国教育年鉴》，《教育杂志》《大夏周报》《教育丛刊》《师大月刊》等教育类杂志，以及北京大学、华东师范大学等各大学校史、中央教育科学研究所主编《中国现代教育大事记》等资料整理而成。

西洋哲学类，其中均下设教育学。

2月24日　南京临时政府教育部又颁布《高等师范学校规程》。此规程与1912年《师范教育令》的要点中涉及到本科的公共科目有伦理学、心理学、教育学、英语和体操。

同年，武昌高等师范学校以原方言学堂的校舍、图书、师资为基础改建而成，设英语、博物、数学物理、历史地理等四部。

1914年　金陵大学改师范科为教育系。

1915年　北京高等师范学校教育专攻科成立。

1917年　北京大学开设教育学课程。

1918年　暨南大学的前身暨南学校设立师范科。

5月　南京高等师范学校教育专修科成立。

8月　金陵大学本科科目分为选科和必修两种，必修科目中设置教育学门。

1920年　南京高等师范学校教育科建立了中国第一个心理学系。

1月　北京高等师范学校经北洋政府教育部核准，开办教育研究科。该科以教授高深教育学术，养成教育界专门人才为宗旨。

1921年　厦门大学成立，下设师范学部以培养师资和教育行政人员。

同年秋，厦门大学师范学部改为教育学部，内分教育学说、教育史、教育行政、中等教育、小学教育、乡村教育及心理学等七组。

1922年　大同大学增设教育科。

同年，武昌高等师范学校改四部为八系，即教育哲学系、国文系、英语系、数学系、理化系、历史社会学系、生物系、地质系。

1923年　北京高师经北洋政府教育部正式批准改为师范大学。本科分设教育系、国文系、英语系、史地系、数学系、物理系、化学系、生物系，并设体育和手工图画两个专修科。

同年，南开大学于文科下设教育学系，一度又改为教育心理学系、教育哲学系；金陵大学师范专修科归并教育系；厦门大学教育学部改为教育科。

1924年2月2日　北洋政府教育部颁布了《国立大学校条例》，要点是：注重天才教育，使优异之智能尽量发挥；大学分科系，专门学校可改为单科大学；高师改称师范大学；大学采用分科制，也可设专修科和预科；大学设校长一人，并设董事会、评议会、教授会，决定学校重大问题；取消助教授，只设教授、讲师。

同年，中州大学增设教育学系；北京大学教育学系成立；大夏大学成立，成立之初设文、理、教育、商四科，并预科为五部，欧元怀任教育科第一任主任；成都高等师范学校改为国立成都大学，并于当年设立教育系。

1925年　辅仁大学设立教育系预科班。

同年，光华大学成立，其文学院下设教育学系；广东国民大学设置教育学系；大夏大学增设高等师范教育专修科及附属中学。

1926年　清华大学大学部设立有十七个系，教育心理学系属于其中之一，并且开设了相应的课程。

1927年，东吴大学文学院设英文、中文、政治、经济、社会、教育等系。

同年春，东吴大学将原有的文科、理科和法科升格为文学院、理学院和法学院。文学院设英文、中文、政治、经济、社会、教育等系。

同年，大夏大学第一种教育研究的刊物——《教育季刊》，引起了教育界的关注。

6月27日　暨南大学文哲学院成立，下设中国文学系、外国文学系、教育学系。

7月　以中州大学为基础的河南中山大学成立，学校设文、理、法、医、农五个学院，文学院下设教育系。

1928年11月　安徽大学文学院仅存国文学系和教育学系。

1929年　沪江大学向国民政府正式立案后，在原先理科、文科、国文专修科的基础上相继成立文学院、理学院、商学院和教育学院；成都师范大学招收本科生，改文史、英文、数学、理化和博物五部为系，分别设教育系、中文系、史地系、英文系、数学系、化学系、生物系；复旦大学进行系科改组，增设新闻系、市政系、法律系、教育系，其时全校共有十七个系，分属文、理、法、商四个学院；山西大学教育系成立；东北大学教育学院成立；河北省立女子师范学校成立，设六系：国文系、英文系、史地系、教育系、家政系和音乐体育系；私立辅仁大学教育学院成立，下设教育学系、心理学系及美术专修科，开始招收本科生；暨南大学增设文、理、教育三所学院。

同年7月，国民政府教育部公布《大学组织法》。8月又公布《大学规程》。按照这两个文件的规定，高等教育机构分为大学、独立学院、专科学校三种。大学分为文、理、法、教育、农、工、商、医八学院。

同月，安徽大学将教育系改为哲学教育系。

1930年　青岛大学文学院下设教育学系等两个系。

同年，大夏大学遵照国民政府教育部指示，将科改为学院，教育科改为教育学院，教育学院下设教育行政系、教育心理系和社会教育系。江苏教育学院成立，下设民众教育学系、农事教育学系、民众教育专修科、农事教育专修科、农事试验场、实习指导处、图书馆、自制科学仪器实验工场。

6月　安徽大学更名为省立安徽大学，下设文学院、理学院、法学院。文学院下设中国文学系、外国文学系、哲学教育系。

7月　北平师范大学与北平女子师范大学合并，定名国立北平师范大学，下设教育学院、文学院、理学院及研究院。

8月　河南中山大学改名河南大学。学校设文、理、法、医、农五个学院，学院下设系。其中，文学院下设教育学系。

1931年　华中大学教育学院成立；山东大学教育学院成立，设有教育行政系、乡村教育系；湖北省立教育学院成立，设两系一科，即农事教育系、乡村教育系和乡村师范专修科；张怀担任私立辅仁大学教育学院院长兼教育学系系主任，心理学系分为普通心理学组、教育心理学组、儿童心理学组。

1932年　省立云南大学奉省政府令，设立教育学院；大夏大学设立大夏公社，为教育学院社会教育系学生的实习场所；湖北省立教育学院为了适应湖北省民众教育的需要，增设民众教育专修科。

6月　北京大学校长蒋梦麟据《大学组织法》公布了《国立北京大学组织大纲》。大纲规定学校实行学院制，改文、理、法三科为文、理、法三学院。这时，文学院下设教育学系。此时教育学系的课程设置有所变化，课程分为主科和辅科必修科目。

9月　山东大学教育学院停办，学生大部分转入国立中央大学教育学院。

1931—1933 年　四川大学进行院系调整，文学院下设置教育学系。

1934 年　省立安徽大学文学院取消哲学教育系，只设教育系。北京大学心理学系并入教育学系。

同年，大夏大学创设"大夏民众教育实验区"，指定以该区金家巷农村"念二村"为中心，委派该校教育学院院长邰爽秋主持，由该校教育学院负责办理，实验重心为"民生教育"。

1935 年　北京师范大学教育系成立"小学教育通讯研究处"，聘请全国小学教育界知名人士为导师，负责解答全国小学教育界提出的问题。

同年，湖北省立教育学院增设农事教育专修科；郑晓沧主持创设浙江大学"培育院"，实验幼稚教育，教师多由浙江大学教育系学生兼任；大夏大学教育学会参观松江各教育机关。

1936 年　湖北省立教育学院停办。

1937 年　云南大学文法学院下设四系，分别为文史、政经、法律、教育。

9 月 28 日　北京大学、清华大学和南开大学三校组成长沙临时大学。经过院系调整，长沙临时大学共设文、理、工、法商四个学院，文学院下设哲学心理教育学系。

1938 年　长沙临时大学迁入昆明，成立西南联合大学，院系设置和长沙临时大学相似。

同年春，西安临时大学迁至汉中，改名为国立西北联合大学，北平师大改为西北联大教育学院。同年 8 月，西北联大教育学院改为师范学院，并于次年改称国立西北师范学院。

8 月　西南联合大学增设师范学院，内设国文、英语、史地、公民训育、数学、理化、教育等七个系，以及师范专修科。

同年秋，金陵大学设立电化教育专修科。

同年，省立云南大学改为国立云南大学，教育系并入国立西南联合大学的师范学院；私立辅仁大学教育系开始招收女生，学生人数大增；暨南大学着手整理大学课程，设立文、理、法、师范学院，师范学院下设教育学系。

1939 年　国民政府教育部公布《大学及设立学院各学系名称》，其中规定教育学院仍按《大学规程》规定，设教育原理、教育心理、教育方法及其他各学系。

同年，辅仁大学教育学院下设家政学系，系主任为吴彬雅。当年招收第一届学生，均为女生。

1940年　国民政府教育部公布《师范学院辅导中等教育办法》。

1941年　大夏大学教育学院因国民政府教育部推行师范学院制度而停办；湖北省立教育学院复校，设有乡村教育系和乡村师范专修科。

同年秋，金陵大学文学院增设哲学心理学系。

1942年　省立河南大学改为国立河南大学，据国民政府教育部的要求，结合河南大学实际情况，学校进行了院系调整，文学院下设文学史系、教育学系、经济学系；暨南大学在教学体制上设有文、理、商、法学院，文学院下设教育系。

8月　国民政府教育部公布《修正师范学院规程》，此规程与1938年国民政府教育部公布的《师范学院规程》对大学师范学院的设立、培养目标等作了具体规定。其中规定师范学院得附设师范研究所，师范学院分国文、外国语、史地、公民、训育、算学、理化、教育各系，及体育、音乐、图画、劳作、家政、社会教育各专修科。

1943年初　四川大学由峨眉迁回成都时，下设文、理、法、农、师五个学院二十三个系。其中师范学院下设教育系、公民训育系等系。

同年，辅仁大学教育系开办附属小学和幼儿园。至此，辅仁大学教育系的实习基地系统地建立起来。

1945年　大夏大学迁回上海原址，遵照国民政府教育部令于文学院下设教育学系。

1946年　国民政府教育部制定《改进师范学院办法》，这个《办法》包括国立大学师范学院分设教育、体育两系，公民训育系取消，国立大学未设师范学院者，得于文学院内增设教育学系。北京大学复校后，文学院下设置教育学系。

同年初，华中建设大学校长彭康，率领该校师生400余人北上，并入临沂山东大学，师资力量得到充实，学校规模有所扩大，设立政治、经济、教育、文艺四系。

1947年　辅仁大学心理学系成为独立的学系。1947—1949年，辅仁大学心理学系学生组织"心理学会"。

1948年　辅仁大学家政学系由教育学院转入理学院。

同年夏，中共华东局决定，以原临沂山东大学渤海地区的部分留守人员为基础，并集中原来的一些教师，会同华中建设大学的部分干部教师，在潍县组建成立华东大学，同年9月4日开学。济南解放后，于11月迁入济南。迁济后成立文学、社会科学、教育三个学院和一个研究部。11月，教育学院划出，后成为山东师范学院。

1949年　辅仁大学家政学系又并入教育学系，不再招生；河南大学扩建后调整为文教、农、医和行政四个学院，其中文教学院下设教育系。

附录 2　20 世纪上半叶中国大学教育系科简介[①]

1. 华西协和大学

1905 年,华西协和中学成立,此后逐渐扩展;1910 年,华西协和大学正式成立,初设文、理、教育三科;1933 年,华西协和大学呈准国民政府教育部立案,改科为系,分为文、理、医三个学院,其中文学院下设教育系等学系,至 1946 年文学院下设教育学系、乡村建设系等七个学系,此种建制一直保持到 1949 年。

2. 北京师范大学

1902 年底,京师大学堂师范馆正式开办,开设了教育学课程;1912 年,京师优级师范学堂改为北京高等师范学校,并于 1915 年开设教育专攻科;1920 年 1 月,北京高等师范学校经北洋政府教育部核准,开办教育研究科;1923 年,北京高师经北洋政府教育部正式批准改为师范大学,本科分设教育系、国文系、英语系、史地系、数学系、物理系、化学系、生物系,并设体育和手工图画两个专修科;1931 年 7 月,北平师范大学与北平女子师范大学合并,定名国立北平师范大学,下设教育学院、文学院、理学院及研究院;1935 年,北京师范大学教育系成立"小学教育通讯研究处",聘请全国小学教育界知名人士多人为导师,负责解答全国小学教育界提出的问题;1937 年,北平师范大学迁往西安,与北平大学、北洋工学院组成西安临时大学,1938 年西安临时大学改为西北联合大学,北平师范大学改为西北联合大学教育学院;1939 年 9 月,西北联合大学教育学院从西北联合大学独立,改称为西北师范学院并于 1940 年迁往兰州;1946 年春,学校迁回北平并于 11 月开学,称为北平师范学院;1948 年 11 月,北平师范学院改为北平师范大学。

[①] 本附录主要根据《第一次中国教育年鉴》《第二次中国教育年鉴》,《教育杂志》《大夏周报》《教育丛刊》《师大月刊》等教育类杂志以及北京大学、华东师范大学等各大学校史、中央教育科学研究所主编《中国现代教育大事记》等资料整理而成。

3. 福建协和大学

1911年3月，世界基督教大会教育组主席倡议建立该校，但因为经费困难没有即时成立；1915年，福建协和大学董事会成立，定名该校为福建协和大学；1915年，福建协和大学正式成立，设置了教育学科目；1917年，美国纽约州立大学承认该校资格；1929年，学校下设心理系和教育学系；1931年，国民政府教育部核准以"私立福建协和学院"立案；1942年，国民政府教育部核准立案改称为大学，该校设置文、理、农三个学院，其中文学院下设教育学系等四个学系。

4. 沪江大学

1906年，上海浸会大学创设，是为沪江大学的前身，初设文、理两科；1909年，浸会大学堂正式开学；1915年，上海浸会大学改为沪江大学，实行分科制，设教育、宗教、社会科学和自然科学四科；1929年，沪江大学被国民政府教育部正式立案，学校的设置做了一系列调整，相继成立了文学院、理学院、教育学院等院系，教育学院下设教育系、师范专修科等；1936年，沪江大学文学院下设教育系等六个学系，此种建制一直维持到1949年。

5. 金陵大学

1906年，基督、益智和汇文学院合并，始称为金陵大学，下设师范科；1917年，金陵大学本科必修科目中有教育学门；1928年，金陵大学呈准国民政府教育部立案；1930年，金陵大学改文、理科为文、理学院，其中文学院下设教育学系等系；1938年，金陵大学增设电化教育专修科；1947年，金陵大学下设文、理、农三个学院，其中文学院下设教育系等七个系。

6. 中华大学

1914年，中华学校改办，中华大学成立，成立之初即设置了师范专修科；1915年3月，中华大学呈准北洋政府教育部立案；1917年，中华大学成立教育学门；1922年，中华大学开办教育学系；1926年，中华大学停办；1928年，中华大学复校并根据《大学组织法》改组文、理、商三个学院；1939年，国民政府教育部批准中华大学立案；1947年，中华大学文学院下设教育学系等三个学系。

7. 南京大学（东南大学、中央大学）

1902年，南京高等师范学校的前身三江师范学堂开始酝酿、筹备；1903年3月开办，1904年11月正式招生入学；1906年更名"两江优级师范学堂"；1915年8月30日，南京高等师范学校（简称"南高"或"南高师"）正式开办；1918年，南京高等师范学校添设教育专修科；1919年建成附中一院；1920年，南高师实行选课制，教育专修科分教育与心理两个学系；1921年9月，东南大学正式开学，以教育专修科和体育专修科组成的教育科，下设心理系、教育系、体育系；1923年7月3日，南京高等师范学校全部归并到东南大学，其中教育科下设教育、体育、心理、乡村教育等四个系；1926年，增设乡村教育系学程，但未招生；1927年9月1日，国立第四中山大学开学，设置教育学院等九个学院，教育学院由东南大学教育科和江苏省立第四师范附属艺术专修科合并改组而成；1928年2月29日，中华民国大学院（由教育部更名而来）大学委员会通过了更改校名的办法，并发布了165号训令，要求第四中山大学依令更名"江苏大学"；1928年5月16日，国民政府行政院根据大学委员会的提议又对此案进行复议，作出了"江苏大学改称国立中央大学"的决议，中央大学共设文、理、法、教育、农、工、商、医八院，心理学系于1932年划归教育学院，该院共设有教育学系、心理学系、体育科、卫生教育科、艺术科；1937年，中央大学迁往重庆；1938年秋，中央大学改教育学院为师范学院，除原教育学院的教育、艺术（音乐、绘画）、体育系外，新增设国文、英语、公民训育、史地、数学、理化、博物系和童子军专修科；1939年秋，中央大学研究院正式招生，师范研究所设教育心理学部、教育学部；1946年11月1日，中央大学迁回南京并开学上课，师范学院设教育、艺术（绘画、音乐两组）、体育三个系和体育专修科，并设有研究院的教育心理研究所。

8. 燕京大学

1916年，燕京大学成立，初设文、理两科；1918年，燕京大学改组时教育学系成立；1920年至1921年，由于华北各省荒灾，燕京大学捐助赈救，教育学系事业几至停顿；1921年至1922年，教育学系事业逐渐取得进展，形成现在的教育学系；1926年，全校迁移至新址时已设立附属小学；1927年，燕京大学呈准国民政府教育部立案；1929年，燕京大学预科停办，遵照国民政府教育部规定下设文学、自然科学、应用社会科学三个学院,其中文学院下设教育学系等九个学系,增设初级中学一、二年级;1932年,教育学系初中三年级增设;1947年,燕京大学下设文、理、法三个学院,其中文学院下设教育、心理等八个学系。

9. 厦门大学

1921年春,厦门大学成立,下设师范学部以培养师资和教育行政人员;1921年秋,师范学部改为教育学部,内分教育学说、教育史、教育行政、中等教育、小学教育、乡村教育及心理学等7组;1923年,厦门大学教育学部改为教育科;1924年,为行政上便利起见,将教育科并入文科,改称学系,但与之前无差别;1926年,教育学系又恢复为教育科;1930年2月,厦门大学遵照《大学规程》将教育科改为教育学院,内设教育原理、教育心理、教育行政、教育方法四个学系;1936年,厦门大学遵照国民政府教育部令,教育学院并入文学院,设立教育学系;1937年,厦门大学改为国立大学,聘李培囿博士为教育学系主任,文学院下设教育学系一直保持到1949年。

10. 大同大学

1912年,大同学院在上海成立;1922年,大同大学增设教育科,于同年呈准北洋政府教育部立案;并改称为大同大学;1947年,大同大学下设文、理、工学院,文学院下设教育学系等三个学系。

11. 南开大学

1916年,南开中学高等师范科成立,但是不久即停办;1919年,南开大学成立,设文、理、商3科;1923年,南开大学文科设立教育学系,后改为教育心理学系、教育哲学系;1932年,私立南开大学文学院下设哲学教育系;1937年,南开大学迁校,之后和北京大学、清华大学合并为西南联合大学;1942年,学校内部组织分文学院、理学院、法商学院与工学院,其中文学院下设教育学系;1948年,南开大学下设文学院、理学院、政治经济学院和工学院,其中文学院下设哲学教育系。

12. 民国大学

1917年,北京民国大学成立,下设文、法、商三科;1922年,民国大学呈准北洋政府教育部立案;1923年,民国大学开办体育教育专修科;1932

年，教育专修科停办；1934年，停办英国文学系，专办中国文学系、教育系等，保留体育专修科；1938年，北京民国大学奉国民政府教育部令教育系停止招生，并于两年后学生毕业后停办。

13. 北京大学

1917年，北京大学开设教育学课程；1924年，北京大学教育学系成立；1932年6月，北京大学校长蒋梦麟据《大学组织法》公布了《国立北京大学组织大纲》，大纲规定学校实行学院制，改文、理、法三科为文、理、法三学院，文学院下设置教育学系，此时教育学系的课程设置有所变化，课程分为主科和辅科必修科目；1934年，北京大学心理学系并入教育学系；1937年9月28日，北京大学、清华大学和南开大学三校组成长沙临时大学，经过院系调整，长沙临时大学共设文、理、工、法商四个学院，文学院下设哲学心理教育学系；1938年，长沙临时大学迁入昆明，成立西南联合大学，院系设置和长沙临时大学相似；1938年8月，西南联合大学增设师范学院，内设国文、英语、史地、公民训育、数学、理化、教育等七个系以及师范专修科。

14. 大夏大学

1924年，大夏大学成立，即设文、理、教育、商、预五科；1930年，大夏大学教育科遵照国民政府教育部令改称教育学院；1941年，大夏大学教育学院因国民政府教育部推行师范学院制度而停办，但上海分校的教育研究工作仍在继续；1945年，大夏大学迁回上海，遵照国民政府教育部要求在文学院中设教育学系，系主任为陶愚川；1947年9月22日，大夏大学开学，教育学院恢复，教育学院院长为黄敬思。

15. 中山大学

1924年，孙中山令广东高等师范学校、广东公立农业专门学校以及广东公立法政专门学校三校合并为广东大学。广东大学成立初期分预科、本科两级，本科共分为文、理、法、农、工五科，其中文科包括教育学等五个系；1926年，广东大学改名为中山大学；1928年2月，中山大学教育学研究所成立，是我国最早专门研究教育的机关；1935年，中山大学研究院成立，分设文科、教育、农科三个研究所，教育研究所分设教育学部和教育心理学部；1938年，中山大学教育学系改组为师范学院；1940年，研究院取消，研究所改各学院，教育研究所改归师范学院；1947年，中山大学师范学院下设教育系、公民训育系、艺术系，附设中小学。

16. 河南大学

1912年9月，河南留学欧美预科学校开始招生，此时学校开设有教育学课程；1923年，鉴于1921年河南省通过筹办大学的决议，在河南留学欧美预科学校的基础上成立了中州大学；中州大学于1924—1925年增设了教育学系；1927年，中州大学与河南公立法政专门学校、河南省立农业专门学校合并，于7月组建为国立第五中山大学，其中文学院下设文史系、英文系、社会系和教育系等四个学系；1930年8月，河南中山大学决议将校名改为河南大学，并于9月正式命名，文学院下设国文学系、英文学系、史学系、教育学系、社会学系五个学系；1933年，文学院院长李廉方创建了开封教育实验园区，并形成了以其名字命名的"廉方教学法"；1938年1月，河南大学文、理学院迁至鸡公山，农、医学院迁至镇平，组织机构仍和之前相同；1942年3月10日，省立河南大学改为国立河南大学，其中文学院下设教育学系，教育学系主任为陈仲凡，此种规模一直维持到抗战胜利。

17. 四川大学

1904年，四川省城高等学堂正式成立，科类体制包括师范科、普通科、正科以及体育科，其目标是培养高级人才和中等以上学校的师资，这是四川大学的前身；1905年四川通省师范学堂正式成立，以造就中等学堂和优级师范学堂的教员和管理员为宗旨；1916年11月，四川高等师范学校改为成都高等师范学校；1926年，成都高等师范学校大学部另设成都大学，设教育哲学系、中国文学系等；1931年11月9日，成都大学、成都师范大学以及四川大学组建为国立四川大学；1932年5月2日，国立四川大学成立，包括文、理、法、教育四个学院，教育学院院长为邓胥功；1933年3月7日，四川大学奉国民政府教育部7323号指令决定将教育学院裁撤，所属教育系、艺术专修科、体育专修科并入文学院，教育学院师生全体反对，但9月30日，教育学院正式并入文学院；1935年秋，文学院共有四个系，其中包括教育系及而后于1936年2月附设的小学教育通讯研究处，有教授8人，特约讲演员1人，学生59人，小学教育通讯员甲种51人，乙种141人，并出版了《教育半月刊》等；1943年初，四川大学由峨眉迁回成都时设有文、理、法、农、师范五个学院，师范学院下设教育系、公民训育系、国文系、英文系、史地系、数学系、理化系。

18. 云南大学

1922年12月8日，私立东陆大学成立；1925年春，东陆大学开始办本科，下设文工两科，文科分政治、经济以及教育三个系；1930年，云南省政府为推动大学的发展，将私立东陆大学改为省立东陆大学，并于1931年改科为院；1932年，东陆大学奉省政府令扩充文理学院，并设教育学院；1934年，改名为省立云南大学；1937年，省立云南大学文法学院下设文史、政经、法律和教育四个系；1938年7月1日，省立云南大学改为国立云南大学，教育系并入西南联合大学师范学院。

19. 广州大学

1927年，广州大学成立，下设教育学系；1942年10月，教育学系停办；1946年，教育学系重办；至1947年，广州大学下设文法、理工和法学院，其中文法学院下设教育系等学系。

20. 暨南大学

清末，暨南学堂出于培养华侨子弟而在南京设立；1911年，暨南学堂停办；1917年，北洋政府教育部派赵正平重建，增设师范科；1921年，暨南大学与东南大学合办预科；1922年，暨南大学独立，自己办学；1927年6月27日，暨南大学进行改组，成立文哲学院，下设教育学系；1928年，经校决议会商定，心理系与教育学系合并，改教育学系为教育心理系；1929年，暨南大学遵照国民政府教育部颁布的《大学组织条例》，成立文、理、商、教育四个学院，下设教育学系、心理学系、师范专修科；1937年春，国立暨南大学改组，根据《大学规程》设置文、理、法、商、教育五个学院；1941年，暨南大学下设文、理、商三个学院，文学院下设教育学系等四个系，文学院下设教育学系一直保持到1949年。

21. 东吴大学

1900年，东吴大学在原博习学院的基础上成立；1927年，东吴大学文学院设教育等六个系；1929年，东吴大学呈准国民政府教育部批准立案；1934

年，东吴大学下设文、理、法三个学院，其中文学院下设教育等五个学系；1947年，东吴大学没有教育系设置。

22. 浙江大学

1897年，浙江大学的前身——求是书院成立，是中国近代史上效法西方学制最早创办的新式高等学校之一；1901年改名浙江求是大学堂，1902年改为浙江大学堂；1903年、1912年先后改为浙江高等学堂、浙江高等学校，并于1914年停办；1927年，在原校址成立国立第三中山大学（由浙江公立工业专门学校和浙江公立农业专门学校改组为第三中山大学工学院和劳农学院）；1928年4月1日改名为浙江大学，1928年7月1日起，冠以"国立"二字而称国立浙江大学，设工、农、文理三个学院，下设教育系；1935年，郑晓沧主持创设浙江大学"培育院"，实验幼稚教育，教师多由浙江大学教育系学生兼任；1937年，浙江大学文理学院设有教育系等七个学系；1938年，浙江大学将原来隶属于文理学院的教育系改为师范学院；1940年，浙江大学师范学院增设第二部和实验中学；1946年秋，学校迁返杭州，至1948年3月底，浙江大学已发展为拥有文、理、工、农、师范、法、医七个学院，二十五个系，九个研究所，一个研究室的综合性大学。

23. 东北大学

1923年，东北大学成立，初设文法科和理工科；1928年，东北大学成立师范科；1929年，东北大学各科改为学院，师范科改为教育学院；1935年，教育学院停办；1946年，东北大学在文学院下设教育学系。

24. 湖南大学

1926年，湖南大学正式成立，下设理科、工科、农科、医科四科；1927年，省政府令取消湖南大学，只设理、工科，称为湖南工科大学；1928年，省政府决议湖南大学恢复，并于8月呈准国民政府教育部立案；1929年，湖南大学改系为院，下设文、理、工三个学院，其中文学院下设教育系等四个系；1937年，文学院下教育系改为哲学教育系；1941年，哲学教育系暂时停办。

25. 山西大学

1912年，山西大学成立，并没有设置教育系科；山西大学教育系科设置可以从1929年山西省立教育学院教育学系算起，1934年，山西省立教育学院并入山西大学，成立了山西大学教育学院教育学系；1936年，教育学院并入文学院；1943年，省立山西大学改为国立山西大学；1945年，山西大学文学院增设教育学系。

26．武汉大学

清末，张之洞在武昌城内设方言学堂；1913年，南京临时政府教育部筹办武昌高等师范学校，是以方言学堂故址为校舍；1916年，国立武昌高等师范学校经过合并成立武昌中山大学；1923年，武昌中山大学改为国立武昌师范大学；1924年，国立武昌师范大学改为国立武昌大学；1928年，武昌中山大学改组为武汉大学；1929年，文学院下设的哲学系改为哲学教育系；1938年，哲学教育系改为哲学系；1947年，武汉大学没有教育系的设置，文学院下设哲学系。

27．安徽大学

1928年，安徽大学预科开始招生，9月，文学院率先成立；1929年，安徽大学正式定名为安徽省立大学，并拟次第扩充文、理、法、农、工、医学院；1930年，安徽大学暂设文、理、法三院，其中文学院下设教育系；1948年，安徽大学下设文学院、法学院、理学院和农学院，其后文学院下设哲学教育系。

28．辅仁大学

1925年，辅仁大学成立，开办文科；1927年6月，辅仁大学呈准国民政府教育部立案，被批准试办；1928年，辅仁大学哲学系成立并于当年招生；1929年6月，辅仁大学添设理学院、教育学院，下设教育学系、心理学系，心理学系于当年招生，预科停办改为附属中学；1930年，美术专修科成立，隶属教育学院；1931年，国民政府教育部批准辅仁大学立案，心理学系分为普通心理组、教育心理组以及儿童心理组；1938年，哲学系和心理学系合并为哲学心理学系，下设哲学组和心理组；1939年9月，家政学系成立，隶属于教育学院；1947年，哲学心理学系分开，成为单独的心理学系。

29．光华大学

1925年，圣约翰大学师生因不满校长反对升旗哀悼顾正红而愤然离校，这些人成为光华大学的基础；光华大学成立时设文、理、商三科；1929年6月，光华大学被国民政府教育部批准立案，秋天，遵照《大学组织法》改文、理、商三科为文、理、商三个学院，文学院下设教育系等四个系，教育系内分教育组、哲学心理组，文学院下设教育系一直维持到1949年。

30. 华中大学

1924年，武昌文华大学、武昌博文书院大学部与汉口博学书院大学部合并成为华中大学，初设文、理、商、图书馆学四科；1927年，华中大学停办；1929年，华中大学重新开办，湖南雅礼大学、湖滨大学相继并入该校，原有四科改为文、理、教育三个学院，教育学院下设教育原理、教育行政和教育心理三个系；1931年，华中大学呈准国民政府教育部立案；1947年，教育学院下设教育学系。

31. 山东大学

1930年，国立青岛大学下设文、理2个学院，其中文学院下设教育学系等两个系；1931年，教育学系扩充为教育学院，下设教育行政系、乡村教育系；1932年，山东大学教育学院停办，学生大部分转入国立中央大学教育学院。

32. 政治大学

1927年，中央党务会议先后决议设立中央党务学校，1928年规模初具；1929年中央党务学校改为中央政治学校；1931年，学校重设学系，增设教育系；1937年，抗日战争全面爆发，中央政治学校迁移；1946年，中央政治学校迁回南京，经过合并改组成立中央政治大学；1948年，中央政治大学下设三个学院，为法学院、政治经济学院和文学院，其中文学院下设教育学系等五个系。

33. 广东国民大学

1925年，广东国民大学成立，设文、商、社会三科；1925年秋，成立时呈准广州的国民政府立案，再于1927年由北洋政府教育部批准立案，1931年又经过南京国民政府教育部批准立案；1931年，广东国民大学增设教育学系，1938年停办；1945年，广东国民大学复原，恢复教育系；1948年，广东国民大学经国民政府教育部批准增设教育学系。

34. 齐鲁大学

1864年，齐鲁大学前身登州文会馆成立；1903年，登州文会馆和光德学堂大学班合并，改为广文学堂；1917年，神道学堂、广文学堂以及共和医道学堂合并，命名为齐鲁大学；1929年，齐鲁大学遵照国民政府教育部令改文、理、医三科为文、理、医三个学院；1931年，齐鲁大学呈准国民政府教育部立案，其中文学院下设教育学系等四个系。

35. 震旦大学

1903年，震旦学院成立，是为震旦大学的前身，成立之时设立文、理两个系；1910年，震旦学院增设医科、法政科；1917年11月，震旦学院改称为震旦大学院；1930年，正式命名为震旦大学；1932年，震旦大学呈准国民政府教育部立案批准，设置法、文、理工、医四个学院，其中文学院下设教育、家政等六个学系；1937年，天主教圣心会创设震旦女子文理学院，设中国文学、英国文学、经济、教育、社会、化学、家政等系，经费由天主教美国"圣心会"修院提供，名义上属震旦大学，实际经济、行政、教学完全独立；1947年，震旦大学下设法、文、理工、医四个学院，其中文学院下设教育哲学系、家政学系等六个学系；1948年，震旦大学院系调整，设文理、工、法等四个学院，其中文理学院下设家政学系。

36. 复旦大学

1905年，马相伯创建复旦公学；1917年，复旦升格为大学，学生也逐步增加，下设文、理、商三科以及预科和中学部；1939年，文学院下设教育学系等五个学系；1942年，复旦大学改为国立大学；1948年，文学院下设教育学系等五个学系。

37. 中正大学

1940年，国立中正大学设文法、工、农三个学院，其中文法学院下设社会教育等九个学系；1946年，文法学院下设的社会教育系改为教育系。

38. 岭南大学

1888年，格致书院在广州市成立，是为岭南大学的前身；1900年，格致书院迁于澳门，改名为岭南学堂；1916年，岭南学堂创设大学部，分文理学院；1927年，定名为私立岭南大学；1938年，岭南大学文科改为文学院；

1940年，文学院下设辅修系教育学、家政学等系；1947年，岭南大学下设文、理、农、工四个学院，其中文学院下设教育系等八个学系。

39. 西北大学

1937年抗日战争全面爆发，国立北平大学、国立北平师范大学和国立北洋工学院三校合并为西安临时大学；1938年西安临时大学改为西北联合大学，下设医学院、师范学院、文理学院、法商学院；1938年8月，西北联合大学师范学院独立，并易名为国立西北师范学院；1939年国民政府教育部令西北联合大学改为西北大学，下设文、理、法三个学院，其十二个学系中没有教育系；1946年，西北大学设有文、理、法、商、医五个学院，其中文学院下设教育系。

40. 重庆大学

1929年，重庆大学开办，设文、理学院，没有设置教育系；1946年，重庆大学理学院改为文理学院，下设教育学系。

41. 东北中正大学

1946年10月，东北中正大学创设；1947年8月，东北中正大学呈准国民政府教育部立案并于8、9月份招生，下设文、法、工、农四个学院，其中文学院下设哲学教育系等四个学系。

42. 圣约翰大学

1879年，圣约翰书院成立，是圣约翰大学的前身；1892年，卜舫济增设大学部，先后设文、理、工、医学院和研究院，并定名为圣约翰大学；1905年，圣约翰大学正式成立，大学设文学院、理学院、医学院、神学院四所学院以及一所附属预科学校；1933年，圣约翰大学设立教育系；1947年，圣约翰大学准予立案，文学院下设教育系等七个学系。

43. 珠海大学

1947年，珠海大学成立并呈准国民政府教育部立案，设有文、理、法商3个学院，其中文学院下设教育系等三个系。

44. 广西大学

1927年，省立广西大学成立，仅办预科；1931年，广西大学设置理学院；1932年，广西大学成立农学院和工学院；1936年8月，广西省政府根据

《高等教育整理方案》改组学校，把桂林的师范专门学校改为文法学院，下设理、工、农、文法四个学院，并附设乡村师范班；1939年，广西大学改为国立大学，于各学院下设专修科；1947年，广西大学增设文学院，下设教育学系等三个系。

45. 长春大学

1948年，国立长春大学经过筹办正式开课，设有文、理、法、农、医、工六个学院，其中文学院下设教育学系。

附录3 20世纪上半叶中国大学教育系科教授出版教育学著作一览表

作者	著作/文章名	出版社/期刊	出版时间/卷期
艾伟	初级教育心理学	商务印书馆	1933年
艾伟	教育心理实验	商务印书馆	1936年
艾伟	教育心理学大观	商务印书馆	1945年
艾伟	教育心理学	商务印书馆	1946年
常道直、任白涛	成人教育	商务印书馆	1925年
常道直	教育行政大纲	中华书局	1930年
常道直	比较教育	中华书局	1930年
常道直	德、法、英、美四国教育概观	商务印书馆	1930年
常道直	德国教育制度	钟山书局	1933年
常道直	法国教育制度	文化学社	1933年
常道直	各国教育制度	中华书局	1936年
常道直	增订教育行政大纲	中华书局	1936年
常道直	教育制度改进论	正中书局	1942年
常道直、李季开	教育行政	开明书店	1949年
陈宝泉	中国近代学制变迁史	文化学社	1927年
陈东原	中国教育新论	商务印书馆	1928年
陈东原	中国古代教育	商务印书馆	1934年
陈东原	中国科举时代之教育	商务印书馆	1934年
陈东原	中国教育史	商务印书馆	1936年
陈鹤琴	家庭教育	商务印书馆	1925年
陈鹤琴	儿童心理之研究	商务印书馆	1925年
陈科美	新教育学纲要	开明书店	1932年
陈科美	教育社会学讲话	世界书局	1945年
陈科美	新教育学	龙门出版公司	1946年

续表

作者	著作/文章名	出版社/期刊	出版时间/卷期
陈礼江	教育心理学	商务印书馆	1934年
陈礼江	民众教育	商务印书馆	1935年
陈礼江	民众教育	正中书局	1937年
陈礼江	社会教育的意义及其事业	正中书局	1937年
陈礼江、陈友端	教育心理学	商务印书馆	1937年
陈礼江	抗战期中之中国社会教育	正中书局	1938年
陈礼江	社会教育之改进	中央训练团	1940年
陈礼江	社会教育机关训导实施法	正中书局	1944年
陈青之	中国教育史	商务印书馆	1936年
陈友松	各国社会教育事业	商务印书馆	1937年
陈友松	苏联的教育	商务印书馆	1944年
程其保、沈禀渊	小学行政概要	商务印书馆	1926年
程其保	小学教育概论	商务印书馆	1927年
程其保	学务调查	商务印书馆	1930年
程其保	教育原理	商务印书馆	1930年
程其保	教学法概要	商务印书馆	1931年
程其保	小学教育	商务印书馆	1931年
程其保	欧洲教育观察谈	时代公论社	1933年
程其保、经筱川	中国教育实际问题之分析	中央政治学校研究部	1937年
邓胥功	教育学大纲	华通书局	1931—1933年
邓胥功	教育通论（高中师范教本）	世界书局	1932年
范寿康	各科教授法	商务印书馆	1923年
范寿康	教育史	商务印书馆	1923年
范寿康	学校管理法	商务印书馆	1923年
范寿康	教育哲学大纲	中华学艺社	1923年
范寿康	教育概论	开明书店	1931年
范寿康	各科教学法	商务印书馆	1934年
董任坚	小学教育的改造	商务印书馆	1935年

续表

作者	著作/文章名	出版社/期刊	出版时间/卷期
董任坚	儿童研究纲要	世界书局	1944年
董渭川	欧洲民众教育概观	中华书局	1937年
董渭川	家庭、学校、社会	中华书局	1948年
董渭川	中国文盲问题	中华书局	1948年
董渭川	论教育改革	华华书店	1948年
董渭川	中国教育民主化之路	中华书局	1949年
董渭川	旧教育批判	中华书局	1949年
杜佐周	教育与学校行政原理	商务印书馆	1930年
杜佐周	小学行政	商务印书馆	1931年
杜佐周、姜琦	普通教育	商务印书馆	1933年
傅葆琛	乡村民众教育概论	江苏省立教育学院研究实验部	1930年
傅统先	教育哲学讲话	世界书局	1947年
高践四	民众教育	商务印书馆	1933年
高觉敷	教育心理学大意	商务印书馆	1929年
高君珊	教育测验与统计	正中书局	1936年
古楳	美国乡村教育概观	中华书局	1924年
古楳	乡村教育新论	民智书局	1930年
古楳	现代中国及其教育	中华书局	1934—1936年
古楳	乡村教育	商务印书馆	1935年
古楳	民众教育新动向	中华书局	1946年
古楳	乡村教育讲话	中华书局	1948年
郭一岑、吴绍熙	教育心理学	中华书局	1935年
胡国钰	教育心理学	河北省立女子师范学院	1936年
胡毅	教育统计学初步	大东书局	1933年
胡毅	中学教学法原理	商务印书馆	1935年
黄觉民	教育心理学	商务印书馆	1935年

续表

作者	著作/文章名	出版社/期刊	出版时间/卷期
黄觉民	战时教育	商务印书馆	1938 年
黄翼	儿童训导论丛	商务印书馆	1948 年
姜琦	西洋教育史大纲	商务印书馆	1921 年
姜琦、邱椿	中国新教育行政制度研究	商务印书馆	1927 年
姜琦、邱椿	欧战后之西洋教育	商务印书馆	1929 年
姜琦	教育史	商务印书馆	1932 年
姜琦	现代西洋教育史	商务印书馆	1935 年
姜琦	德育原理	正中书局	1944 年
姜琦	训育与心理	正中书局	1944 年
姜琦	教育学新论	三民主义丛书编纂委员会	1946 年
蒋径三	西洋教育思想史	商务印书馆	1934 年
蒋径三	文化教育学	商务印书馆	1936 年
雷通群	教育社会学	商务印书馆	1931 年
雷通群	中国新乡村教育	新亚书店	1932 年
雷通群	教学发达史大纲	新亚书店	1934 年
雷通群	西洋教育通史	商务印书馆	1934 年
雷通群	新兴的世界教育思潮	商务印书馆	1935 年
雷通群	新儿童世纪	新亚书店	1935 年
李建勋、许椿生	战时与战后教育	西北师范学院师范研究所	1942 年
李相勖	中学课外作业	华通书局	1933 年
李相勖	训育论	商务印书馆	1935 年
李蒸	积极的社会教育	出版社不详	1931 年
廖鸾扬	近代日本教育史	民智书局	1934 年
廖世承	中学教育	商务印书馆	1924 年
廖世承	教育心理学	中华书局	1924 年
廖世承	新学制中学的课程	商务印书馆	1925 年

续表

作者	著作/文章名	出版社/期刊	出版时间/卷期
廖世承、陈鹤琴	测验概要	商务印书馆	1925年
廖世承	新中华教育测验与统计	中华书局	1932年
林砺儒	教育哲学	开明书店	1946年
鲁继曾	中学教育实际问题	大夏大学教育学院	1937年
鲁世英	乡村教育	文化学社	1931年
罗廷光	普通教学法	商务印书馆	1927年
罗廷光	教育科学研究大纲	中华书局	1932年
罗廷光	教育研究指南	中央大学教育学院教育研究所	1932年
罗廷光	教育概论	世界书局	1933年
罗廷光	教育科学纲要	中华书局	1935年
罗廷光、王秀南	实验教育	钟山书局	1933年
罗廷光	教育概论	正中书局	1938年
罗廷光	最近欧美教育综览	商务印书馆	1939年
罗廷光	教学通论	中华书局	1940年
罗廷光	师范教育	正中书局	1940年
罗廷光	师范教育概论	国立中央大学	出版时间不详
罗廷光	教育行政	商务印书馆	1943—1948年
马宗荣	社会教育概说	中华学艺社	1925年
马宗荣	比较社会教育	世界书局	1933年
马宗荣	现代社会教育泛论	世界书局	1934年
马宗荣	托儿所经营的理论与实际	商务印书馆	1935年
马宗荣	识字运动民众学校经营的理论与实际	商务印书馆	1935年
马宗荣	社会教育事业十讲	商务印书馆	1936年
马宗荣	社会教育纲要	商务印书馆	1937年
马宗荣、黄雪章	中国成人教育	商务印书馆	1937年
马宗荣	最近中国教育行政四讲	商务印书馆	1938年

续表

作者	著作/文章名	出版社/期刊	出版时间/卷期
马宗荣	大时代社会教育新论	商务印书馆	1941年
马宗荣	社会教育入门	文通书局	1942年
马宗荣、兰淑华	社会教育原理与社会教育事业	文通书局	1942年
马宗荣	中国古代教育史	文通书局	1942年
马宗荣	西洋教育史	大夏大学	1944年
毛邦伟	中国教育史	文化学社	1932年
毛礼锐	民生教育哲学大纲	中山大学师范学院	1943年
孟宪承	教育社会学讲义	江苏全省师范讲习所联合会	1923年
孟宪承	教育通史	中央大学	1928年
孟宪承	西洋古代教育	商务印书馆	1931年
孟宪承	新中华教育史	新国民图书社	1932年
孟宪承	教育概论	商务印书馆	1933年
孟宪承	民众教育	商务印书馆	1933年
孟宪承	大学教育	商务印书馆	1934年
孟宪承、陈学恂	教育通论	商务印书馆	1937年
欧元怀	战时教育	正中书局	1941年
潘菽、吴绍熙	教育心理学	北新书局	1935年
齐泮林	教育统计学	贵阳师范学院	1946年
邱椿	三民主义教育学	中央训练团党政高级训练班	1923年
邱椿	学制	商务印书馆	1933年
瞿世英	教育哲学ABC	世界书局	1929年
瞿世英	西洋教育思想史	商务印书馆	1931年
邵鹤亭	训导原理	正中书局	1945年
沈百英	设计教学试验实况	商务印书馆	1922年
沈百英	设计教学法演讲集	商务印书馆	1929年
沈百英	小学社会科教学法	商务印书馆	1931年

续表

作者	著作/文章名	出版社/期刊	出版时间/卷期
沈百英	教室管理法	商务印书馆	1948 年
沈灌群、吴同福	教育社会学通论	南京书店	1932 年
沈子善	教育入门	中华书局	1926 年
沈子善	小学行政	正中书局	1935 年
沈子善等	新师范教育入门	中华书局	1936 年
沈子善、水心	国民教育	独立出版社	1942 年
孙贵定	教育学原理	商务印书馆	1922 年
邰爽秋	婴儿教养学校运动	广西南宁教育厅编译处	1928 年
邰爽秋	教育经费问题	广西南宁教育厅编译处	1929 年
邰爽秋	教育调查	教育印书合作社	1931 年
邰爽秋	教育图示法	教育印书合作社	1932 年
邰爽秋	教育调查应用表格	教育编译馆	1934 年
邰爽秋	民生教育刍议	念二运动促进会	1935 年
邰爽秋	中国普及教育问题	商务印书馆	1937 年
陶行知	普及教育	儿童书局	1934 年
陶行知	普及教育续编	儿童书局	1935 年
陶行知	普及教育三编	儿童书局	1936 年
陶行知	实施民主教育提纲	文建书店	1947 年
陶孟和	社会与教育	商务印书馆	1922 年
陶愚川	训育论	大东书局	1947 年
汪懋祖	美国教育彻览	中华书局	1922 年
汪懋祖	教育学	正中书局	1942 年
王凤喈	中国教育史大纲	商务印书馆	1925 年
王凤喈	中国教育史	国立编译馆	1945 年
王凤喈、廖人祥	教育心理	正中书局	1946 年
王克仁	课程编制的原则和方法	广西南宁教育厅编译处	1928 年
王克仁	地方教育行政	中华书局	1939 年
王克仁	西洋教育史	中华书局	1939 年

续表

作者	著作/文章名	出版社/期刊	出版时间/卷期
王书林	教育测验与统计	正中书局	1935年
王书林	教育心理	正中书局	1937年
王书林	教育统计学	商务印书馆	1937年
王书林	抗战与教育	独立出版社	1940年
王倘	中国教育辞典	中华书局	1928年
王秀南	战后中国的国民教育	商务印书馆	1948年
温仲良	教室管理	蔚兴印刷厂	1930年
温仲良	实用学校组织及行政	蔚兴印刷厂	1932年
吴俊升	德育原理	商务印书馆	1935年
吴俊升	教育哲学大纲	商务印书馆	1935年
吴俊升、王西征	教育概论	正中书局	1935年
吴学信	社会教育论丛	文通书局	1938年
吴学信	社会教育史	商务印书馆	1939年
吴学信	比较社会教育	正中书局	1942年
吴学信	中国社会教育概述	国民图书出版社	1942年
夏承枫	现代教育行政	中华书局	1932年
萧孝嵘	教育心理学	国立编译馆	1944年
熊子容	课程编制原理	商务印书馆	1934年
余家菊、李璜	国家主义教育	中华书局	1923年
余家菊	国家主义教育学	中华书局	1925年
余家菊	教育原理	中华书局	1925年
余家菊	英国教育要览	中华书局	1925年
余家菊	课程论	《中华教育界》	1925年第14卷第9期
余家菊	师范教育	中华书局	1926年
余家菊	乡村教育通论	中华书局	1927年
余家菊	教育原论	大陆书局	1933年
余家菊	中国教育史要	中华书局	1934年

续表

作者	著作/文章名	出版社/期刊	出版时间/卷期
余家菊	孔子教育学说	中华书局	1934 年
余家菊	孟子教育学说	中华书局	1935 年
俞庆棠	民众教育	正中书局	1935 年
俞子夷	测验统计法概要	商务印书馆	1924 年
俞子夷	小学算术科教学法	商务印书馆	1929 年
俞子夷	测验统计术	中华书局	1933 年
俞子夷	小学教材及教学法	正中书局	1935 年
俞子夷、朱晟旸	新小学教材及教学法	儿童书局	1935 年
俞子夷、吴志尧	小学视导	中华书局	1939 年
喻谟烈	乡村教育	商务印书馆	1927 年
张安国	体验主义教育原理	新中国书局	1932 年
张安国	劳动生产教育思潮及实施法	新中国书局	1933 年
张安国	劳作教育思想之系统的研究	正中书局	1942 年
张秉洁、胡国钰	教育测量	北京高师	1922 年
张怀	自动教育概论	辅仁大学	1931 年
张怀	中学普通教学法	立达书局	1933 年
张怀	比国教育	商务印书馆	1937 年
张怀	教育学概论	辅仁大学	1937 年
张季信	教育行政	南京教育合作社	1928 年
张季信	中国教育行政大纲	商务印书馆	1934 年
张季信	地方教育行政	南京书店	1934 年
张伸	初等教育	中央政治学校	1937 年
张耀翔	儿童之语言与思想	中华书局	1948 年
张宗麟	幼稚教育概论	中华书局	1928 年
张宗麟	新中华幼稚教育	中华书局	1932 年
张宗麟	乡村教育经验谈	世界书局	1932 年
张宗麟	新中华幼稚教育	新国民图书社	1932 年
张宗麟	幼稚园的社会	商务印书馆	1933 年

续表

作者	著作/文章名	出版社/期刊	出版时间/卷期
张宗麟	幼稚园的演变史	商务印书馆	1935年
张宗麟	教育概论	商务印书馆	1937年
赵廷为	小学教学法	商务印书馆	1931年
赵廷为	新课程标准与新教学法	开明书店	1932年
赵廷为	小学教材及教学法	商务印书馆	1935年
赵廷为	教育概论	大华书局	1935年
赵廷为	教材及教学法通论	商务印书馆	1946年
钟鲁斋	比较教育	商务印书馆	1935年
钟鲁斋	教育之科学研究法	商务印书馆	1935年
钟鲁斋	德国教育	商务印书馆	1937年
钟鲁斋	四年来中国教育之改进及其趋势	《民族杂志》	1937年第5卷第1期
钟鲁斋	教学法的进展与战时教学问题	中山文化教育馆	1938年
钟鲁斋	中学各科教学法	商务印书馆	1938年
钟鲁斋	小学各科新教学法之研究	商务印书馆	1946年
朱经农	现代教育思潮七讲	商务印书馆	1941年
朱君毅	教育统计学	商务印书馆	1926年
朱君毅	教育心理学大纲	中华书局	1931年
朱君毅	教育测验与统计	商务印书馆	1933年
朱智贤	民众学校设施法	山东省立民众教育馆出版部	1931年
朱智贤	儿童自治概论	中华书局	1931年
朱智贤	小学行政新论	儿童书局	1932年
朱智贤	民教活动设施法	山东省立民众教育馆出版部	1932年
朱智贤	儿童教养之实际	开华书局	1933年
朱智贤	教育研究法	正中书局	1934年
朱智贤	小学课程研究	商务印书馆	1948年

续表

作者	著作/文章名	出版社/期刊	出版时间/卷期
庄泽宣	职业教育	商务印书馆	1926年
庄泽宣	教育概论	中华书局	1928年
庄泽宣	西洋教育制度的演进及其背景	民智书局	1928年
庄泽宣	各国教育比较论	商务印书馆	1929年
庄泽宣	如何使新教育中国化	民智书局	1929年
庄泽宣	各国学制概要	商务印书馆	1931年
庄泽宣	新中华教育概论（师范学校用）	新国民图书社	1932年
庄泽宣	职业教育通论	商务印书馆	1934年
庄泽宣、徐锡龄	民众教育通论	中华书局	1934年
庄泽宣	改造中国教育之路	中华书局	1946年